21 世纪法学通用教材

经济法律基础

Fundamentals of Economic Law

主 编·陈 虎

法律出版社
www.lawpress.com.cn
—— 北京 ——

法律门 Access To Law | www.falvm.com.cn

好书，同好老师和好学生分享

前　　言

培养大学生的法制观念和法律素养，是建设社会主义法治国家的必然要求。为了普及法律知识，提高学生分析和解决实际法律问题的能力，我们编写了《经济法律基础》这本教材。本教材重点阐述基础法学理论和相关经济法的基本概念和基础知识。力求达到系统性、基础性、实用性和生动性的统一。

在此，对本教材特作如下说明：

1. 在适用对象上，本教材主要供大中专院校的非法律专业学生使用，特别适合有一定自主学习能力的学生使用。它也可以作为经济法理论的入门读物，供普通读者使用和参考。

2. 在内容上，本教材以应用为目的，注重基础知识、基本观点、部门法重要制度的介绍，教材涉及内容均以现行法律、法规为依据，体现时效性。对争议性较强的理论问题和立法上尚未涉及的制度一般不予阐述。为了方便学生渐进式的学习，本教材的前三章是基础的法学理论、民法理论和经济法理论知识，从第三章开始后的各章一般以特定部门法为例，逐个介绍其基础知识、基本法律规定以及相关的法学理论。根据这样的内容编排，学生在学习的过程中要特别注重基础理论的学习，只有真正理解法学、民法等基础理论，才能更好地理解和掌握相关部门法的特定制度。

3. 在体例上，首先，本教材在每章的开篇设置了“预习目标设定”栏目，概括地向学生介绍在本章的学习过程中希望达到的目标，让学生在学习某一具体内容之前对该章重要的知识点有一个大体了解。同时让学生对自己学习完该章内容后自身能达到的水平有个清晰的认识。其次，在每节内容前均设置“主要内容提示”栏目，让学生在学习某节具体内容前就清楚其主要概括，促使学生带着问题进行学习。最后，本教材在每章内容后，安排了“自检自测题”栏目，让学生通过自我训练，深刻了解和检测自己对基础知识的掌握程度。“自检自测题”栏目中精心设计的案例分析题更可以让学生将所学的书本知识转化为实践能力，提高运用经济法理论分析、解决实际问题的能力。

《经济法律基础》教材的编写，得到了浙江广播电视大学张建飞教授的大力支持，也是在她的“督促”下本书才得以完成。在本书的编写过程中，还借鉴了一些专家和学者的研究成果，在此，作者也一并向他们表示衷心的感谢。

《经济法律基础》教材编著完成迄今已历七年，期间我国在经济法领域的诸多法律、行政法规都有很大变化。这是经济社会发展的必然趋势，也是法律适应现实变化在立法上的体现。为此，编者努力对本书进行了全面的修订，涉及多个章节，近两万余字。尽力吸收现实司法中已经成熟及稳定的内容以适应教学工作。

本教材的编写,虽然编者付出了很大的努力,但是由于水平有限,加之时间仓促,书中难免有疏漏或不当之处,敬请学界同仁和读者批评指正。

编者

2018 年 1 月

目　录

第一章　法学基础知识

预习目标设定

1. 重点掌握法的历史类型、法律继承、法律移植、法的定义和特征、法的渊源、法律规范、法律部门、法的体系、法律关系、法律事实。

2. 学会运用法学基础知识分析社会现实问题。

3. 一般了解法的产生、法的形式。

第一节　法的产生及发展

主要内容提示

1. 法的产生的标志是国家的产生和权利与义务的分离。

2. 法的历史类型是按历史上法的阶级本质和其所依赖的经济基础对法所进行的基本分类,包括奴隶制法、封建制法、资本主义法、社会主义法。

3. 法律发展的具体形式和途径主要有两种:法律继承和法律移植。

一、法的产生

法并不是从来就有的,法是一个社会历史范畴,是社会发展到一定阶段的产物。法的产生经历了一个很长的历史阶段。

人类早期的原始社会的调整机制或称调整模式主要是通过氏族社会的氏族组织的调整和原始社会的氏族习惯的调整。因为原始社会还未出现阶级的划分,所以也就不可能出现法律规范。氏族习惯是在氏族成员长期的共同生活中自发形成的,经过世代相传,便成为全氏族公认的神圣不可侵犯的传统。这种习惯既是氏族成员共同遵守的行为规则,也带有很强的宗教色彩。这种调整模式是与原始社会当时的生产方式和生产力相适应的调整模式。

随着原始社会生产力的发展,特别是生产工具的改进,引起了社会分工,个体生产成为可能,随之产生了剩余财产,最终导致生产资料的公有制逐渐演化成生产资料私有制。生产资料的所有制形式的改变同时意味着阶级的出现,于是人类历史上第一个阶级社会——奴隶社会产生。在奴隶社会中,奴隶主阶级为了达到统治上的目的,确保自身的阶级利益,不仅建立起一整套的暴力机构,而且需要有反映其阶级意志的特殊规范,用于调整奴隶社会,而这种特殊的规范就是法。可见法的产生和国家的产生是同一个历史过程的两个方面,具有同样的社会历史根源。

法的产生有一定的标志,具体如下:

(一)国家的产生

在原始社会中,社会调控的主要模式是氏族组织和氏族习惯的调整。氏族习惯既不是由某个专门从事管理的机构制定或认可的,也不是靠有组织的暴力来保障实施的。但是随着国家的出现,同时产生了一个有组织的暴力机构,而且以此暴力机构的力量来保障法律实行的可能性。"这种从社会中产生但又自居于社会之上并且日益同社会脱离的力量,就是国家。"也即国家的产生是法产生的第一的标志。

(二)权利与义务的分离

氏族习惯是每一位氏族成员都自觉遵守的规则,无所谓行使权利或者履行义务。在氏族内部权利和义务没有任何差别;而法律对行为的调控必须以权利和义务的分离为条件,这就意味着:法律规范要对各种行为加以明确区分,规定允许、禁止还是要求作出某种行为,而且在各种法律关系中要把相应的权利义务分别明确地分配给不同的权利义务主体。

当上述两个标志完备的时候,法就真正产生了。

二、法的历史类型

法的历史类型是按历史上法的阶级本质和其所依赖的经济基础对法所进行的基本分类。凡阶级本质和经济基础相同的法就属于同一历史类型。按照划分法的历史类型的标准,法律发展史上曾先后产生过四种历史类型的法律制度:奴隶制法、封建制法、资本主义法、社会主义法。奴隶制法、封建制法和资本主义法,都是建立在私有制经济基础之上的,体现剥削阶级的意志,都属于剥削阶级类型的法。

在人类社会的发展历程中,法的历史类型也在不断地更替。法的历史类型更替的根本原因和动力是社会基本矛盾的运动发展,是生产力与生产关系、经济基础与上层建筑之间矛盾的运动和发展,而社会革命是法的历史类型更替的条件。即在阶级社会里,社会基本矛盾的解决只有通过阶级斗争和社会革命。

1. 奴隶制法,是人类历史上最早出现的剥削阶级类型的法,它是建立在奴隶主私有制的经济基础之上的一种法的历史类型。由于奴隶社会刚刚脱胎于原始社会,所以奴隶制法长期保留了某些原始社会行为规范的痕迹。奴隶制法确认和维护奴隶主对生产资料和奴隶的人身占有;其惩罚手段极其野蛮、残酷,而且惩罚手段带有任意性;奴隶制法还公开确认和维护自由民内部的不平等。

2. 封建制法,是继奴隶制法之后出现的又一种剥削阶级类型的法。封建制法存在的历史较长。封建制法所依赖的经济基础是封建地主阶级占有生产资料和不完全占有作为生产劳动者的农民或农奴对劳动者进行残酷剥削的一种生产关系。封建制法确认和维护农民或农奴对封建主阶级的人身依附关系;维护封建专制王权;公开维护封建等级特权制度;确认和维护封建地主阶级残暴的统治。

3. 资本主义法,是指由资本主义国家机关制定或认可的法律规范的总称。资本主义法是在封建时代的后期孕育、萌发,通过资产阶级革命而最终确立的。资本主义法律制度以资本主义私有制关系为基础,体现的国家意志来源于占社会少数的资产阶级。资本主义法律制度的一个总体特征就是按资本主义市场经济的和民主政治的本质要求,建立的资本主义的法治国家。确立的原则主要有:(1)私有财产神圣不可侵犯原则;(2)契约自由原则;(3)法律面前人人平等原则。

4. 社会主义法,是工人阶级领导的全国人民共同意志的体现。社会主义法的本质与社会主义国家的本质是一致的。其所反映的是代表全国人民整体利益或根本利益的共同意志。建立在社会主义经济基础之上,反映工人阶级领导的全国人民共同意志的社会主义法,有三个基本特征:阶级性与人民性的统一;国家意志性与高度科学性的统一;强制实施与自觉遵守的统一。

三、法的发展

法的历史类型的更替是社会基本矛盾的运动发展的结果。生产力与生产关系、经济基础和上层建筑的矛盾成了法律发展的原动力,而法律继承和法律移植则是法律发展的具体形式和途径。

(一)法律继承

在法律的发展过程中,每一种新的法律制度都是以先前的法律制度为起点和阶梯的,这就决定了法律继承必然是法的发展的基本形式和途径。所谓法律继承是指不同历史类型的法之间的延续、继受,一般表现为旧法对新法的影响和新法对旧法的承接和继受。

法律继承的内容可以有许多方面:在法律规则方面,比如执行社会公共职能的法律规范,这些法律规定是任何社会都必需的;在法律实践方面,如大陆法系的纠问制的审判制度,英美法系的对抗制的审判制度;在法律的外部表现形式、法律文化、法律意识等方面,在法律技术、法律概念、法律术语、法律规范等方面,法律的继承也相当多地存在着。

(二)法律移植

法律移植是指一国现行法律制度的部分或者大部分都是从另一国法律制度或其他“法律集团”中输入的一种法律发展的方法,主要包括法律规则、法律术语和法律技术等。在同一国家社会形态的新的历史类型的法与旧的历史类型的法之间有历史联系,同时在不同国家的社会法律制度之间也可以相互借鉴、吸收和移植。

法律发展的历史已经表明,法律移植是法律发展的重要途径。但是为了促进法律健康的发展,我们也必须考虑到国外法和本国法之间的兼容性,要对本国法进行必要的机理调整,以防止法律移植之后发现法律制度的实质变异。即使已经进行了法律移植,我们也要注意对外来法律的本土化工作,即用本国法同化和整合国外法。只有对外国法和国际法有较深入的研究,对被移植的法律制度有充分的认识和深刻的理解,我们才能在本国法的基础上对移植的法律制度进行能动设定和理性选择,才能真正地推动一国法律的发展。

第二节　法的概念

主要内容提示

1. 法是指由国家专门机关依照法定程序创制的,反映国家意志的,以权利义务为内容和调整机制并通过国家强制力保障实施的行为规范。

2. 法具有四个方面的特征:法律是调整行为关系的规范,法律由国家专门机关创制,法律以权利义务为调整机制发生作用,法律由国家强制力保障实施。

一、法的定义

在我国当代法学理论中,对"法律"的理解有广义和狭义之分。广义的法律是指法律的整体,或称为法律规范性文件的总和,包括法律、有法律效力的解释及其行政机关制定的规范性文件。狭义的法律则专指由特定的有法律创制权的国家机关依照法定程序创制的规范性文件。

按照马克思主义关于法律以及国家社会体制的论断,结合中国的现实法律环境,对法可作如下表述:法是指由国家专门机关依照法定程序创制的,反映国家意志的,以权利义务为内容和调整机制并通过国家强制力保障实施的行为规范。

二、法的特征

按照上述法的定义的表述,我们认为法具有以下特征:

(一)法律是调整行为关系的规范

法律的调整对象是行为关系。法律是通过对行为发生作用来调整社会关系的。社会关系是以行为为基本条件的,法律对行为进行调整达到调整社会关系的目的。所以本质上法律调整的是行为而不是社会关系本身。另外,影响社会关系的因素很多,比如人的思想。法律是不是也调整人的思想呢?答案是否定的。众所周知,社会关系的基础是行为关系,只有人的行为才使人与人之间的关系得以建立和存在。而人的思想作为行为的前提条件,只有当人们付诸实施的时候才外化为行为。所以法律不可能通过对人们思想的调整达到调整社会关系的目的。实际上意味着法律一般不以主体作为区分标准，而只是以行为作为区分标准。对于法律本身而言，不通过行为控制就无法调整和控制社会关系。这也是法律区别于其他社会规范的特征之一。当然法律对人们的思想并不是不会产生影响，但是这只是法律作为社会规范的次要功用。

（二）法律由国家专门机关创制

法的创制是指国家或国家机关，依照法定程序，制定、认可、修改法律规范的活动，主要包括法律规范的制定和法律规范的认可两大类。制定是指国家机关依照法定程序产生新规范，是一个从“无”到“有”的过程；认可是国家通过一定程序对业已存在的行为规则予以承认，赋予其法律效力的过程。

法律的创制从本质上讲，是国家权力的体现。特别是法律创制的内容体现了很强的国家意志性。正是基于法律创制的主体问题，也即说明法律具有鲜明的阶级性。另外，制定和认可这两种方式只是方式的不同，本质上都体现了国家性。而由于这种国家性，又会派生出法律的另一特征——“普遍性”。一般来说，法律在一国范围内是普遍适用的。

（三）法律以权利义务为调整机制发生作用

法律和权利、义务的概念是密不可分的。法律的要素以法律规范为主，而法律规范的调整方式主要是以授权、禁止和命令的形式规定权利和义务。法律通过设定权利和义务实现对社会关系的调整和控制，实际上是促使人们认识到在不同的社会关系中有一定的利益或不利益的可能性和必要性。这种权利义务表现出来的利益和不利益可以成为人们行为的利导力量和限制力量。同时法律规范的适用结果往往又是对法律权利（利益）和义务（不利益）的再分配，这样法律通过权利和义务的双向规定来影响人们的意识并调节有意识的活动。也正是因为这个原因，法律才最能适应商品经济的价值规律，最能适应商品经济社会的生产、分配和交换的行为。

（四）法律由国家强制力保障实施

法律对社会生活的调控，对人们行为的规范都必须有国家强制力作为保证。这是法律规范区别于其他社会规范的又一重要特征。法律规范必须通过国家强制力的保证，对违反法律的行为予以制裁，才能使法所体现的国家意志得以实现和贯彻。否则，法律就成了一纸具文。由于法律是国家创制并以国家强制力保障实施的，因此法律具有了统一性和权威性。法律可以在全国范围内形成统一的体系，并得到统一地、普遍地实施，具有普遍的约束力，具有极高的权威。当然法律的国家强制力并不意味着强制力的直观性，法律的强制力是潜在的和间接的，只有当法律规范遭到破坏的时候才会导致国家强制力的发生作用；而且，法律实施的保证力量也并不是只有国家强制力，经济、文化、法律意识等都是影响法律实施的因素。

第三节 法的形式及分类

主要内容提示

1. 法的渊源特指“法的效力的来源”，是指法的创立方式及表现为何种法律文件形式，或指具有法的效力作用和意义的法的外在表现形式。

2. 法由法律规范、法律部门和法律体系三个层次构成。

3. 按照不同标准对法可以作不同分类。

一、法的形式

法的形式一般可以从法的渊源和法的结构两个方面进行论述。

(一) 法的渊源

法的渊源，也称为法律渊源，或法源。在法学中，“法的渊源”特指“法的效力的来源”，通常是指法的创立方式及表现为何种法律文件形式，或指具有法的效力作用和意义的法的外在表现形式。因此，法的渊源也称为“法的形式”，即侧重于从法的外在的形式意义上来把握法的各种表现形式。

我国法的渊源主要是指以各种制定法为主的正式的法的渊源。目前已经形成主要以宪法为核心（根本大法）的各种制定法构成。由于法律规范创制主体的多样性，也导致我国法的渊源的多样性。它们有各自不同的层次和范畴。主要包括：宪法、法律、行政法规和部门规章、地方性法规、民族自治地区的自治条例和单行条例、特别行政区的法律、国际条约等。

1. 宪法。宪法是国家的根本大法，在当代中国法律体系中处于最高地位，是我国最主要的法的渊源。它由最高国家权力机关——全国人民代表大会制定、通过和修改。宪法规定了当代中国的最根本的政治、经济和社会制度，规定了国家的根本任务，公民的基本权利和基本义务，国家机关的组织结构和活动原则等国家和社会生活中最基本、最重要的内容。按照我国宪法的规定，宪法具有最高的法律效力，其他各种法律、法规的制定，均须以宪法为依据，服从宪法，凡是与宪法相冲突的法律、法规和行为，均不具有法律效力。宪法的制定和修改程序相对于普通法律而言也要严格得多。

2. 法律（狭义的法律）。对法律的理解有广义和狭义之分。广义的法律是指一国所有规范性法律文件的总体。狭义的法律是指由全国人民代表大会和全国人民代表大会常务委员会制定颁布的法律规范的总和。作为法的渊源之一的法律是指狭义的法律。根据宪法规定，法律包括基本法律和基本法律以外的其他法律。基本法律，是指全国人民代表大会制定的，调整国家和社会生活中具有普遍性的社会关系的规范性法律文件的总称，如民法、刑法、民事诉讼法、刑事诉讼法等。基本法律以外的其他法律是指全国人民代表大会常务委员会制定的调整国家和社会生活中某些具体社会关系的规范性法律文件的总称，如专利法、著作权法、未成年人保护法等。在一国范围内，法律的效力仅次于宪法，但高于其他任何法律规范。

3. 行政法规和部门规章。行政法规是指由国家最高行政机关即国务院依照宪法和法律在法定职权范围内制定的规范性法律文件的总称。其法律地位和法律效力仅次于宪法和法律。按照宪法规定，国务院作为最高国家行政机关，为了履行其最高行政管理职责，所发布的一些带有规范性内容和性质的决定和命令，也属于法的渊源。国务院所属各部、各委员会、中国人民银行、审计署和具有行政管理职能的直属机构，有权根据法律和国务院的行政法规、决定、命令，在本部门的权限内，可以制定规章，即部门规章，其法律地位和法律效力低于宪法、法律和行政法规。

4. 地方性法规。地方性法规是指地方国家权力机关制定的规范性法律文件的总称。地方性法规的法律地位低于宪法、法律，并且其法律效力仅限于该规范性法律文件制定主体的行政区划范围。根据我国宪法和组织法的规定，地方性法规主要有两种：(1)省、自治区、直辖市的人民代表大会及其常务委员会根据本行政区域的具体情况和实际需要，在不同宪法、法律、行政法规相抵触的前提下，可以制定地方性法规。(2)设区的市的人民代表大会及其常务委员会根据本市的具体情况和实际需要，在不同宪法、法律、行政法规和本省、自治区的地方性法规相抵触的前提下，可以对城乡建设与管理、环境保护、历史文化保护等方面的事项制定地方性法规。设区的市的地方性法规须报省、自治区的人民代表大会常务委员会批准后施行。

5. 民族自治地区的自治条例和单行条例。依照我国立法法的规定，民族自治地方的人民代表大会有权依照当地民族的政治、经济和文化的特定，制定自治条例和单行条例。自治区的自治条例和单行条例，报全国人民代表大会常务委员会批准后生效。自治州、自治县的自治条例和单行条例，报省、自治区、直辖市的人民代表大会常务委员会批准后生效。自治条例和单行条例只在民族自治区域内有效。自治条例和单行条例可以依照当地民族的特点，对法律和行政法规的规定作出变通规定，但不得违背法律或者行政法规的基本原则，不得对宪法和民族区域自治法的规定以及其他有关法律、行政法规专门就民族自治地方所作的规定作出变通规定。

6. 特别行政区的法律。特别行政区的法律包括特别行政区的基本法和特别行政区法律两大类。这是中国法的渊源中最特殊的两个种类。特别行政区的基本法，由全国人民代表大会制定通过。目前我国已有两部特别行政区基本法：《中华人民共和国香港特别行政区基本法》和《中华人民共和国澳门特别行政区基本法》。特别行政区基本法只是在特别行政区施行。特别行政区法律,是指根据宪法和特别行政区基本法制定的,在特别行政区内施行的法律。

7. 国际条约。国际条约是指我国同外国缔结的双边和多边条约、协定和其他具有条约、协定性质的文件。国际条约本身是国际法的主要渊源,但由于它对于签约国有约束力,因而凡是我国政府签署的国际条约,也属于我国的法的渊源。

(二)法的结构

法的结构也属于法的形式的问题。一般来说,法是由法律规范、法律部门和法律体系三个层次构成。

1. 法律规范,属于社会规范,是指由国家制定或认可,体现国家意志的,以权利和义务为主要内容,并且由国家强制力保障实施的具有普遍约束力的行为规则。

法律规范是构成法的基本单位,具有严密的逻辑结构。通常由以下三个要素构成:(1)假定条件,即法律规范中规定规范适用的条件和情况。在实际生活中,只有当该法律规范的条件或情况出现时,才能适用该法律规范。法律规范的假定条件可以作为规范的一部分单独明确地表示出来,也可以被隐含在规范的行为模式的叙述中。(2)行为模式,即法律规范规定人们实际行为的方式。它是指人们在一定的法律假定条件下应如何行为的模式。即法律关于允许做什么、禁止做什么和必须做什么的规定。它是法律规范最基本、最核心的部分。(3)法律后果,是指法律规范中关于人们遵守或违反法定行为模式而带来的法律上的后果。法律后果表明了法律对人们所作出的行为的具体评价与态度。它包括肯定性评价和否定性评价,针对合法行为,法律给予肯定性评价;针对违法行为,法律给予否定性评价。

2. 法律部门,是指根据一定的标准和原则,按照法律调整社会关系的不同领域和不同方法所划分的同类法律规范的总称。法律部门是法律体系的主干和基本成分,同时其本身的基本要素是具体的法律制度以及相应的法律规范的总和。各个不同的法律部门的相互交叉、相互影响所结成的有机统一体,便成为一国的法律体系。法律体系中的法律部门具有相对独立性。法律部门的划分标准是:(1)法律规范的调整对象,即法律规范所调整的社会关系。各种不同种类的社会关系有其共同属性和一般特征,但是在性质、内容、结构和形式等方面也有很大的差异。法律部门就是以法所调整的社会关系的内容作为依据来划分一部法律属于哪一部门。(2)法律规范的调整方法。法律规范所调整的社会关系与法律部门并非是简单的对应关系,仅仅以法律规范调整的对象不同来划分法律部门是不够的,因此我们需要将法律规范的调整方法作为划分法律部门的次要标准。法律调整的方法是指法律规范调整社会关系的手段和方式。如凡是属于以刑罚制裁方法为特征的法律规范划归刑法部门,将以承担民事责任方式的法律规范划归民法法律部门等。

3. 法律体系,又称为"法的体系",是指一国现行的全部法律规范按照一定的结构和层次组织起来的统一整体。

法律体系主要有以下几个特点:(1)法律体系是一国全部现行法律构成的整体。一个国家的法律体系是该国内部各个法律部门相互联系和协调统一的有机整体,它包括现行的国内法和被本国承认的国际法。法律体系是一国国家主权的象征和体现。(2)法律体系是一个由法律部门分类组合而形成的呈体系化的有机整体。法律体系作为一个“体系”,它的内部构成要素是法律部门,并且呈现为一个体系化、系统化的相互联系的有机整体。(3)法律体系是客观法则和主观属性的有机统一。从最终极的意义上讲,法律体系是经济关系的反映,它必须适应于总的经济状况,因此,法律体系的形成是由客观经济规律和经济关系决定的;但是从法律关系的形成过程来看,它也离不开人的意志、主观能动性、意识形态、文化传统等的共同作用,由此使世界各国的法律体系呈现出不同的模式、形态。

构成我国法律体系的主要法律部门包括:宪法、民法、刑法、行政法、商法、经济法、婚姻法、刑事诉讼法、民事诉讼法、行政诉讼法、国际法、国际私法、国际经济法等。

二、法的分类

从不同角度,按照不同标准对法所作的类别划分,即法的分类。主要有以下几种类型:

(一)根本法与普通法

这是根据法律的地位、效力、内容和制定程序的不同为标准对法所作的分类。根本法即宪法,也称为根本大法。它规定国家制度和社会制度的基本原则,具有最高的法律效力,其制定和修改通常需要经过较为严格的程序。普通法,是指宪法以外的其他法律。它是以根本法为根据并服从于根本法的,其主要内容是对宪法规定事项进行具体化的规定,其效力低于宪法。

(二)成文法与不成文法

这是按照法的创制方式和表达形式的不同为标准对法所作的分类。成文法是指由国家特定机关制定的,并以成文形式出现的法律,又称为制定法。不成文法是指由国家认可其法律效力,但又不具有成文形式的法,一般指习惯法。

(三)实体法与程序法

这是按照法律规定的内容的不同为标准对法所作的分类。实体法是指以规定和确认权利和义务或职权和职责为主的法律,如民法、刑法等。程序法是指以保证权利和义务得以实施或职权和职责得以履行的有关程序为主的法律,如民事诉讼法、刑事诉讼法等。实体法和程序法也不是截然分开的,在一部法律中经常会有实体内容和程序内容的交叉。

(四)一般法与特别法

这是按照法的适用范围的不同对法所作的分类。一般法是指针对一般人、一般事、一般时间、在全国普遍适用的法律；特别法是指针对特定人、特定事，或在特定地区、特定时间内适用的法律。

（五）国际法与国内法

这是根据法的制定主体和适用主体的不同对法所作的分类。国际法是由参与国际关系的国家通过协议制定或认可的，并适用于国家之间的法律，其形式一般是国际条约和国际协议。它的实施一般以国家集体的公信力和国际舆论为强制力作为保证。国内法是指在一主权国家内，由特定国家法律创制机关创制的并在本国主权所及范围内适用的法律。它的实施则是以国家强制力作为保证的。

（六）公法与私法

这是以古罗马法为来源，后来通行于大陆法系的一种法的分类。关于公私法的划分标准，法学家众说纷纭，比较普遍的说法是以法律所涉及的内容为标准。凡是涉及公共权力、公共关系、公共利益、强制关系的法，即为公法，如宪法、行政法、刑法等；而凡属个人利益、个人权利、自由选择、平权关系的法，即为私法，如民法、商法等。

第四节 法律关系

主要内容提示

1. 法律关系是法律规范调整人们行为形成的，以权利和义务为内容的特殊的社会关系。

2. 法律关系的要素包括：法律关系的主体、法律关系的内容和法律关系的客体。

3. 法律事实包括事件和行为两类。

一、法律关系的概念及其特征

法律关系是法律规范调整人们行为形成的，以权利和义务为内容的特殊的社会关系。法律关系是社会关系的一种特殊形态。它与其他一般的社会关系相比，具有以下三个主要特征：

1. 法律关系是以法律规范为前提而形成的社会关系。法律关系是法律对人们的行为及其相互关系加以调整而出现的一种状态。因此，在没有相应的法律规范之前，就不可能形成相应的法律关系。社会关系纷繁复杂，并不是所有的社会关系都能成为法律关系，法律规范只选择应该由法律调整而且可以由法律调整的社会关系进行调整，使之成为法律关系。因此，我们可以这样理解：凡是纳入法律调整范围内的社会关系，都是法律关系；凡是未纳入法律调整范围的社会关系，都不是法律关系。同时,法律规范还可以通过自身机制创设一些法律关系。法律关系同社会关系一样,随着社会的发展而不断从简单到复杂的演变。

2. 法律关系是以法律上的权利、义务为纽带而形成的社会关系。法律关系与其他社会关系的重要区别,就是在法律关系中,当事人之间按照法律规范分别享有一定的权利或承担一定的义务,当事人各方因具体的权利和义务而联系在一起。法律规范在当事人之间设定权利和义务,从而使他们之间的关系具有法律意义,构成相应的法律关系。当然,法律关系是且仅仅是当事人之间具有权利义务内容的关系,而不是他们之间的全部关系。

3. 法律关系是以国家强制力作为保障手段的社会关系。当根据法律规范而形成法律关系时,就是法律中抽象的国家意志转变成社会中现实秩序的一种状态。如果这种现实的权利、义务关系遭到破坏,就意味着国家意志所关怀的权利受到侵犯,意味着国家意志所设定的义务被拒绝履行。这就必然威胁到国家利益所需要的社会秩序的建立和稳固。因此,一旦一种社会关系被纳入法律调整范围之内成为法律关系后,就表明国家不会听任它被随意破坏,并且会利用国家强制力来加以保障。不同性质的法律关系,国家会以不同方式的强制手段给予保障。

二、法律关系的要素

法律关系作为一种特殊的社会关系,其产生、发展必须基于一定的制度构件,这种制度构件即法律关系的要素。法律关系的要素主要包括:法律关系的主体、法律关系的内容、法律关系的客体。

(一)法律关系的主体

法律关系的主体是指法律关系的参加者,即在法律关系中权利的享有者和义务的承担者,通称又称为权利主体和义务主体。权利主体和义务主体也就是由法律对其行为加以调整的人。法律上所使用的"人"的概念主要包括自然人和法人,还可以是不具备法人资格的其他组织。在特殊情况下,国家也可以成为法律关系主体。

自然人是指有生命并具有法律人格的个人,是权利主体或义务主体最基本的形态,包括公民、外国人和无国籍人。自然人是一个法律概念,以有生命且具有法律人格为充分必要条件。

法人是自然人的对称,指具有法律人格,能够以自己的名义独立享有权利或承担义务的团体。法人是由自然人组成的团体,但是,它在法律上不同于任何团体成员。法人有时又被称为拟制主体,即由法律赋予人格并将其视同自然人一样有独立的意志和利益的社会组织体。

主体参加任何法律关系都必须具有权利能力,参加某些特定类型的法律关系,除了要具有权利能力之外,还必须具有行为能力。

1. 权利能力,是指由法律所确认的享有权利或承担义务的资格,是参加任何法律关系都必须具备的前提条件。它本身是一种资格，是实际取得权利、承担义务的先决条件，还不是权利本身。权利能力是法律人格的同义语。

在自然人的权利能力问题上，一般把公民的权利能力分为一般权利能力和特殊权利能力两类。一般权利能力是指为所有公民普遍享有，始于出生，终于死亡，如人身不受侵犯的权利能力、继承遗产的权利能力等。特殊的权利能力以一定的法律事实出现为条件才能享有，如参加选举的权利能力须以达到法定年龄为条件。

法人的权利能力始于法人依法成立，终于依法律解散或撤销。法人权利能力的内容和范围与法人成立的目的直接相关，并由有关法律和法人组织的章程加以规定。

2. 行为能力，是指法律所承认的，由法律关系主体通过自己的行为行使权利和履行义务的能力。具有行为能力，意味着法律允许权利主体和义务主体独立地以自己的名义参加法律关系，行使自己的权利或履行自己的义务。换言之，行为能力也就是法律所承认的行为人对自己行为及其后果的正常识别能力。这种能力主要取决于年龄和健康状况两种因素。

根据主体的年龄和健康状况一般将自然人的行为能力分为三类：第一类为完全行为能力人，他们可以独立地处分自己的一切权利和义务；第二类是限制行为能力人，他们只能独立处分与其能力相适应的权利和义务；第三类为无行为能力人，他们自行处分自己权利和义务的行为，在法律上均为无效。

与行为能力直接相关的是责任能力，责任能力即对自己的行为承担法律责任的能力。责任能力是行为能力在第二性法律关系中（法律责任关系中）的变化了的存在形式，它与行为能力是一致的。完全行为能力人即完全责任能力人，限制行为能力人即限制责任能力人，而无行为能力人即无责任能力人。

法人自成立到终止，始终具有完全行为能力，故其行为能力与权利能力是一致的。

（二）法律关系的内容

任何法律关系都是在法律关系主体间形成的权利和义务关系，因此，权利和义务就构成了法律关系的内容。权利和义务是从法律规范到法律关系再到法律责任的逻辑联系中连接各个环节的纽带，它们存在于法的一切部门，贯穿于法的运行和操作的整个过程；而且权利和义务全面地表现和实现法的价值。权利、义务是法的价值得以实现的方式，正是通过权利和义务的宣告与落实，统治阶级把自己的价值取向和价值选择变为国家和法的价值取向和选择，并借助于国家权威和法律程序而实现。

1. 法律权利，是指法律关系主体所享有的由法律对其进行保护的自由和利益。权利实际上是主体利益实现的一种可能性。法律权利具有以下特征：(1) 法律权利来自法律规范的规定，得到国家的确认和保障，权利主体可以在法律确定的范围内,通过自己的行为满足自己的利益需要,同时主体的行为会受到法律支持;(2)法律权利是保证权利人利益的法律手段,权利与利益有着密切的联系,但权利并不等于利益,权利人实现自己利益的行为是法律权利的社会内容,而权利则是这一内容的法律形式;(3)法律权利确定权利人从事法律所允许的行为的范围,在这一范围内,权利人满足自己利益的行为或者要求义务人从事一定行为是合法的,如超出一定范围,则是非法的;(4)法律权利具有可转让性,法律权利是法律所保护的一种利益,对于权利主体来说,可以转让,可以放弃,只要不产生损害国家、社会和其他主体的合法权益的结果。

2. 法律义务,是指法律所规定的,义务人按照权利人的要求,为满足权利人的需要,必须作为或不作为的必要性。法律义务具有以下特征:第一,法律义务是由法律规范规定的,具有法律上的必要性。对于义务主体来说,法律规定的义务是必须履行的,如果义务人拒绝履行法定义务,就会受到国家强制力的制裁。第二,法律义务是满足权利人需要和利益的法律手段。依法作出或不作出一定的行为,都是为了保证权利人利益的实现。第三,法律义务界定了义务主体履行义务的范围。义务人承担的义务具有严格的法定界限,对于法定范围以外权利人的利益要求,义务人有权拒绝。

法律权利与法律义务是一种对立统一的关系。从形式上看,权利是一种行为自由,而义务是某种行为的必要性;从实质上看,法律权利是权利主体的主动行为,是对利益的主动追求,而法律义务是义务主体的被动行为,是为其获得利益而不得不为的行为(包括作为或不作为)。法律权利对法律义务具有引导作用,而法律义务的履行则有助于法律权利的实现。因此,法律权利和法律义务都不可能独立地存在和发展。

(三)法律关系的客体

法律关系客体是法律关系主体的权利和义务所共同指向的对象,又称权利客体和义务客体。它是将法律关系主体间的权利与义务联系在一起的中介。没有法律关系的客体,法律关系的内容——权利和义务就成为毫无实际内容的抽象物。

一般认为,法律关系的客体包括以下几种:

1. 物。法律上所说的物是指体现一定利益的物品或其他财富。物品或其他财富要成为法律权利的客体,必须具备如下三个条件:其一,必须由法律规定,即法律属性;其二,必须具有经济价值,能满足人们的需要,即经济属性;其三,必须可以为人们所控制和支配,即可利用属性。在法律关系中,物是一种最基本的客体。

2. 行为。行为是指法律关系主体的意思表示的客观形态,分为作为和不作为。作为是指要求从事一定的行为,又称积极行为;不作为是指对一定行为的抑制,又称消极行为。

3. 智力成果。作为法律关系客体的智力成果指的是人们在智力活动中所创造的精神财富,它是知识产权所指向的对象。

4. 人身利益。包括人格利益和身份利益,是人格权和身份权的客体。

三、法律事实

法律关系是法对社会关系加以确认和保障的结果,因此,它具有相对稳定性。然而,由于社会生活本身是不断变化的,法律关系就不能不具有某种流动性,从而表现为一个产生、变更与消灭的过程。

法律事实是由法律规定的,能够引起法律关系形成、变更或消灭的各种事实的总称。法律事实与一般意义上的事实的根本区别,就在于法律事实是法律规定的。法律之所以对某些事实加以规定,是因为这些事实具有一定的法律意义。也就是说,这些事实对于明确人们法律上的权利、义务及其界限是至关重要的。法律事实是多种多样的,按照是否以当事人的意志为转移,法律事实基本上可以分为事件和行为两大类。

(一)事件

事件,又称法律事件 ,是指法律规定的,与当事人意志无关的,能够引起法律关系产生、变更和消灭的事实。它是不以当事人主观意志为转移的,也不是由当事人的行为所引发的。法律事件又可分为自然事件和人为事件。自然事件是指不以人的意志为转移而出现的客观事实,如人的出生、死亡、地震、洪灾等;人为事件是指当事人以外的人所引起的事件,如战争、社会革命等。

(二)行为

行为,又称法律行为,是指由法律规定或调整的,与当事人意志有关的,能够引起法律关系产生、变更和消灭的作为和不作为。行为一旦作出,也是一种事实,它与事件的不同之处在于当事人的主观因素成为引发此种事实的原因。因此,当事人既无故意又无过失,而是由于不可抗力引起的某种法律后果的活动,在法律上不被视为行为,而被归入意外事件。法律上所称的行为,仅指与当事人意志有关且能引起法律关系后果的那些行为,既不含与当事人意志无关的行为,也排除与当事人意志有关但无法律意义的行为。对于法律行为,还可以按是否合法而进一步划分为合法行为与非法行为。

在某些情况下,有些法律关系的产生、变更或消灭必须同时具有两个或两个以上的法律事实,在这些法律事实之间就形成一个法律事实的综合,法律上称之为事实构成。例如,房屋的买卖,除了双方当事人签订的房屋买卖合同以外,还须到房管部门办理过户登记手续。

第五节　法律责任

主要内容提示

1. 法律责任是指因损害法律上的义务关系所产生的对于相关主体所应当承担的法定强制的不利后果。

2. 通常认为法律责任的构成要件包括主体、过错、违法行为、损害事实和因果关系五个因素。

3. 根据违法行为所违反的法律规范的性质不同，可以主要分为民事责任、行政责任、刑事责任。

一、法律责任的含义

“责任”一词包含两层含义：一是责任关系，二是责任方式。换言之，责任既表示某种关系，又表示某种方式。法律责任也包含两层含义，即法律责任关系和法律责任方式。通常意义上，法律责任可定义为：因损害法律上的义务关系所产生的对于相关主体所应当承担的法定强制的不利后果。具体可从以下几方面来理解：

1. 法律责任首先表示一种因违反法律上的义务关系而形成的责任关系，即主体甲对主体乙的责任关系。这种责任关系派生于法律上规定的义务关系，即因为违反法律上的义务规定才导致责任关系的产生。法律上的义务不仅包括法律直接规定的法定义务，还包括法律予以保护的当事人契约上的约定义务。

2. 法律责任还表示一种责任方式，即承担或追究否定性、不利性后果。法律责任方式是由法律规定的，它通常有两种，即补偿与制裁。比如民事责任的方式包括赔偿、修理、重作、返还等；行政责任方式中包括拘留、罚款、降级等；刑事责任方式中包括有期徒刑、无期徒刑等。

3. 法律责任的追究和执行是国家强制力实施或者潜在保证的。强制实施追究和执行，是指由有关国家机关依法定职权和程序采取直接强制手段予以实施。但不等于说一切法律责任的实现均由国家强制力直接介入，比如民事责任可以由当事人自行协商和承担。如果责任人未承担民事责任，才出现国家强制力保证实施责任的追究和执行，即体现为国家强制力的潜在保证。

二、法律责任的构成要件

法律责任的构成要件是指要求行为人承担法律责任时应该予以考虑的具体因素。通常认为法律责任的构成要件包括主体、过错、违法行为、损害事实和因果关系五个因素。值得注意的是，在不同的法律领域，法律对不同法律责任的构成可能具有不同的要求。

（一）主体

法律责任的主体必须是具有行为能力或责任能力的自然人或法人。就自然人而言，法律责任的主体必须是达到责任年龄和具备正常精神状态的人。如前说述，我国法律对自然人的民事责任年龄和刑事责任年龄的规定是不一样的。对于不能判断和控制自己行为的精神病人不能让其自己承担法律责任，但是间歇性的精神病人在不发病期间的违法行为也要承担法律责任。特别要注意的是法律责任主体与违法主体是两个概念，违法主体是指违反法律义务的人，他不受年龄和精神状态的限制。比如一个6岁的孩子故意打碎了邻居家的玻璃是违法行为，但赔偿损失的法律责任主体是他的监护人。因为无行为能力人或者限制行为能力人的违法行为，现代法律通常要求其监护人承担民事责任。

（二）过错

法律通常要求违法者主观上有一定的主观恶性，对于没有过错和不以人的意志为转移的不可抗力或意外事件，法律一般不要求人们承担法律责任。在刑事领域，法律对违法者的主观恶性尤为看重，把主观罪过分为故意和过失两种，相对于同一种犯罪情形，主观恶性越大，刑事责任也就越大。我国刑法规定，“故意犯罪，应当负刑事责任；过失犯罪，法律有规定的才负刑事责任。”在民事领域，过错责任是主要的法律责任形式，但某些民事责任的形式也不以行为人是否有过错为前提，比如环境污染损害赔偿责任，法律规定，即使行为人没有过错，也要对环境污染的损失事实承担赔偿责任。

（三）违法行为

法律责任一般以存在违法行为（包括违约行为）为前提，没有违法行为一般就没有法律责任。在刑事领域，犯罪行为是承担刑事责任的必备要件，而犯罪行为是严重的违法行为。但在民事领域，公平责任的法律责任形式并不以违法行为为构成要件，比如我国《民法总则》第183条规定：“因保护他人民事权益使自己受到损害的，由侵权人承担民事责任，受益人可以给予适当补偿。没有侵权人、侵权人逃逸或者无力承担民事责任，受害人请求补偿的，受益人应当给予适当补偿。”这不仅是对见义勇为者受到损害后的民事救济，也是公平责任原则的体现。受益人并没有违法行为，但见义勇为的人是在没有法定义务或者约定义务的情况下，出于公平正义，为保护他人的人身和财产权益，制止各种侵权行为、意外事件，自己或者其他人的人身和财产权益受到损害，受益人适当补偿受害人的损失，符合公平正义理念，符合社会主义核心价值观的要求。

（四）损害事实

法律责任的承担一般应当以具有损害的事实为限，因为如果一个行为没有发生任何损害事实，那么行为就几乎没有社会危害性，对这种行为进行惩罚的意义也就不是很大。这种损害事实可以是人身性的、财产性的，也可以是精神性的。这种损害的事实也必须是客观存在的，但需要注意的是损害的事实不同于损害的结果。在刑事领域，故意犯罪的停止形态有犯罪既遂、犯罪未遂、犯罪中止和犯罪预备四种，后三种形态都没有发生行为人希望的损害结果，即使是犯罪既遂也存在危险犯的情形，比如甲在公用的水井中投毒，但被及时发现，没有人被毒死，行为人希望发生的损害结果并没有发生，但投毒这种行为本身就对社会公共安全造成了危害或损害，故损害事实还是存在的。而在民事领域，人们对某一违法行为是否造成了实际损害的理解可能会不一致，比如在是否造成精神损害这一点上人们经常会发生争议。

（五）因果关系

法律责任的承担仅有违法行为和损害事实还不够，还要求在违法行为和损害事实之间必须存在确定的因果关系。这一点主要是基于现实生活中行为和损害事实之间存在多种复杂的关系形态，比如甲同时受到多人伤害，其中一个人的伤害行为是致命的，这个时候确定哪个人实施了这个伤害行为就非常重要，因为这直接关系到每个侵害人责任的大小问题。在实践中这种因果关系的判断往往会比较困难，但我们只能让责任人为其自己行为造成的损害后果承担相应的责任。

三、法律责任的分类

根据不同的标准，法律责任可以划分为不同的种类，比如根据责任是由自己承担还是由其所代表或代理的组织或个人承担，可以分为职务责任和个人责任。根据责任承担的内容是财产还是非财产可分为财产责任和非财产责任。根据主观过错在法律责任中的地位，可以把法律责任分为过错责任、无过错责任和公平责任，这通常是民事法律中对不同民事责任的分类。根据违法行为所违反的法律规范的性质不同，可以主要分为民事责任、行政责任、刑事责任。这里我们重点介绍最后一种分类：

（一）民事责任

民事责任是指因违反约定的或者法定的民事法律义务而应承担的不利后果。民事责任主要的功能在于救济当事人的权利、赔偿或补偿当事人的损失，在少数情况下也惩罚违约人的违约行为，比如支付违约金，即在一方违约后，不管是否造成对方损害都应当根据约定或法律的规定支付给对方一定数量的违约金。而民事责任的主要表现形式，即民事补偿或赔偿，具体包括停止侵害、排除妨害、消除危险、返还财产、恢复原状、修理、重作、更换、继续履行、赔偿损失、支付违约金、消除影响、恢复名誉和赔礼道歉等。承担民事责任的方式，可以单独适用，也可以合并适用。

（二）行政责任

行政责任是指因违反行政法上的义务而应当承担的不利后果，它包括行政主体及其工作人员的行政责任和行政相对人的行政责任。行政责任主要体现为行政惩罚、行政赔偿和补偿以及行政行为效力否定。行政惩罚主要包括行政处罚、行政处分和行政强制。行政处罚主要表现为警告、罚款、没收违法所得和非法财物、责令停产停业、暂扣或吊销许可证和执照、行政拘留、劳动教养等惩罚性措施;行政处分是指对于违法失职的公务员或其他所属人员实施的惩罚性措施,包括警告、记过、降级、撤职和开除等惩罚性措施;行政强制主要是行政机关采用强制性的手段强迫违法者履行义务,强制包括对人身的强制(如强制治疗、强制戒毒、拘传)和对财产的强制(如强制划拨、强制扣缴、强制拆除、强制拍卖等)。因行政主体的违法行政行为造成行政相对人损害的,应进行行政赔偿;因行政主体的合法行政行为(如征用土地或其他财产)造成相对人损害的应进行相应的行政补偿。另外,行政机关在行使行政权时负有不得滥用职权、正确适用法律、遵守法定程序的义务,否则就可能被上级行政机关或人民法院撤销或要求重新作出行政决定。

(三)刑事责任

刑事责任是指因违反刑事法律而应当承担的不利后果,刑事责任是一种惩罚性的责任,是最严厉的一种法律责任。刑事责任最主要的体现就是刑罚,是对犯罪人自由、生命、资格和财产的剥夺。我国的刑罚包括死刑、无期徒刑、有期徒刑、拘役、管制五种主刑和剥夺政治权利、罚金、没收财产、驱逐出境四种附加刑。

特别需要注意的两个问题:其一,一种行为可能产生多种法律责任,所以任何一个规范性文件都可能规定多种性质的法律责任。比如《道路交通安全法》就交通肇事问题就作了多种法律责任的规定,交通肇事可能产生赔偿损失的民事责任,也可能产生吊销驾驶执照、罚款等行政责任,如果情节或后果严重,还可能构成犯罪,负相应的刑事责任。其二,不同种类的法律责任所采用的具体责任方式可能是相同的,比如罚款既可能是一种行政责任的方式,也可能是一种诉讼法上的责任方式,而同样是支付一定数量的惩罚性金钱的罚金却是一种刑事责任方式。

自检自测题

一、不定项选择题

1. 法的历史类型包括(　　)。

A. 奴隶制法　　B. 封建制法

C. 资本主义法　　D. 社会主义法

2. 法律发展的具体形式和途径包括(　　)。

A. 法律继承　　B. 法律创制

C. 法律移植　　D. 法律改革

3. 国务院依照宪法和法律在法定职权范围内制定的规范性法律文件为(　　)。

A. 行政规章　　B. 行政法规

C. 部门规章　　　　　　　　D. 基本法律

4. 法律部门的划分标准是(　　)。

A. 调整对象　　　　　　　　B. 调整方法

C. 调整主体　　　　　　　　D. 调整效力

5. 以下属于实体法的是(　　)。

A. 刑法　　　　　　　　　　B. 民法

C. 刑事诉讼法　　　　　　　D. 民事诉讼法

6. 法律关系的客体包括(　　)。

A. 物　　　　　　　　　　　B. 行为

C. 智力成果　　　　　　　　D. 人身利益

二、名词解释

法律　法律规范　法律体系　法律关系　行为能力　法律事实　法律责任

三、问答题

1. 法具有哪些特征?

2. 法律继承需要注意哪些方面?

3. 我国的法律渊源包括哪些方面?

4. 法律关系具有哪些特征?

5. 法律关系产生、变更和终止的原因是什么? 它有哪些种类?

四、案例分析题

2009 年 8 月 4 日晚,魏志刚酒后驾驶车牌号为浙 A892E9 的保时捷凯宴牌小型越野客车回杭州文二西路世纪新城的租住处。当晚 21 时 26 分,魏志刚驾车由南向北行驶至莫干山路 111 号浙江广播电视集团门口人行横道南侧约十米处路段时,由于超速行驶,未注意观察行人动态,致使车头保险杠左侧撞上由西向东横过马路的马芳芳。马芳芳被撞至引擎盖并与挡风玻璃相撞后弹离,再跌至车辆前方路面。事发后,魏志刚即让乘坐该车的范某拨打 120 急救电话。马芳芳经送医院抢救无效,于当晚 22 时 40 分因颅脑损伤而死亡。

事发路段标明限速为每小时 60 公里。经鉴定,魏志刚当时的行车速度在每小时 74 ~ 83 公里之间,其血液中乙醇含量为 0.36 毫克/毫升,属酒后驾车。魏志刚对事故负主要责任。

案发后魏志刚亲属与被害人亲属已就民事赔偿达成协议,魏志刚亲属已赔偿并自愿补偿被害人亲属经济损失共计人民币 63.8 万元。8 月 28 日,杭州拱墅区法院公开开庭审理并当庭宣判:魏志刚犯交通肇事罪,判处有期徒刑 2 年 3 个月。

请分析:

(1) 魏志刚应该为其交通肇事的行为承担哪些法律责任?

(2) 如果被害人马芳芳只是重伤,魏志刚又需要承担哪些法律责任?

(3) 如果魏志刚并没有交通肇事,而被执勤交警拦下,其又需要承担怎样的法律责任?

第二章　民法基础知识

预习目标设定

1. 重点掌握民法的概念、民事法律关系概念及构成要素，自然人和法人的民事权利能力和民事行为能力，民事法律行为，代理的概念和特征，物权的种类及含义，合同的效力，合同的解除，几种特殊的侵权责任，诉讼时效。

2. 学会运用民法基本理论的内容分析实际案例，特别是有关自然人、法人的民事权利能力和行为能力的问题，代理过程中的效力认定问题，合同的效力与履行等问题。

3. 一般了解民法的渊源、我国民事主体的种类等。

第一节　民法概述

主要内容提示

1. 民法是调整平等主体的自然人、法人、其他组织之间的财产关系和人身关系的法律规范的总称。

2. 民法的基本原则有平等原则，自愿、公平、等价有偿原则，诚实信用原则，合法原则，尊重社会公德、社会公共利益原则，民事权益受法律保护原则。

一、民法的概念和调整对象

（一）民法的概念

民法是特定历史时期的商品经济关系的反映，是调整市场经济关系的最基本的法律规则，它反映了市场经济的一般条件。根据我国《民法总则》的规定，民法的概念可表述为：民法是调整平等主体的自然人、法人、和非法人组织之间的人身关系和财产关系的法律规范的总称。

民法有广义和狭义之分。广义的民法是指一国范围内所有调整民事关系的法律规范，包括调整人身关系、财产关系、亲属关系、知识产权关系以及商事关系的法律规范，以及在其他法律部门中的调整民事关系的法律规范；狭义的民法，仅仅指单行的民法典，在我国则是《中华人民共和国民法总则》。

《中华人民共和国民法总则》（以下简称《民法总则》）于2017年3月15日第十二届全国人民代表大会第五次会议通过，自2017年10月1日起开始施行。一般认为《民法总则》是未来民法典的总则编，其统领性作用。它规定了民事活动的基本原则，概括了市场经济活动中的一般行为准则。《民法总则》共11章，分别是基本规定、自然人、法人、非法人组织、民事权利、民事法律行为、代理、民事责任、诉讼时效、期间计算和附则，共206条。

（二）民法的调整对象

我国民法的调整对象为平等主体的自然人、法人、和非法人组织之间的人身关系和财产关系。

1. 人身关系

人身关系是指与人身不可分离，以人身利益为内容，不直接体现财产利益的社会关系。人身关系的范围同样十分广泛，性质也不尽相同。我国民法调整的人身关系，主要包括两类：人格关系和身份关系。人格关系是建立在主体成为自然人、法人或者其他民事主体所必须直接享有的权利的基础之上的社会关系（如生命权、健康权、姓名权、名称权、名誉权、荣誉权等）。身份关系是建立在与主体特定的身份或地位有密切联系的权利的基础之上的社会关系（如著作权、发明权中的身份关系，因血缘、婚姻等而发生的身份关系）。人身关系具有以下特点：(1)以特定的精神利益为内容；(2)没有直接的财产内容；(3)与其主体不可分离。

2. 财产关系

财产关系是指人们在社会主义商品生产、分配、交换和消费过程中所发生的含有物质内容的社会关系，即主体之间就特定的物或具有财产性质的其他标的所发生的社会关系。财产关系的范围是相当广泛的，不可能完全由一个法律部门调整，所以民法只调整一定范围内的财产关系。民法调整的财产关系一般具有以下特点：(1)当事人的法律地位平等；(2)主体的意志自治；(3)在通常情况下是等价有偿的。

二、民法的渊源

民法的渊源即民法的表现形式，或民法的效力来源。我国民法的渊源主要有以下几种：

1. 宪法中的民法规范。如《宪法》第41条规定："由于国家机关和国家工作人员侵犯公民权利而受损失的人，有依据法律规定取得赔偿的权利。"

2. 民事基本法。我国的民事基本法是指2017年3月15日第十二届全国人民代表大会第五次会议通过的《中华人民共和国民法总则》。

3. 民事特别法。即全国人大常委会针对特殊民事关系制定的特别法，如《中华人民共和国合同法》《中华人民共和国物权法》等。

4. 行政法规中的民法规范。国务院颁布的一些行政法规中也会包括部分民法规范。

5. 其他规范性文件。国务院所属各部、委员会以及地方政府,可颁布各种涉及民法内容的规范性文件。

另外,我国的法律实践中,最高人民法院针对民事问题所作出的意见和批复——司法解释也是我国民法的重要渊源。

三、民法的基本原则

民法基本原则,是指民事立法、民事活动与民事司法的基本准则。它是民事法律规范的出发点和归宿,是民事活动的基本规则,是民事司法的基本准绳,是民事关系的本质和规律的集中反映,是克服法律局限性的工具。根据我国《民法总则》的规定,民法的基本原则包括:

(一)平等原则

《民法总则》第4条规定:"民事主体在民事活动中的法律地位一律平等。"在民事活动中,主体地位的平等性正是区别于其他法律关系的本质特征之一。平等原则是由民法调整的社会关系的性质决定的,是民法基本原则中的首要原则。这一原则的含义和要求是:

1. 民事主体资格平等,即自然人的民事权利能力一律平等。

2. 不同的民事主体参与同一民事关系,适用同一法律,具有平等的地位。

3. 民事主体在民事法律关系中必须平等协商,即各种民事主体在民事法律关系的产生、变更和消灭过程中,必须平等协商,任何一方不得将其意志强加于另一方。

(二)自愿原则

自愿原则又称意思自治原则,指当事人可以依据自己的意思决定民事权利义务关系的设立、变更和终止,任何组织和个人不得非法干预。其实质是确认民事主体的独立意思在民事活动中的支配地位,使民事主体在法律规定的范围内享有广泛的自由。

自愿原则是市场经济对法律提出的要求,个人是其自身利益的最佳判断者,任何他人的判断都不能取代当事人自己的判断。自愿原则能保障当事人意志自由,能使各种资源的配置趋向优化。

(三)公平原则

公平原则是指民事主体应遵循文明社会所公认的公平合理的价值观念进行民事活动,并遵循这种价值观念去分享民事活动所产生的利益。其含义具体体现为:1. 民事主体的机会均等,法律保障民事主体有同等的机会参加民事法律关系,并提供相应的保障和条件;2. 当事人享受的民事权利和承担的民事义务不能显失公平;3. 民事主体在民事责任的承担上要公平合理。

(四)诚实信用原则

诚实信用原则是指民事主体在从事民事活动时应该诚实、善意、信守承诺,以维持当事人的利益平衡以及当事人利益与社会利益的平衡。该原则是基本道德观念的法律化，被奉为民法的“帝王原则”。其具体含义体现为：1. 任何当事人在民事活动中都要诚实不欺，恪守诺言，讲究信用；2. 当事人应依善意的方式行使权利，在不损害他人利益和社会利益的前提下追求自己的利益；3. 当事人应以诚实信用的方式履行义务，对于约定的义务要忠实的履行。那些见利忘义、掺杂使假、欺诈蒙骗以及不讲信用，擅自毁约的行为，都严重地违背了诚实信用原则的要求。

（五）公序良俗原则

我国《民法总则》第 8 条规定：民事主体从事民事活动，不得违反法律，不得违背公序良俗。所谓公序良俗，是公共秩序和善良风俗的合称，该原则是现代民法的一项重要法律原则，具有维护国家社会一般利益及一般道德观念的重要功能，要求民事主体遵守社会公共秩序，遵循社会主体成员所普遍认可的道德准则。这项原则还有一种含义，凡违反公序良俗的民事法律行为是无效的。

（六）绿色原则

我国《民法总则》第 9 条规定：民事主体从事民事活动，应当有利于节约资源、保护生态环境。该原则的确定是我国《民法总则》的一大创举，既传承了天地人和，人与自然和谐相处的传统文化理念，又体现了新的发展思想，有利于缓解我国不断增长的人口与资源生态的矛盾。

第二节　民事法律关系

主要内容提示

1. 民事法律关系，是指经过民事法律规范调整的、具有民事权利、义务内容的社会关系，是为民法所调整的财产关系和人身关系在法律上的体现。

2. 民事法律关系的要素，是指构成民事法律关系所必不可少的条件，它由主体、内容和客体三要素组成。

3. 民事权利能力，是指由法律所确认的享有民事权利、承担民事义务的资格，是参加民事法律关系必须具备的前提条件。

4. 民事行为能力，是指民事主体独立地以自己的行为为自己或者他人取得民事权利或者承担民事义务的能力。

5. 民事法律关系的内容，是指民事主体享有的民事权利和承担的民事义务。

6. 民事法律关系的客体，是指民事权利和民事义务共同指向的对象。

一、民事法律关系概述和特征

民事法律关系是指经过民事法律规范调整的、具有民事权利、义务内容的社会关系,是为民法所调整的人身关系和财产关系在法律上的体现。民事法律关系理论是民法学理论的基础,是研究民事立法和各种民事法律关系的主线,它对正确理解和适用民事法律有重要意义。

民事法律关系具有以下特征:

1. 民事法律关系是一种思想的社会关系

社会关系可以分为物质的社会关系和思想的社会关系。物质的社会关系经过民法调整后,便上升为具有一定目的和法律效力的思想的社会关系,即民事法律关系,其性质和内容取决于物质的社会关系的性质和内容。

2. 民事法律关系是平等主体间具体的权利、义务关系

民法调整的是平等主体间的财产关系和人身关系,民事法律关系一经建立,主体即享有某种权利,或者负担某种义务,因而民事法律关系是一种具有民事权利和民事义务内容的社会关系。民法正是通过保护民事主体的权利、促使民事主体履行义务的方式,来调整一定范围内的社会关系。

3. 民事法律关系是由国家强制力保障实施的社会关系

民法是国家意志的体现,民事法律关系体现了国家对于一定社会关系的立法意图,因此这种社会关系必然会受到国家强制力的保障得以实现。

二、民事法律关系的要素

民事法律关系的要素,是指构成民事法律关系所必不可少的条件,它由主体、内容和客体三要素组成,缺一不可。

(一)民事法律关系的主体

民事法律关系主体简称民事主体,是指根据法律的规定,能够参与民事法律关系,享受民事权利和承担民事义务的人。这里的“人”是一个法律概念,在广义上包括自然人、法人、非法人组织。在一定范围内,国家也可以是民事主体。

作为民事法律关系的主体,必须具备民事权利能力和民事行为能力。

民事权利能力,是指由法律所确认的享有民事权利、承担民事义务的资格,是参加民事法律关系必须具备的前提条件。民事行为能力是指民事主体独立地以自己的行为为自己或者他人取得民事权利或者承担民事义务的能力。民事行为能力是民事权利能力得以实现的条件。民事行为能力的范围只能小于或者等于民事权利能力的范围。

1. 自然人

(1) 自然人的民事权利能力

自然人,是指依自然规律出生而取得民事主体资格的人。自然人作为民事主体,是具有生命形态的人,在法律上与“法人”相对应。

《民法总则》第13条规定:“自然人从出生时起到死亡时止,具有民事权利能力,依法享有民事权利,承担民事义务。”这就是说,自然人的民事权利能力始于出

生。自然人只要出生时是活体——一般以能够独立呼吸为标志,就可以成为民事法律关系的主体。我国《民法总则》第16条规定:"涉及遗产继承、接受赠与等胎儿利益保护的,胎儿视为具有民事权利能力。但是胎儿娩出时为死体的,其民事权利能力自始不存在。"

自然人的权利能力终于自然人的死亡。死亡可分为生理死亡和宣告死亡。生理死亡也称自然死亡,一般以心脏停止跳动,脉搏停止为标志。宣告死亡是对失踪自然人推定死亡的制度。我国《民法总则》规定,自然人下落不明满四年;因意外事故下落不明,从事故发生之日起满二年的,由利害关系人(主要包括失踪人的配偶、父母、成年子女、祖父母、外祖父母、成年兄弟姐妹及其他与失踪人有民事权利义务关系的人)向失踪人的住所地或最后居住地的基层人民法院提出申请。人民法院受理后,发布为期一年的公告,公告期满如果失踪人仍未出现,人民法院可以依法判决宣告死亡。宣告死亡与生理死亡有同样的法律后果。

(2)自然人的民事行为能力

我国《民法总则》根据自然人的年龄和智力发育的不同阶段和其他有关情况,将自然人的民事行为能力规定为完全民事行为能力人、限制民事行为能力人和无民事行为能力人三种。

①完全民事行为能力,是指自然人能够通过自己独立的行为取得民事权利、承担民事义务的资格。依照我国《民法总则》的规定,18周岁以上的自然人为成年人,如果精神正常,则具有完全民事行为能力。另外,16周岁以上不满18周岁的未成年人,以自己的劳动收入为主要生活来源的,视为完全民事行为能力人。

②限制民事行为能力,是指自然人具有一定的民事行为能力,法律为保护其合法权益和维护社会正常经济秩序,对其行为能力作出一定的限制,又称部分民事行为能力或不完全民事行为能力。依照我国《民法总则》的规定,8周岁以上的未成年人是限制民事行为能力人,可以进行与其年龄、智力相适应的民事活动;其他民事活动由其法定代理人代理,或者征得其法定代理人的同意后进行。不能完全辨认自己行为的精神病人也是限制民事行为能力人。

③无民事行为能力。《民法总则》规定,不满8周岁的未成年人是无民事行为能力人,由其法定代理人代理民事活动。不能辨别自己行为的精神病人也是无民事行为能力人。

无民事行为能力人和限制民事行为能力人不能进行的民事行为,须由他们的法定代理人代为进行或征得其法定代理人同意后方可进行。

2. 法人

法人是具有民事权利能力和民事行为能力,依法独立享有民事权利和承担民事义务的组织。法人具有以下特征:

(1)独立的组织。法人的民事主体资格与组成法人的自然人的民事主体资格是彼此独立的，法人的组织不需要依靠其他组织或单位而独立存在，法人有健全的组织机构，有产生法人意志的机关和执行法人意志的机关。

(2)独立的财产。法人的财产不仅独立于其他社会组织和自然人的财产，而且独立于自己成员的其他财产。

(3)独立的责任。法人以自己所有的或经营管理的财产独立承担由自己活动所产生的财产责任。法人责任独立是法人财产独立的必然反映和结果。

根据不同的标准，可以将法人分为不同的种类。比如，根据法人设立的基础不同，可分为社团法人和财团法人；根据法人的登记国不同，可分为本国法人和外国法人。我国《民法总则》按照法人活动目的的不同，将法人分为营利法人、非营利法人和特别法人。(1)营利法人：以取得利润并分配给股东等出资人为目的成立的法人。营利法人包括有限责任公司、股份有限公司和其他企业法人等。(2)非营利法人：为公益目的或者其他非营利目的成立，不向出资人、设立人或者会员分配所取得利润的法人。非营利法人包括事业单位、社会团体、基金会、社会服务机构等。(3)特别法人：主要指机关法人、农村集体经济组织法人、城镇农村的合作经济组织法人、基层群众性自治组织法人。

法人成立后便具有民事权利能力和民事行为能力。但是法人的民事权利能力和民事行为能力有其特殊性，主要表现为：

(1)法人民事权利能力的特点

①法人一般不能享有与自然人的人身不可分离的权利，如自然人的生命权、健康权、肖像权、亲属权等，但是法人可以享有名誉权、荣誉权等人格权；

②法人的民事权利能力依法受法律和行政命令的限制；

③法人的民事权利能力受法人的目的范围的限制。

(2)法人民事行为能力的特点

①法人的民事行为能力和民事权利能力同时产生、同时终止，即始于法人成立、终于法人消灭；

②法人民事行为能力与其民事权利能力的范围相一致；

③法人的民事行为能力由法人机关来实现。法人机关是指产生法人意志及执行法人意志、进行业务经营活动的机构。产生法人意志的机关一般即法人的权力机关，如公司的股东会、社团的社员大会等。

3. 非法人组织

非法人组织不具有法人资格，但是能够依法以自己的名义从事民事活动的组织。非法人组织包括个人独资企业、合伙企业、不具有法人资格的专业服务机构等。一般情况下，非法人组织的财产不足以清偿债务的，其出资人或者设立人承担无限责任。

(二)民事法律关系的内容

民事法律关系的内容,是指民事主体享有的民事权利和承担的民事义务。

1. 民事权利,是指民事主体为实现某种利益而依法为或不为某种行为的可能性。具体包括:(1)权利人依法直接享有某种利益,或者实施某种行为的权利;(2)权利人可以请求义务人为一定行为或不为一定行为,以保证其享有或实现某种利益的权利;(3)权利人在其权利受到侵害时,依法请求有关国家机关予以保护的权利。

2. 民事义务,是指义务人为满足权利人的利益而为一定的行为或不为一定的行为的必要性。具体包括:(1)义务人必须依据法律的规定或者合同的约定,为一定行为或不为一定行为,以满足权利人的利益;(2)义务人必须履行其义务,否则要依法承担民事责任。

在民事法律关系中,民事权利和民事义务既相互对立又相互联系。权利的内容要通过相应的义务内容加以体现,而义务的内容则由相应的权利内容予以限定。一方的权利,就是对方的义务,违反约定或法定义务就要承担相应的法律后果。

(三)民事法律关系的客体

民事法律关系的客体,是指民事权利和民事义务共同指向的对象。依利益的表现形式,民事法律关系的客体可分为物、行为、智力成果和人身利益。随着民事法律关系的发展,民事法律关系客体和种类还会增加。

1. 物

物是指存在于人身之外,能满足权利主体的利益需要,具有稀缺性和合法性,并能为权利主体所支配和利用的物质实体。物是最主要的民事法律关系客体,大部分民事法律关系的客体都是物。根据不同的标准可以将物划分为:

(1)流通物和限制流通物。流通物是法律允许在民事主体之间自由流转的物,大部分物为流通物。限制流通物是依据法律的规定,在民事流转过程中受到一定程度的限制或者禁止自由流转的物,如武器、弹药、毒品、金银等。限制流通物,是为了保障社会的安全及维护国家社会经济秩序。

(2)动产和不动产。凡是能在空间上移动而不会损害其经济价值的物,为动产,大部分物为动产。在空间上占有固定位置,移动后会影响其经济价值的物,为不动产,如土地、房屋等。

(3)特定物和种类物。特定物是指具有独特的属性,不能以其他物代替的物。其包括世界上独一无二的物和从一类物中指定出来而特定化的物。种类物是指具有共同的属性,可以用品种、规格或度量衡加以计算的物,具有可替代性。

(4)原物与孳息。原物是指根据其自然属性可以产生新物的物。孳息是由原物所产生的收益,可分为天然孳息和法定孳息。如母牛、果树为原物,母牛所生的小牛和果树所结的果实是孳息。

(5)主物和从物。凡两种以上的物互相配合、按一定经济目的组合在一起时,起主要作用的物为主物;配合主物的使用而起辅助作用的物为从物。通常情况下,在转让主物时,从物应一并转让。

2.行为

行为是指民事法律关系权利人行使权利的活动以及义务人履行义务的活动。行为可分为作为和不作为两种形式。例如,运输合同中运送人运送旅客、货物的行为,就是运送合同法律关系的客体。

3.智力成果

智力成果是人类运用脑力劳动创造的精神财富。它以一定形式表现出来的知识产品为典型。如发明、设计、文艺创作等。

4.人身利益

人身利益具体地表现为人格和身份。人格在法律上具体表现为姓名、生命健康、肖像、名誉等;身份在法律上具体表现为荣誉等。

第三节　民事法律行为

主要内容提示

1.民事法律行为,是指民事主体基于意思表示,设立、变更和终止民事法律关系的行为。

2.民事法律行为,是指公民或法人设立、变更、终止民事权利和民事义务的合法行为。

3.无效的民事法律行为,是指已经成立,但欠缺法律行为的有效要件,行为人设立、变更和终止民事法律关系的意思表示不能发生法律效力的法律行为。

4.可撤销的民事法律行为,是指依照法律的规定,可由当事人请求法院或仲裁机关予以变更或者撤销的民事法律行为。

民事法律行为是指民事主体通过意思表示设立、变更和终止民事法律关系的行为。它以意思表示为要素,旨在发生一定的法律效果。根据民事法律行为的效力状态可以将民事法律行为分为有效民事法律行为,无效民事法律行为,可撤销的民事法律行为以及效力待定的民事法律行为。

一、民事法律行为

(一)民事法律行为的概念和特征

民事法律行为是民事主体通过意思表示设立、变更、终止民事权利和民事义务的行为。民事法律行为具有以下特征:

1. 民事法律行为以发生一定法律后果为目的。这种目的,是当事人实施民事法律行为所追求的法律后果,只是一种可能性,由于一些主观或客观因素的介入,其目的未必会相应实现。

2. 民事法律行为以意思表示为要素。所谓意思表示,是表意人将其期望发生某种法律效果的内在意图以一定方式表现于外部的过程。意思表示是民事法律行为不可或缺的内容,意思表示也是成就民事法律行为最基本的要素。

3. 民事法律行为自成立时生效,除非法律另有规定或者当事人另有约定。行为人非依法律规定或者未经对方同意不得擅自变更或者解除民事法律行为。

(二)民事法律行为的分类

1. 单方法律行为和双方法律行为

单方法律行为是根据一方当事人的意思表示就可以成立的民事法律行为。其不需要他方当事人的同意就可以发生法律效力。如赠与行为、设立遗嘱、放弃继承权等。双方法律行为是指当事人双方相对应的意思表示达成一致才可以成立的法律行为。合同行为就是典型的双方法律行为。

2. 有偿法律行为和无偿法律行为

有偿法律行为是指享有某种权利必须偿付一定的代价的民事法律行为。如买卖、租赁等即是其典型。无偿法律行为是指享有某项权利而无须给付任何代价的民事法律行为,如赠与、无偿保管合同等。

3. 诺成性法律行为和实践性法律行为

诺成性法律行为是指双方意思表示一致即可成立的民事法律行为,如买卖、租赁、运输等合同行为。实践性法律行为是指除当事人双方意思表示一致外,还必须交付标的物或者完成一定给付才能成立的民事法律行为,如保管、借款合同。

4. 要式法律行为和不要式法律行为

要式法律行为是指依法律规定,必须采取一定形式或履行一定程序才可成立的法律行为。民法规定某些法律行为必须采取要式,主要是为了促进当事人谨慎进行民事活动。要式法律行为主要适用于标的重要或数额较大的民事法律关系。不要式法律行为是指法律不要求采取特定形式,当事人可自由选择某种形式即能成立的法律行为。

5. 有因法律行为和无因法律行为

有因法律行为是指以给付原因为要件的财产行为,给付原因存在欠缺,将影响财产行为的成立和有效。无因法律行为是不以给付原因为要件的财产行为,给付原因存在缺陷,不影响由此发生的财产行为的成立和有效。票据行为就是典型的无因法律行为。

(三)民事法律行为的有效要件

民事法律行为必须具备一定的条件才能成立,并且只有具备法定的条件才能生效。

1. 行为人必须具有相应的民事法律能力,行为人只有在其民事行为能力范围内进行的民事法律行为才具有法律效力;

2. 行为人的意思表示真实;

3. 不违反法律、行政法规的强制性规定,不违背公序良俗。

(四)附条件或附期限的民事法律行为

1. 附条件的民事法律行为是指当事人在意思表示中设立一定的条件,并把条件的成就与否作为民事法律行为的效力发生、变更或消灭的根据的民事法律行为。如货到后发生效力。当事人为自己的利益不正当地阻止条件成就的,视为条件已成就;不正当地促成条件成就的,视为条件不成就。

2. 附期限的民事法律行为是指当事人约定一定的期限,将期限的届至作为行为效力发生或终止的根据的民事法律行为。如合同自签字盖章之日起两周内生效。

二、无效的民事法律行为

无效的民事法律行为,是指已经成立,但严重欠缺法律行为的有效要件,行为人设立、变更和终止民事法律关系的意思表示不能发生法律效力的法律行为。

根据我国《民法总则》的规定,无效民事法律行为的种类包括:

1. 无民事行为能力人实施的民事法律行为;

2. 限制民事行为能力人实施的不能独立实施的民事法律行为;

3. 行为人与相对人以虚假的意思表示实施的民事法律行为无效;

4. 行为人与相对人恶意串通,损害他人合法权益的民事法律行为无效;

5. 违反法律、行政法规的强制性规定的民事法律行为无效,但是该强制性规定不导致该民事法律行为无效的除外;

三、可撤销的民事法律行为

可撤销的民事法律行为,是指依照法律的规定,可由当事人请求法院或仲裁机关予以撤销的民事行为。依照我国《民法总则》的规定,可撤销的民事法律行为主要包括以下几种:

1. 基于重大误解实施的民事法律行为;

2. 一方以欺诈手段,使对方在违背真实意思的情况下实施的民事法律行为;

3. 第三人实施欺诈行为,使一方在违背真实意思的情况下实施的民事法律行为;

4. 一方或者第三人以胁迫手段,使对方在违背真实意思的情况下实施的民事法律行为;

5. 一方利用对方处于危困状态、缺乏判断能力等情形,致使民事法律行为成立时显示公平的;

需要特别注意的是,这种对民事法律行为的撤销权的行使需要通过人民法院和仲裁机构来实现,而且这种撤销权在特定情形下会消灭。我国《民法总则》第152条规定:"有下列情形之一的,撤销权消灭:

(1)当事人自知道或者应当知道撤销事由之日起一年内、重大误解的当事人自知道或者应当知道撤销事由之日起三个月内没有行使撤销权;

(2)当事人受胁迫,自胁迫行为终止之日起一年内没有行使撤销权;

(3)当事人知道撤销事由后明确表示或者以自己的行为表明放弃撤销权。

当事人自民事法律行为发生之日起五年内没有行使撤销权的,撤销权消灭。"

民事法律行为被确认为无效或被撤销后,从行为开始就没有法律效力,但是,没有法律效力并不等于没有法律后果。民事法律行为被确认为无效或可撤销后,当事人因该行为取得的财产,应当返还给受损失的一方。有过错的一方应当赔偿对方因此所受到的损失,双方都有过错的,应当各自承担相应的责任。

第四节　代　　理

主要内容提示

1. 代理,是指代理人根据被代理人、法院等有权机关的授权行为或者法律赋予的代理权,在代理权限内,以被代理人的名义,为被代理人的利益向第三人(相对人)进行意思表示,其法律后果由被代理人承受的一种民事法律行为。

2. 根据代理权产生原因的不同,代理可分为法定代理、指定代理和委托代理。

3. 无权代理,是指代理人不具有代理权所实施的代理行为。

4. 表见代理,是指行为人虽无代理权,但善意相对人(第三人)客观上有充分理由相信行为人(代理人)具有代理权,而与其发生法律行为,由此造成的法律效果强制由被代理人承担的一种代理。

一、代理概述

(一)代理的概念和特征

代理,是指代理人根据被代理人、法院等有权机关的授权行为或者法律赋予的代理权,在代理权限内,以被代理人的名义,为被代理人的利益向第三人(相对人)进行意思表示,其法律后果由被代理人承受的一种民事法律行为。代理有以下特征:

1. 代理是由代理人以被代理人名义所进行的法律行为。一切民事代理行为,都必须明确表示是以被代理人的名义进行的,以保护相对人的利益。

2. 代理人向相对人实施意思表示行为。由于代理是被代理人利用代理人的技能为自己服务，因此，代理人应以自己的技能为被代理人的利益独立地向相对人为意思表示，这样才符合代理制度的目的。

3. 代理应在代理权限内进行。代理权限即代理权范围，由法律规定或者代理人与被代理人约定。

4. 代理是由被代理人承受法律后果的民事行为。代理人在其代理权限内代理被代理人所为的民事行为，代理人本人不享有权利，也不承担任何责任。

（二）代理的种类

根据代理权产生根据的不同，代理可分为法定代理、委托代理。

1. 法定代理，是指基于法律的直接规定而发生的代理。在法定代理中，代理权的授予基于法律的直接规定。法律之所以作出这样的规定，一是为了保护处于特定情况下的民事主体的利益；二是为了维护交易安全。如无民事行为能力人和限制民事行为能力人进行一定的法律行为就会产生法定代理权。

2. 委托代理，是指基于被代理人（本人）的委托授权而发生的代理。又称为意定代理，是最广泛适用的一种代理形式。委托授权行为可以用书面形式，也可以用口头形式。一般重要的民事代理有书面的授权委托为宜。

二、代理权的行使

（一）代理人的一般义务

由于代理权的特殊性，行使代理权就是代理人的义务得到履行。代理人负有以下义务：

1. 为被代理人的利益实施代理行为的义务。代理人的代理行为，应从被代理人的利益出发，而不是他自身的利益出发，以对待自己事务的注意处理被代理人的事务，以达成被代理人的利益。

2. 亲自代理的义务。被代理人之所以委托特定的代理人为自己服务，一般是基于对该特定代理人信赖。因此，代理人必须亲自实施代理行为，除非经被代理人同意或有不得已的事由发生，不得将代理事务转委托他人代理。

3. 报告义务。代理人应忠实地将处理代理事务的一切重要情况向被代理人报告，以使被代理人了解事务的进展情况以及自己财产的损益情况。

4. 保密义务。代理人在执行代理事务中知晓的被代理人的个人隐私和商业秘密，不得向外界泄露，也不得加以不正当的利用。

（二）代理权的限制

代理人违反其义务实施代理行为，就会损害被代理人的利益。因此，法律上对代理权设立若干限制以维护被代理人的利益。代理权的限制一般包括：

1. 自己代理，是指代理人在代理权限内以被代理人的名义与自己进行民事活动。在这种情况下，代理人同为代理关系中的代理人和第三人，因此极有可能发生侵害被代理人利益的情况，所以法律一般禁止“自己代理”，除非事前得到被代理人的同意或事后得到被代理人的追认。

2. 双方代理，是指同一代理人同时代理双方当事人进行同一活动的民事行为。这种民事法律行为既缺乏代理关系中应有法律意义上的第三人，也缺乏双方法律行为应有的两个意思表示，代理人极易损害双方当事人的利益。因此，法律一般也禁止“双方代理”。除非事前取得被代理的双方同意或者事后被代理的双方追认。

3. 代理人与第三人恶意串通，损害被代理人利益的行为。这种行为违背代理关系的诚信要求，根据《民法总则》的规定，被代理人由此受到的损失，由代理人和第三人负连带赔偿责任。

三、无权代理

（一）无权代理

无权代理，是指代理人不具有代理权而实施的代理行为。这种代理行为，具备一般代理行为的表面特征，但不具有代理行为的实质特征。无权代理是一种效力待定的法律行为，可因代理行为发生后的某些法律事实而转化为有权代理或者确定的丧失法律效力。无权代理包括以下三种情况：

1. 根本未经授权的代理。行为人（代理人）与本人（被代理人）之间从未发生代理权关系。

2. 超越代理权的代理。行为人与本人之间虽存在代理权关系，但是行为人的行为超越了代理权限。超出代理权限的代理行为，是无权代理。

3. 代理权已终止后的代理。行为人获得了本人的授权，但是在代理授权中所规定的期限届满后，行为人继续实施的代理行为为无权代理。

无权代理一般会产生以下法律效果：

1. 通过被代理人的追认，能补足无权代理行为中欠缺的代理权，转化为有权代理而发生法律效力。

2. 无权代理行为在未经被代理人的追认时，不产生法律效力，其无效的法律效力溯及到代理行为成立之时。因实施无效的代理行为给他人造成损害的，由第三人和行为人负连带责任。

（二）表见代理

表见代理，是指行为人虽无代理权，但善意相对人（第三人）客观上有充分的理由相信行为人（代理人）具有代理权，而与其发生法律行为，由此造成的法律效果强制由被代理人承担的一种代理。表见代理属于广义的无权代理，设立表见代理主要是为了保护善意第三人的信赖利益与交易安全。表见代理应具备以下构成要件：

1. 客观上存在使善意第三人相信无权代理人拥有代理权的事由；

2. 相对人主观上为善意且无过失；

3. 无权代理人与第三人之间的民事法律行为具有代理的表面特征和民事法律行为的一般有效条件。

四、代理关系的终止

(一)委托代理关系终止的情形

1. 代理期间届满或代理事务完成;

2. 被代理人取消委托或代理人辞去委托;

3. 代理人丧失民事行为能力;

4. 代理人或被代理人死亡;

5. 作为代理人或者被代理人的法人、非法人组织终止。

(二)法定代理关系终止的情形

1. 被代理人取得或恢复民事行为能力,使代理成为不必要;

2. 代理人丧失民事行为能力;

3. 代理人或者被代理人死亡;

4. 法律规定的其他情形。

第五节 时 效

主要内容提示

1. 时效,是指一定的事实状态持续地经过一定的时间导致一定的法律后果的法律制度。

2. 诉讼时效,是指权利人在法定提起诉讼的期间内不行使其权利,即丧失请求法院依法定诉讼程序强制义务人履行义务的权利。

一、时效的概念和种类

(一)时效的概念

时效,是指一定的事实状态持续地经过一定的时间导致一定的法律后果的法律制度。时效具有三个特征:

1. 一定事实状态的存在,是指对财产的占有或不行使权利的客观状况;

2. 一定的时间,指法律规定的占有财产或不行使权利的事实状态持续地进行的时间;

3. 一定的法律后果,是指占有财产或不行使权利的事实状态持续经过法律规定的时间后,即发生当事人取得一定权利或当事人的权利失去法律保护的法律效果。

（二）时效的种类

1. 取得时效和消灭时效。这是根据引起时效发生的事实状态的不同以及导致的法律效果的不同对时效进行的划分。取得时效，又称占有时效，是指占有他人财产持续地达到法定期间，即可依法取得该项财产的财产权的时效。消灭时效，又称诉讼时效，是指因不行使权利的事实状态经过法定期间，即依法发生权利消灭或者权利不受法律保护的时效。我国《民法总则》只规定了诉讼时效。

2. 一般时效和特别时效。一般时效又称普通时效，适用于一般民事权利，其效力具有普遍意义。《民法总则》规定的一般时效期间为三年。特别时效主要是在其他民事法中予以规定的特殊时效，比如根据《中华人民共和国合同法》的规定，技术进出口合同、国际货物买卖合同的诉讼时效为四年。

二、诉讼时效

诉讼时效是指权利人在法定提起诉讼的期间内不行使其权利，即丧失请求法院依法定诉讼程序强制义务人履行义务的权利。法定提起诉讼的时效期间，称为诉讼时效期间。诉讼时效包括以下要素：

1. 权利人不行使权利。例如，侵权行为的受害人不主张损害赔偿请求权。

2. 权利人不行使权利的状态在法律规定的权利行使期限内始终持续。

3. 导致一定法律效果的发生，即权利人丧失请求法院保护其权利的胜诉权。

诉讼时效制度的意义在于督促权利人及时行使权利，对怠于行使权利的主体给予一定的惩戒，从而使权利义务关系确定化。同时诉讼制度也有利于当事人尽快地建立新的、确定化的法律关系。

三、诉讼时效的中断和中止

（一）诉讼时效的中断

诉讼时效的中断，是指在诉讼时效进行期间，因发生一定的法定事由，使已经经过的时效期间统归无效，待时效中断的事由消除后，诉讼时效期间重新起算。我国《民法总则》第195条规定："有下列情形之一的，诉讼时效中断，从中断、有关程序终结时起，诉讼时效期间重新计算：

（1）权利人向义务人提出履行请求；

（2）义务人同意履行义务；

（3）权利人提起诉讼或者申请仲裁；

（4）与提起诉讼或者申请仲裁具有同等效力的其他情形。"

（二）诉讼时效的中止

诉讼时效的中止，是指在诉讼时效的进行期间，因发生一定的法定事由使权利人不能行使请求权，暂时停止计算诉讼时效期间，待阻碍时效进行的法定事由消除后,继续进行诉讼时效期间的计算。我国《民法总则》第 194 条规定:“在诉讼时效期间的最后六个月内,因下列障碍,不能行使请求权的,诉讼时效中止:

(1)不可抗力;

(2)无民事行为能力人或者限制行为能力人没有法定代理人,或者法定代理人死亡、丧失民事行为能力、丧失代理权;

(3)继承开始后未确定继承人或者遗产管理人;

(4)权利人被义务人或者其他人控制;

(5)其他导致权利人不能行使请求权的障碍。”

第六节　物　权　法

主要内容提示

1. 物权,是指权利人依法对特定的物享有直接支配和排他的权利,包括所有权、用益物权和担保物权。

2. 我国《物权法》的基本原则包括物权法定原则,物权平等原则,公示、公信原则,物权优先原则,物权不得滥用原则。

3. 所有权,是指权利人对自己的动产与不动产依法享有的占有、使用、收益和处分的权利。

4. 用益物权,是指对他人的物在一定范围内加以占有、使用和收益的限制物权。

5. 担保物权,是指权利人直接支配标的物的交换价值用以担保其债权的实现的他物权。

6. 占有,是指民事主体对物在事实上的控制和管领。

《中华人民共和国物权法》(以下简称《物权法》)于 2007 年 3 月 16 日由第十届全国人大第五次会议通过,自 2007 年 10 月 1 日起施行。该法分“总则、所有权、用益物权、担保物权、占有”共 5 编 19 章 247 条,内容非常丰富。《物权法》的制定和实施,具有重大的现实意义和深远的历史意义。它第一次以国家法律的形式,明确规定对公有财产和私有财产给予平等保护,并且还加大了对公有财产的保护力度,规定“国家所有的财产受法律保护,禁止任何单位和个人侵占、哄抢、私分、截留、破坏”。此外,《物权法》还针对国有企业财产流失、征地拆迁如何补偿,小区车位、车库如何确定归属等公众关心的问题作了回答。

一、物权的概念和特征

《物权法》第 2 条规定“本法所称物权,是指权利人依法对特定的物享有直接支配和排他的权利，包括所有权、用益物权和担保物权”。物权是和债权相对应的一种民事权利，它们共同组成民法中最基本的财产权形式。

物权作为一项独立的民事权利，其主要特征包括：

1．物权是绝对权

物权是指特定的主体所享有的、排除一切不特定人的侵害的财产权利。作为“绝对权”，物权的权利主体是特定的，其他任何人都负有不得非法干涉和侵害权利人所享有的物权的义务。而物权的义务主体是不特定的，这就是说，一切不特定的人都是义务主体。

2．物权的标的是特定的物

物权关系是民事主体之间对物质资料的占有关系，所以，物权的标的是物而不是行为。物权的标的在范围上是十分广泛的，它们在法律上有一个共同的特点，即必须是特定物。如果物没有特定化，权利人对其就无从支配，而且在物权转移时，也无法登记和交付。此外，作为物权客体的物必须是独立物和有体物。否则，物权便很难确定，法律也难以对国家所有权、集体组织所有权等的客体作出规定。

3．物权是一种支配权，是权利人对物的直接支配

所谓直接支配，一方面，是指物权的权利人可以依据自己的意志直接依法占有、使用其物，或采取其他的支配方式，他人无义务实施积极的行为协助。另一方面，是指物权人对物可以以自己的意志独立进行支配，无须得到他人的同意。在无须他人的意思和行为的情况下，物权人就能够依据自己的意志依法直接占有、使用其物，或者采取其他支配方式。

4. 物权是排他的权利，具有对世性

物权的排他性主要是指物权具有对世效力，即对世性。它是指物权人的权利可以对抗一切不特定的义务人。除物权人以外，其他任何人都对物权人的权利负有不得侵害和妨害的义务。物权的排他性还表现在，内容相同的物权之间具有相互排斥的性质，即同一物上不容两个以上相同内容的物权并存，也即“一物一权”。

5．物权具有优先性

物权的优先性，可以分为对内优先和对外优先。对内优先是指物权相互之间的效力，在多个物权并存的情况下，原则上先设定的物权优先于后设定的物权。对外优先是指当物权与债权并存时，物权优先于债权，这是物权优先性的主要体现。

6. 物权具有追及的效力

所谓追及的效力，是指物权的标的物不管辗转流通到什么人手中，所有人可以依法向物的占有人索取，请求其返还其物。任何人都负有不得妨碍权利人行使其权利的义务，无论任何人非法取得所有人的财产，都有义务返还。不仅所有权，而且担保物权的标的物，无论辗转到何人之手，也不影响这些权利的行使。

应当指出的是，物权的追及效力并不是绝对的，因为在法律上确立善意取得制度之后，物权的追及效力就受到善意取得制度的限制。

7. 物权的设立采取法定主义

物权的设立采取法定主义，即物权的种类和基本内容由法律规定，不允许当事人自由创设物权种类或随意确定物权的内容。

二、物权法基本原则

（一）物权法定原则

所谓物权法定原则是指物权的种类、物权的内容和效力都只能由法律加以规定，当事人不得任意创设。严格的物权法定主义要求当事人不得设立法律没有规定的物权，当事人私自设立的物权无效。我国的物权法没有采取严格的物权法定主义，法律没有规定的物权，如果符合法律规定物权的特征，也是物权。比如有一个老人想把自己的财产留给悉心照顾他的保姆，又觉得对子女交代不过去，就立遗嘱："房子所有权给儿子，但是保姆享有居住权。"居住权并没有写入我国的物权法，按照严格的物权法定主义，他是不能这样立遗嘱的，但事实上他这样立遗嘱是完全可以的。居住权、典权都没有写入我国物权法，但不能说居住权、典权就不是物权。

（二）物权平等原则

《物权法》第3条规定："国家、集体、私人的物权和其他权利人的物权受法律保护，任何单位和个人不得侵犯。""私人"与国家、集体、其他权利人并列相提，这是一个立法理念的进步，也是对宪法规定的公民财产权利的民法化和有力确认。

（三）公示、公信原则

所谓公示原则，是指物权在变动时，必须将物权变动的事实通过一定的方法向社会公开，从而使第三人知道物权变动的情况，否则不能发生物权变动的效力。

所谓公信原则，是指一旦当事人变更物权时，依据法律的规定进行了公示，则即使依公示方法表现出来的物权不存在或存在瑕疵，但对于信赖该物权的存在并已从事了物权交易的人，法律仍然承认其具有与真实的物权存在相同的法律效果，以保护交易安全。

公示与公信是密切联系在一起的，公信原则是公示原则的必然逻辑结果，公信原则集中体现在善意取得制度上。

（四）物权优先原则

物权优先原则是物权的一个重要特点，物权作为绝对权应该是优先于债权的。在物权与物权之间，其优先原则主要包括：

1. 不同种类的物权之间，他物权优先于自物权，也就是说，用益物权优先于所有权，担保物权优先于所有权。比如，农民的用益物权能够对抗土地所有权，国家不能收回所有权，除非是公共利益的需要。

2. 在同类的物权之间,先设立的物权优先。

3. 在三类担保物权之间,其优先权一般有以下几种:(1)留置权是法定担保物权,优先于一切意定担保物权;(2)登记的抵押权的公示方法为登记,质押的公示方法为交付,而登记的公信力高于交付,故登记的抵押权优先于质押权;(3)质押的公示方法(如交付),有一定公信力,而未登记的抵押权无任何公示方法,故无任何公信力,所以原质押权优先于未登记的抵押权。

(五)物权不得滥用原则

权利不得滥用是现代民法的基本原则,《物权法》第 7 条又再次强调,物权的取得和行使,应遵守法律,尊重社会公德,不得损害公共利益和他人的合法权益。这一原则在《物权法》的具体规定中也有相应规定,比如《物权法》第 84 条规定,不动产的相邻权利人应当按照有利生产、方便生活、团结互助、公平合理的原则,正确处理相邻关系。2007 年网络上爆炒的重庆最牛钉子户之作为,即有滥用物权之嫌。

三、所有权

(一)所有权的概念和特征

所有权,又称他物权,依照《物权法》的定义,所有权是指权利人对自己的动产与不动产依法享有的占有、使用、收益和处分的权利。从性质上看,所有权具有以下属性:

1. 所有权具有全面性

所有人对于标的物是全面的及概括的占有、使用、收益、处分。这就与他物权,如地上权、地役权、典权、抵押权等仅于一定范围内进行支配不同。所以学理上将所有权称为完全物权;而将他物权称之为定限物权。

2. 所有权具有整体性

所有权对标的物的支配虽然可以分为占有、使用、收益及处分等各种具体权能,但所有权并非这些权能的简单相加,而是各项权能的统一整体。基于所有权而设定的他物权如土地使用权、地役权等,是将所有权单一内容的一部分予以具体化,让由他物权人享有而已,所有权及其他物权,归属于一人时,其他物权因混同而消灭。

3. 所有权具有弹力性

也就是说,所有权的权能,除处分权外都能够从所有权中分离出来而交给他人行使,但是他人一旦丧失了该权能,那么该权能将自动回归于所有人。

4. 所有权具有永久性

所有权随标的物的存在而永远存续,不得预定其存续期间。这并不是说所有权永不消灭,所有人如果将所有权转让给他人或者抛弃时,这属于行使所有权的结果。而限制物权除了传统民法上的永佃权之外,都属于有期限权利。

(二)所有权的取得

依据是否基于原权利人的意志及权利,所有权的取得可以分为原始取得和继受取得。原始取得是指不以原权利人的权利及意志为依据,而直接依据法律规定取得所有权,比如先占、发现隐藏物和埋藏物、拾得遗失物和漂流物及失散的饲养动物、添附、善意取得等。继受取得是指以原权利人的权利及意志为依据取得所有权,如买卖、互易、赠与、遗赠、继承等,这些在其他法律当中都有涉及,在此,我们重点介绍原始取得的几种方式。

1. 先占

先占是指以所有的意思,先于他人占有无主的动产,从而取得其所有权的事实。其构成要件包括:

(1)对象是无主物,最常见的就是抛弃物,比如喝完饮料之后扔掉的易拉罐。所谓无主是指没有所有人,而不是所有人不明,比如遗失物不是无主物。但无人继承又无人受遗赠的财产,归国家所有,不适用先占。

(2)标的物应为动产,首先,土地及其附着物不适用先占,另外,比如尸体、宣布为国家所有的资源如野生动物资源等不适用先占。

(3)必须以所有的意思占有无主物。

2. 添附

添附是指数个不同所有人之物结合成一物,或者由所有人以外的人加工而成一个新物的法律事实。添附有如下三种情形:

(1)附合,是指两个或两个以上不同所有人的财产结合在一起而不能分离,若分离会毁损该物或者所需费用过大的事实。附合可分为动产与动产的附合、动产与不动产的附合、不动产与不动产的附合。

(2)混合,是指两个或两个以上不同所有人的种类物互相混杂不能识别的事实。

(3)加工,是指在他人之物上进行劳动使之成为新物的事实。

从法律后果看,由于添附而形成新物的,两个物有价值大小之分的,新物之所有权归价值大的一方,由取得所有权的一方对另一方提供补偿;若不能分出价值大小的归两个人共有,该种共有是按份共有。

3. 拾得遗失物

遗失物是所有人遗忘于某处,不为任何人占有的物。遗失物只能是动产,不动产不存在遗失的问题。遗失物也不是无主财产,只不过是所有人丧失了对于物的占有。拾得遗失物的法律后果体现为:

(1)拾得人的返还义务,即拾得遗失物,应当返还权利人。

(2)拾得人的通知或上交义务,即拾得人应当及时通知权利人领取,或者送交公安等有关部门。

(3)拾得人的保管义务,即拾得人在遗失物送交有关部门前,有关部门在遗失物被领取前,应当妥善保管遗失物。因故意或者重大过失致使遗失物毁损、灭失的,应当承担民事责任。

(4)拾得人的费用偿还请求权和依据悬赏广告而获得报酬的权利,即权利人领取遗失物时,应当向拾得人或者有关部门支付保管遗失物等支出的必要费用;权利人悬赏寻找遗失物的,领取遗失物时应当按照承诺履行义务;拾得人侵占遗失物的,无权请求保管遗失物等支出的费用,也无权请求权利人按照承诺履行义务。

(5)无人认领时国家取得所有权,即遗失物自发布招领公告之日起六个月内无人认领的,归国家所有。

4. 发现埋藏物、隐藏物

埋藏物是指包藏于他物之中,不易从外部发现的物;隐藏物是指置于隐蔽场所,不易发现的物。

发现埋藏物、隐藏物的行为性质同遗失物的拾得相同,其构成也同遗失物的拾得类似。根据《物权法》第 114 条的规定,参照适用拾得遗失物的规则。

5. 善意取得

善意取得又叫作即时取得,是指无权处分他人动产或者不动产的让与人,在不法将其占有的他人的动产或者不动产转让给受让人以后,如果受让人在取得该动产时出于善意,则依法取得对该动产或不动产的相应物权,原动产物权人不得要求受让人返还,而只能请求转让人赔偿损失的法律制度。

善意取得的构成要件包括:

(1)标的物为动产和不动产。善意取得中受让人的"善意"来自于对无权处分人占有动产或者在不动产产权证书上被登记为权利人这一类事实所产生的权利推定的信赖,也就是对于物权公示的公信力的信赖。

(2)转让人无处分权。转让人如果有处分权,则对于受让人而言构成继受取得,而非善意取得。转让人无处分权包括没有处分权和处分权受到限制两种情形。

(3)基于有偿法律行为而受让。首先,比如依据法律行为如买卖合同才可以发生善意取得,否则不发生善意取得,比如法定继承、公司合并等。其次,该法律行为必须具有"财产交易"的性质,即受让人必须支付了对价,具有有偿性。

(4)受让人受让财产时为善意。民法上的善意指的是不知情,即第三人受让财产时不知对方对标的物无处分权,至于事后知情与否,并不影响善意取得的构成。

(5)转让的财产已经完成交付或者登记。对于不动产,依法应登记的应当已经办理了所有权转移登记手续,对于动产,已经完成交付即标的物已经交付给受让人,交付包括现实交付、简易交付、指示交付和占有改定。

善意取得的法律后果包括:

(1)转让行为属于无权处分,因此其效力属于效力待定,若经所有人追认的则行为有效,受让人基于有效法律行为而取得所有权。

(2)未经追认,受让人也取得标的物之所有权。适用善意取得制度的后果是所有权的移转。让与人向受让人交付了财产,从受让人实际占有该财产时起,受让人就成为财产的合法所有人,而原所有人的权利归于消灭。

(3)原所有人丧失所有权,只能向无权处分人主张损害赔偿或者不当得利请求权。无权处分人处分所有人的财产行为往往同时构成违约行为、侵权行为与不当得利,所有人可以选择行使。

(4)第三人善意取得财产所有权的,该财产上原有之负担均归于消灭,但取得人知道有该负担的除外。

四、用益物权

(一)用益物权的概念和特征

用益物权是指对他人的物在一定范围内,加以占有、使用和收益的限制物权。与担保物权相比,用益物权具有如下特征:

1. 用益物权的享有和行使以对物存在占有为前提;除了质权和留置权外,其余担保物权不以直接占有标的物为前提。

2. 用益物权是以使用、收益为目的的限制物权,意在获取标的物的使用价值;担保物权以就担保物的交换价值优先受偿为目的。

3. 用益物权主要以不动产为标的物;担保物权的标的物包括动产、权利和不动产。

4. 用益物权是独立物权,即不以主体享有的其他民事权利为前提而能够独立存在;担保物权是从属物权,从属于主债权而存在。

(二)我国现行的几类重要的用益物权

1. 土地承包经营权

土地承包经营权是指自然人、法人或者其他组织因从事耕作、种植或其他农业生产经营项目而基于承包合同对集体所有或集体使用的国家所有的农业用地所享有的占有、使用、收益的权利。

土地承包经营权自土地承包经营合同生效时设立,即双方签字或盖章时生效。县级以上人民政府发放的土地承包经营权证、林权证等并非设权证书,而是证权证书,即用来确认土地承包经营权的。土地承包经营权互换、转让的,当事人要求登记的,应办理承包经营权变更登记,该登记的效力在于:非经登记,不得对抗善意第三人。

2. 建设用地使用权

建设用地使用权是因建设建筑物或其他工作物而对国家所有的非农业用地进行占有、使用、收益的用益物权。

建设用地使用权的标的物主要是城市市区的土地，所以作为原则，其生效采用登记要件主义，即以出让方式取得建设用地使用权的，除订立合同之外，还必须办理权属登记手续才生效。相应地，建筑用地使用权的流转、变更和注销都采登记要件主义。

我国《物权法》规定："住宅建筑用地使用权期间届满的，自动续期。"住宅用地使用权期间届满后如何处理是许多住宅所有权人的一块心病。我国土地属于国家所有，但住宅的土地使用期限是70年。70年后如何处理并不明确。此次规定，住宅建设用地使用权的期间届满后自动续期。这就从根本上解决了住宅所有权人的担忧。

3. 宅基地使用权

所谓宅基地使用权是指农民集体成员对于农民集体所有的土地以建设自用住宅为目的而享有的占有、使用的排他性权利。宅基地使用权的法律特征包括：

(1)宅基地使用权的所属主体特定。特定的宅基地仅限于本集体经济组织内部的成员享有使用权。

(2)宅基地使用权的客体是本集体所有的非农业用地。

(3)宅基地使用权的内容是依法建造、保有个人住宅、庭院而对土地的占有、使用和收益的权利。

(4)宅基地使用权须经合法手续取得。农村居民取得宅基地使用权，必须有完备合法的手续。城镇居民建造房屋需要宅基地的，须向所在地的土地管理部门申请，经批准后方能取得。

(5)宅基地使用权是没有期限的，是可以进行继承的。

4. 地役权

所谓地役权是指为了利用自己土地的便利而对他人的土地进行一定程度的利用或者对他人行使土地权利进行限制的权利。地役权的特征体现为：

(1)地役权是使用他人土地的权利。但是地役权并不排除供役地人自己对于自己土地的使用，只是供役地人对自己土地的使用受到了地役权某种程度上的限制。

(2)地役权是为利用自己土地的便利而利用他人土地的权利。所谓为了利用自己土地的便利是指为了增加自己土地利用率，增加土地的使用价值而对于供役地加以利用，并非指不利用供役地就无法利用自己的土地。

(3)地役权具有从属性。地役权从属于需役地，地役权作为从权利不得独立于需役地而单独转让或者抵押；需役地所有权或者使用权发生转移或抵押的，地役权随之转移、抵押。

(4)不可分性。主要体现在两个方面：一是地役权不因需役地的分割或者部分转让而受有影响；二是也不因为供役地的分割或者部分转让而受有影响。

五、担保物权

(一)担保物权的概念和特征

担保物权,是指权利人直接支配标的物的交换价值用以担保其债权的实现的他物权。与用益物权相比,担保物权具有如下之特征:

1. 担保物权以支配标的物的价值为其内容。

2. 担保物权以确保债务的履行为目的。

3. 担保物权具有从属性。由于担保物权均是以确保债务的履行为其目的,所以所有的担保物权均从属于其所担保的债权。根据我国《担保法》规定,担保合同是主合同的从合同,主合同无效,担保合同无效。担保合同另有约定的,按照约定。主债权发生转移,担保物权也随之发生转移,主债权消灭,担保物权也相应的消灭。

4. 不可分性,即担保物权的标的物分割、部分转让、部分消灭不影响担保物权的存续及整体性;反之,担保物权所担保的债权进行分割、部分转让或者消灭的也不影响担保物权的存续及其整体性。比如,甲有三间住房用以担保对其债权人乙的40万元债权,若乙将自己债权中的20万元转让给丙,那么担保物权不受任何之影响,即甲的三间住房仍然担保乙和丙的40万元债权整体。

5. 物上代位性,即担保物权的标的物毁损灭失的,有其他替代物的担保物权并不消灭,而是及于该替代物之上。如保险金、损害赔偿金等。

(二)担保物权的种类

1. 抵押权

抵押权是指债权人对于债务人或第三人不转移占有而提供担保的不动产或其他财产,在债权未受清偿时得处分该财产并就其价金优先受偿的权利。其特征表现为:

(1)抵押权的标的物主要是债务人或第三人提供担保的不动产。但是在我国动产也可以用作抵押权。

(2)抵押权不移转标的物占有。标的物仍然由抵押人占有、使用、受益,因此抵押权最能实现抵押人用以融资的目的,被作为担保之王。

(3)抵押权原则上是意定担保物权,因此需要抵押人和抵押权人订立抵押合同设立抵押权。

2. 质押权

质押权是指债权人为了担保债权的实现就债务人或第三人移交占有动产或权利于债务人不履行债务时所享有的优先受偿的权利。其特征表现为:

(1)具有一切担保物权具有的共同特性,从属性、不可分性和物上代位性。

(2)质押权的标的是动产和可转让的权利,不动产不能设定质权。质押权因此分为动产质权和权利质权。

(3)质押权是移转质物的占有的担保物权,质权以占有标的物为成立要件。

3. 留置权

留置权是指债权人按照合同约定占有债务人的动产，在债务人不履行基于该动产而发生的债务时有留置该财产并就该财产优先受偿的权利。其特征表现为：

(1)留置权是法定担保物权。因此优先于抵押权、质权等意定担保物权。

(2)留置权是动产担保物权，以债权人占有动产为要件。

(3)留置权是发生二次效力的担保物权。留置权人留置标的物后不得直接处分标的物，必须先定期催告，只有债务人逾期仍不履行债务时才能处分标的物而优先受偿。

六、占有

占有是指民事主体对物在事实上的控制和管领。这里的物只能是动产或不动产，不包括权利，占有是对物进行占领和控制。

在现代民法中，占有称为独立于所有权及其他物权的一项制度，区别于《民法总则》所规定的作为所有权的一项权能的占有。占有本身在法律性质上是一种事实状态，不是权利，但会产生一定的效力。这种效力集中体现在权利的推定上，即推定占有人对占有物行使的权利合法，通过对外形的占有事实的保护，以确保交易的安全。

根据我国《物权法》的规定，占有的不动产或者动产被侵占的，占有人有权请求返还原物；对妨害占有的行为，占有人有权请求排除妨害；因侵占或者妨害造成损害的，占有人有权请求损害赔偿。

占有制度在民法中极其重要，对于维护社会生活的安宁、和平与秩序，保护民事权利，促进交易安全等方面具有不可替代的作用。比如，隔壁邻居装修时，把房子的墙砸出了洞，房屋的承租人，虽然不是房屋的所有权人，但作为房屋的占有者，也可以提起诉讼要求邻居停止侵害。但要提醒，占有人返还原物的请求权，自侵夺发生之日起一年内没有行使的，该请求权消灭。

第七节 合 同 法

主要内容提示

1. 合同又称契约,是指平等主体的自然人、法人、其他组织之间设立、变更、终止民事权利义务关系的协议。

2. 在合同的订立过程中当事人要达成合意主要是通过要约和承诺来完成的。

3. 合同的效力是合同对当事人所具有的法律约束力。除有效合同外,还包括无效合同、可撤销合同和效力待定合同。

4. 在双务合同的履行过程中,一方当事人在法定条件下享有同时履行抗辩权、不安抗辩权、先履行抗辩权。

5. 合同债的保全,是指法律为防止因债务人的财产不当减少而给债权人的债权带来危害,允许债权人代债务人之位向第三人行使债务人的权利,或者请求法院撤销债务人与第三人的法律行为的法律制度。

6. 合同解除按照解除条件是否由法律直接规定进行划分,可分为法定解除和约定解除。

7. 违约责任,是指合同当事人一方不履行合同义务或者履行合同义务不符合合同约定所应承担的民事责任。

一、合同的概念、特征及分类

(一)合同的概念和特征

合同又称契约,是指平等主体的自然人、法人、其他组织之间设立、变更、终止民事权利义务关系的协议。合同是现代民法最重要的概念之一。除了民法以外,其他法律部门也有合同概念。例如,行政法中有行政合同,劳动法中有劳动合同。《中华人民共和国合同法》(以下简称《合同法》)所称的合同是民事合同。民事合同中,也包括不同性质的多种法律关系,主要有财产关系和人身关系两类。《合同法》调整的是财产性质的合同,婚姻、收养、监护等身份性质的合同,不由《合同法》调整,而适用其他法律的规定。

合同具有以下法律特征:

1. 合同是一种民事法律行为。民法上关于民事法律行为的一般规则均适用于合同。

2. 合同以设立、变更、终止民事权利义务关系为目的。当事人订立合同都有一定的目的,即产生、变更或终止一定民事权利义务关系。

3. 合同是当事人意思表示一致的协议。合同是双方或多方法律行为,须有双方或多方当事人;而且合同的成立须各方当事人相互为意思表示,并且意思表示达成一致。所谓意思表示一致,也称为合意,是指当事人各方作出的意思表示在内容上相互吻合、不存在分歧。

(二)合同的分类

合同的分类是将合同按照特定的标准进行抽象性的区别与划分。采用不同的标准,可以对合同作不同分类。合同分类的意义在于,通过分类使我们掌握同一类合同的共同特征及共同的成立、生效要件等。在民法理论中,对合同的分类主要有:

1. 诺成合同与实践合同

根据合同成立是否需要实际交付标的物或者完成其他给付可以把合同分为诺成合同与实践合同。所谓诺成合同,即双方当事人意思表示一致合同即成立,而无须具备其他形式和手续,也无须以物的交付为成立要件的合同,买卖、租赁、承揽等属于典型的诺成合同。所谓实践合同,又称为要物合同,是指在双方当事人达成合意之外,还须交付标的物或者完成其他给付才能成立的合同,借用、借贷、保管、运输等属于典型的实践合同。

诺成合同与实践合同的确定,通常根据法律的规定或者交易习惯而定。随着社会和经济的发展,某些行业的专业化发展和经营化发展,使某些合同逐渐脱离了实践合同的范围。例如,运输合同中的货物运输合同,保管合同中的仓储保管合同等在现代民法中,已经成为诺成合同。

2. 双务合同与单务合同

根据合同当事人双方是否互负对待给付义务分为双务合同与单务合同。双务合同是指当事人双方互负对待给付义务的合同,即一方当事人愿意负担义务,目的在于使相对方因此负担对待履行的义务,如买卖、租赁等。单务合同是指仅有一方负担给付义务的合同,如借用合同、赠与合同等。双务合同与单务合同的区别主要是在合同履行中的抗辩权问题,以及风险的负担等方面会产生一定的差异。

3. 要式合同与不要式合同

根据合同成立是否以一定的形式为要件,可将合同分为要式合同与不要式合同。要式合同是指依据法律规定必须采取一定形式方能成立生效的合同。所谓不要式合同是指当事人订立的合同不需要采取法律规定的某种形式,当事人可以任意约定合同的形式。合同除法律有特别规定的以外,均为不要式合同,这是合同自由原则的一个体现。

4. 有偿合同与无偿合同

根据当事人之间的权利义务是否互为对价,可以划分有偿合同与无偿合同。双方当事人互为对价给付,为有偿合同,如买卖、租赁、承揽合同等。双方当事人之给付不成对价关系，为无偿合同，如赠与、无偿保管合同等。区分有偿合同与无偿合同之意义，在于责任轻重不同：有偿合同，当事人应对故意和一切过失负责；而在无偿合同中，仅对故意和重大过失负责。

5. 有名合同与无名合同

根据法律上是否规定了一定合同的名称，可以将合同分为有名合同与无名合同。有名合同，又称典型合同，是指法律上已经确定了一定的名称和内容的合同。无名合同，又称非典型合同，是指法律上尚未确定名称与内容的合同。根据合同自由原则，当事人可以自由决定合同的内容，因此，即使当事人订立的合同不属于有名合同的范围，只要不违背法律的强行性规定和公序良俗，也仍然是有效的。

二、合同的订立

合同是当事人之间设立、变更、终止民事关系的协议。换言之，合同的订立是双方当事人达成合意的过程。合同的成立意味着合同的产生以及一系列合同制度的启动，所以，法律为合同的成立设定了一定的条件。在我国，合同成立必须具备两个条件：其一，要有两个或者两个以上的合同当事人；其二，合同当事人意思表示一致。在合同的订立过程中当事人要达成合意主要是通过要约和承诺来完成的。

（一）要约

1. 要约的概念和构成要件

根据我国《合同法》规定，要约是希望和他人订立合同的意思表示。首先，要约是一种意思表示。其次，要约是希望和他人订立合同的意思表示，意味着要约的目的是希望与相对人订立合同，若无此目的，即不构成要约。但并非所有的意思表示都构成一项要约，构成一项有效的要约，必须具备特定的要件，主要包括以下几个方面：

（1）要约是特定人作出的意思表示。要约旨在与他人订立合同，所以要约人必须是订立合同一方的当事人，这要求要约人是特定人。唯有如此，受要约人才能对之作出回应，从而订立合同。

（2）要约必须具有订立合同的目的。我国《合同法》第 14 条第（2）项规定：要约应表明，一经受要约人承诺，要约人即受该意思表示约束。这也是要约的法律效力的重要方面。

（3）要约必须向要约人希望与之订立合同的受要约人发出。要约只有向要约人希望与之订立合同的受要约人发出，才能唤起受要约人的承诺，从而订立合同。

（4）要约的内容必须具体、确定。所谓具体，是指要约的内容必须是合同成立所必需的条款；所谓确定，是指要约的内容必须明确，不能含糊不清，使相对人难明其意。

另外，我国《合同法》规定，要约只有到达受要约人才发生法律效力。

2. 要约的撤回和撤销

(1)要约的撤回,是指要约在发生法律效力之前,要约人欲使其失去法律效力的意思表示。我国《合同法》规定要约可以撤回,同时又规定了撤回的条件,即撤回要约的通知应当在要约到达受要约人之前或者与要约同时到达受要约人。

(2)要约的撤销,是指在要约发生法律效力之后,要约人使其法律效力归于消灭的意思表示。我国《合同法》规定要约可以撤销,撤销的通知应当在受要约人发出承诺通知之前到达受要约人;同时又规定要约不得撤销的情形:①要约人确定了承诺期限或者以其他形式明示要约不可撤销;②受要约人有理由认为要约是不可撤销的,并已经为履行合同做了准备工作。

(二)承诺

1. 承诺的概念和构成要件

承诺是指受要约人向要约人发出的,同意要约的意思表示。一般认为,承诺只能以明示的方式作出,沉默或不作为本身并不能构成承诺。承诺生效同时意味着合同的成立,因此从法律上说,承诺必须具备其应当具备的条件以后,才能产生预期的法律效力。承诺的要件具体包括:

(1)承诺必须是由受要约人作出的。要约和承诺都是向相对人发出的意思表示,要约原则上是向特定的人发出的,所以,只有作为要约的相对人的特定人即受要约人才有权作出承诺。受要约人以外的第三人即使知道要约的内容并发出意思表示也只能视为一项新要约,而不是法律意义上的承诺。

(2)承诺必须向要约人作出。合同的订立作为一项双方法律行为,承诺是受要约人对要约人发出的要约的一种回应,所以只有受要约人向要约人作出的承诺,才能使双方意思表示一致,从而使合同成立。

(3)承诺必须在合理期限内到达要约人。承诺只有到达要约人时才能生效,而到达也有期限的限制。要约应当在要约确定的期限内到达受要约人。要约没有确定承诺期限的,如果要约以对话方式作出,应当及时作出承诺的意思表示,但当事人另有约定的除外;如果要约以非对话方式作出的,承诺应当在合理期限内到达受要约人。

(4)承诺的内容必须与要约的内容相一致。承诺是对要约的同意,所以只有承诺的内容与要约的内容一致时,才构成双方意思表示的一致即所谓合意,从而使合同有效成立。受要约人必须同意要约的实质内容,不得对要约的内容作出实质性的更改,否则就不构成承诺,在法律上即被视为是对原要约的拒绝。

我国《合同法》在承诺生效时间上采用到达主义。

2. 承诺的撤回

承诺的撤回是承诺人阻止承诺发生法律效力的行为。承诺撤回的通知必须先于或与承诺通知同时到达要约人,才能产生阻止承诺生效的效果。

(三)缔约过失责任

所谓缔约过失责任,是指在订立合同过程中,一方因违背其依据诚实信用原则所应尽的义务而致使另一方信赖利益的损失,依法应承担的民事责任。缔约过失责任具有以下特征:

1. 缔约过失责任发生在合同缔结的过程中。这是它与违约责任的根本区别。只有在合同尚未成立,或者虽已成立,但因为不符合法定的生效要件而被确认为无效或被撤销时,才可能发生缔约过失责任。因此,合同是否有效成立,是判定是否产生缔约过失责任的关键。

2. 一方当事人违反了依诚实信用原则所担负的先契约义务。由于合同尚未成立,因此当事人并不承担合同义务。然而,在订约阶段,当事人依诚实信用原则负有忠实、保密等法定义务;若违反,则可能产生缔约过失责任。

3. 另一方的信赖利益因此而受到损失。所谓信赖利益的损失是指一方实施某种行为后,另一方对此产生了信赖(如相信其会与己方订立合同),并为此而支付了一定的费用,后因对方违反诚实信用原则导致合同未成立或无效,该费用不能得到补偿,因而受到损失。

4. 违反先契约义务的一方当事人具有过错。缔约过失责任实际是过错责任,而非无过错责任。它突破了合同理论,将合同的效力扩大到了合同缔结之时。

三、合同的效力

合同的效力是合同对当事人所具有的法律约束力,使合同具有法律效力是当事人订立合同最基本也是最重要的要求。合同的效力问题是合同法律制度中的一个核心问题。只有符合法定和约定条件的合同才具有法律效力。

(一)合同的生效要件

依我国《合同法》的规定,合同的一般生效要件包括:

1. 当事人具有相应的订立合同的能力;

2. 意思表示真实;

3. 不违反法律和社会公共利益。

(二)无效合同

无效合同是指严重欠缺合同的生效要件,在法律上确定的、当然的、完全不发生法律效力的合同。《合同法》从鼓励交易、尊重当事人缔约意思出发,规定以下情况为合同无效的情形:

1. 一方以欺诈、胁迫的手段订立合同,损害国家利益;

2. 恶意串通,损害国家、集体或者第三人利益;

3. 以合法形式掩盖非法目的;

4. 损害社会公共利益;

5. 违反法律、行政法规的强制性规定。

（三）可撤销合同

可撤销合同是指因合同当事人意思表示不真实，通过撤销权人行使撤销权，使已经生效的合同归于无效。《合同法》第54条列举了可撤销合同的原因：

1. 重大误解

误解是指当事人对合同内容等发生认识上的错误。《最高人民法院关于贯彻执行〈中华人民共和国民法通则〉若干问题的意见》第71条规定：行为人因对行为的性质、对方当事人、标的物的品种、质量、规格、数量等的错误认识，使行为的后果与自己的意思相悖，并造成较大损失的，可以认定为重大误解。

2. 显失公平

显失公平的合同是指当事人之间的权利义务明显违反公平、等价有偿原则的合同。显失公平是就合同结果的认定，即客观上当事人之间利益不均衡；而在主观上是一方利用优势或利用对方缺乏经验。

3. 乘人之危

乘人之危是指行为人乘对方处于危难之际或紧迫需要，为谋求不正当利益，强迫对方接受某种明显不公平的条件并作出违背其真意的意思表示。

4. 欺诈、胁迫

欺诈是指一方当事人故意实施某种欺骗他人的行为，并使他人陷入错误而订立合同。胁迫是指以将来要发生的损害或以直接施加损害相威胁，使对方产生恐惧并因此而订立合同。在因欺诈、胁迫等不真实意思表示订立合同的归类问题上，《合同法》第52条和第54条分别进行了规定。当一方以欺诈、胁迫的手段订立合同损害国家利益的，为合同无效；而以欺诈、胁迫的手段或者乘人之危，使对方在违背真实意思的情况下订立的合同，受损害方有权请求人民法院或者仲裁机构变更或者撤销。

另外，《合同法》规定：具有撤销权的当事人自知道或者应当知道撤销事由之日起一年内没有行使撤销权的，则撤销权消灭；而且撤销权人行使撤销权，应当采取请求人民法院或者仲裁机构裁判的方式。

（四）效力待定的合同

效力待定的合同，是指合同欠缺有效要件，合同效力是否发生，尚未确定，有待于有权人的追认才能确定合同效力；有权人在一定期间内不予追认，合同归于无效。效力待定的合同包括限制民事行为能力人依法不能独立订立的合同，无权代理人订立的合同，无权处分人订立的合同。为尽早确定合同关系，法律赋予相对人以催告权和撤销权。

催告权，是指在订立合同后一个月内，合同相对人可以催告法定代理人是否对合同予以追认的权利。法定代理人在收到催告后一定期间内未作表示的，视为拒绝追认。所谓撤销权是指在法定代理人未追认前，善意相对人可以将合同撤销，撤销通知应向法定代理人发出。

四、双务合同履行中的抗辩权

双务合同履行中的抗辩权是指在双务合同的履行过程中，一方当事人在法定条件下对抗另一方当事人的请求权，拒绝履行其债务的权利。

（一）同时履行抗辩权

同时履行抗辩权，是指在未约定先后履行顺序的双务合同中，当事人一方在对方未为对待给付以前，有拒绝自己给付的权利。《合同法》第 66 条对此规定："当事人互负债务，没有先后履行顺序的，应当同时履行。一方在对方履行之前有权拒绝其履行要求。一方在对方履行债务不符合约定时，有权拒绝其相应的履行要求。"

（二）不安抗辩权

不安抗辩权是双务合同中有先为给付义务的当事人，因他方（后给付义务人）财产显著减少或资力明显减弱，有难为对待给付的情形时，在他方未为对待给付或提供担保前，有拒绝自己给付的权利。

设立不安抗辩权制度的目的在于，避免因情况变化而导致应先履行一方遭受损害。但是由于不安抗辩权制度的特殊性，也有必要限制先履行一方当事人的这一权利。

所谓后给付义务人的履行能力明显降低，有难为对待给付的现实危险，包括其经营状况严重恶化；转移财产、抽逃资金，以逃避债务；谎称有履行能力的欺诈行为；有丧失或者可能丧失履行能力的情况等。

（三）先履行抗辩权

先履行抗辩权是指在有先后履行顺序的合同中，后履行的一方有权要求应该先履行的一方先行履行自己的义务，如果应该先履行的一方未履行或者履行不符合约定，后履行的一方有权拒绝应先履行方的履行请求权或拒绝其相应的履行请求。

在传统民法上，有同时履行抗辩权和不安抗辩权的理论，却无先履行抗辩权的概念。我国《合同法》首次明确规定了这一抗辩权。先履行抗辩权发生于有先后履行的双务合同中，基本上适用于先履行一方违约的场合，这是它不同于同时履行抗辩权的地方。

五、合同的保全

合同的保全，准确地说是合同债的保全，是指法律为防止因债务人的财产不当减少而给债权人的债权带来危害，允许债权人代债务人之位向第三人行使债务人的权利，或者请求法院撤销债务人与第三人的法律行为的法律制度。其中，债权人代债务人之位，以自己的名义向第三人行使债务人的权利的法律制度为代位权制度；债权人请求法律撤销债务人与第三人的法律行为的制度，为撤销权制度。合同的保全涉及第三人，其效力属于合同的对外效力。

（一）代位权

代位权，是指合同依法成立后，尚未完全履行前，在债务人怠于行使其对第三人享有的到期债权并对债权人的债权实现构成妨害之时，债权人为保全自己的债权，可以以自己的名义行使债务人对第三人的债权的权利。根据合同之债的一般原理，债务人在订立合同时实际上是以其全部财产设定了一个一般担保，保证合同的履行，因此合同成立后，债务人之财产即成为担保债权实现的责任财产。债务人处分其作为责任财产的财产利益时，必须受保护债权的法律的约束。所以，当债务人违反诚实信用原则，消极管理责任财产，削弱自己的资信状况，并有危及债权实现之虞时，债权人可以依法代债务人之位行使债务人的权利。

代位权是债权人以自己的名义，行使债务人权利的权利，所以不是代理权，不适用代理权的规定，同时代位权是债权的一种法定权能，无论当事人是否约定，债权人都享有它。代位权行使的要件包括：

1. 债权人与债务人之间存在合法有效的合同关系。有效的合同关系的存在是债权人行使代位权的前提和基础。如果债权人与债务人之间的合同不成立，被确认无效或被撤销等，则合同之债自始即不存在，债权也不存在，也就无所谓债权人行使代位权。

2. 债务人的债权已届清偿期。代位权以债务人对第三人的权利为客体，因此，代位权的发生当然以债务人现实的权利存在为前提；而且要求债务人的债权是到期债权，否则，代位权就不能成立。另外，这种到期债权必须是非专属于债务人的债权。如果是专属于债务人的债权，如扶养请求权，也不能成为代位权的客体。

3. 债务人怠于行使其到期债权。所谓怠于行使，是指应该行使并且能够行使权利却不行使。债务人完全有能力由自己或其代理人去行使权利却不行使，可能导致债权消灭或减少其财产价值，在这种情况下，就必须借助外力——代位权来完成。

4. 债务人已经陷于履行迟延。即债务人对债权人的债务已届清偿期。

5. 债权人有保全债权之必要。有保全债权之必要，是指债权人的债权已因债务人的怠于行使其债权的消极行为而出现不能实现的危险。

代位权的行使方式为债权人以自己的名义行使债务人对第三人的权利，这种行使必须经人民法院裁决，同时以债权人对债务人的债权为限。

（二）撤销权

撤销权，是指债务人放弃对第三人的到期债权、实施无偿处分财产或以非正常低价处分财产的行为而妨害债权人债权实现时，债权人依法享有的请求人民法院撤销债务人所实施的上述行为的权利。债权是一种请求权，因此债权人只能基于债权请求债务人依合同履行给付义务，而不能据此直接支配债务人的自有财产或干涉债务人安排自身社会经济生活的自由。然而如果没有任何限制，允许负有未偿债务的债务人以无偿或显然违反等价交换之市场交易基本原则的方式处分财产,或任意设置财产负担,债权人将因此随时处于因债务人责任财产非正常减少而无法实现债权的危险之中。为维护债权效力,法律特别设立撤销权制度,以平衡债权人与债务人之间的利益冲突,贯彻诚实信用原则。

撤销权的成立要件分为客观要件与主观要件。具体而言,对于债务人的无偿行为,撤销权的行使仅须满足客观要件;而对于有偿行为,撤销权的成立除具备客观要件外,还必须满足一定的主观要件。

1. 客观要件。(1)须有债务人的行为。行使撤销权须有债务人减少其财产或增加其财产负担的行为。在通常情况下,只有债务人的无偿行为或非对待给付行为,才导致债务人财产的减少。如果是对待给付的有偿行为,并不导致债务人财产状况恶化,因而对债务人以对待给付为目的的有偿行为,不能行使撤销权。(2)债务人的行为必须以财产为标的。债务人的行为非以财产为标的的,不得予以撤销。所谓以财产为标的的行为,是指财产上受直接影响的行为。因此,如婚姻、收养等不得撤销。以不作为债务的发生为目的的法律行为,以提供劳务为目的的法律行为,财产上利益的拒绝行为,以不得扣押的财产权为标的的行为,均不得作为撤销权的客体。(3)债权人的债权已经有效成立并继续存在。债务人的损害行为必须是发生于债权成立之后。否则,当事人之间就不存在债权债务关系,也无所谓损害行为。(4)债务人的行为危害债权。危害债权,是指因债务人的行为而使其作为共同担保的责任财产减少,从而造成债务人资力欠缺,致使债权不能实现或不能获得足额补偿。如果债务人的行为虽会减少其财产,但其尚存的财产仍足以清偿其债务,就不存在对债权的危害,也不会成立撤销权。

2. 主观要件。债务人实施的行为可分为有偿行为和无偿行为。当债务人的行为为有偿行为时,只有在债务人行为时明知有损于债权人的权利和受益人在受益时也知道此种情况时,债权人才可以请求人民法院撤销该行为。也就是说,有偿行为的撤销权行使,除客观要件外,尚须有债务人及受益人存在恶意这一主观要件。

撤销权应由债权人以自己的名义通过诉讼方式来行使;而且,撤销权必须在债权人知道或者应当知道撤销事由之日起一年内行使。

六、合同的解除

(一)合同解除的概念

合同解除,是指在合同有效成立以后,在一定条件下通过当事人的单方行为或者双方合意终止合同效力或者溯及地消灭合同效力的行为和制度。合同解除有以下法律特征:

1. 合同解除是对有效合同的解除,其目的在于解决有效成立的合同提前消灭的问题。

2. 合同解除必须具有解除事由。合同一经有效成立,即具有法律效力,双方当事人必须信守,不得擅自变更或解除,这是合同法的基本原则。只有在主客观情况发生变化,使合同履行成为不必要或不可能的情况下,才允许解除合同。

3. 合同解除必须通过解除行为实现。具备合同解除条件的合同,并不必然解除。只有当事人一方或双方行使了该解除权才会导致合同关系的消灭。

4. 合同解除的效果是使合同关系消灭。

合同解除按照解除条件是否由法律直接规定进行划分,可分为法定解除和约定解除。

(二)合同解除的条件

1. 合同的法定解除条件。我国《合同法》第94条规定,有下列情形之一的,当事人可以解除合同:(1)因不可抗力致使不能实现合同目的;(2)在履行期限届满之前,当事人一方明确表示或者以自己的行为表明不履行主要债务;(3)当事人一方迟延履行主要债务,经催告后在合理期限内仍未履行;(4)当事人一方迟延履行债务或者有其他违约行为致使不能实现合同目的;(5)法律规定的其他情形。

2. 合同约定解除的条件。合同约定解除的条件是双方当事人协商一致解除合同关系的条件。其实质在于原合同当事人之间重新成立了一个合同,其主要内容是废弃双方原合同关系,使双方基于原合同产生的债权债务归于消灭。

七、违约责任

(一)违约责任的概念及特征

违约责任是违反合同的民事责任的简称,是指合同当事人一方不履行合同义务或者履行合同义务不符合合同约定所应承担的民事责任。违约责任是当事人不履行合同债务时,依法产生的法律责任。违约责任具有以下特征:

1. 违约责任是一种民事责任。在现代合同法上,违约责任仅指违约方向守约方承担的财产责任,与行政责任和刑事责任完全分离,属于民事责任。

2. 违约责任是当事人不履行或不完全履行合同的责任。首先,违约责任是违反有效合同的责任,合同有效是承担违约责任的前提和基础;同时,违约责任以当事人不履行或不完全履行合同为条件。

3. 违约责任具有补偿性和一定的任意性。其一,违约责任以补偿守约方因违约行为所受损失为主要目的,以损害赔偿为主要责任形式;其二,违约责任可以由当事人在法律规定的范围内约定,具有一定的任意性。

(二)违约责任的一般构成要件和违约形态

违约责任的构成要件,是合同当事人承担违约责任必须具备的条件。在无过错责任原则的背景下,只要有违约行为就应按法律规定或合同约定承担违约责任。因此,违约行为是违约责任的一般构成要件。根据《合同法》的规定,违约形态主要包括不履行、不适当履行以及迟延履行三种形态。

1. 不履行,是当事人一方不履行全部合同义务,根本不能实现合同目的,不履行包括实际不履行和预期违约两种情况。实际不履行又包括拒绝履行和根本违约两种形式。

2. 不适当履行,又称不完全履行,是指当事人一方履行合同义务不符合约定,即债务人虽然履行合同义务,但其履行不符合合同约定,一般包括质量、数量、地点、方法等不符合约定。

3. 迟延履行,是指在履行期限届满时没有履行。迟延履行包括债务人迟延履行和债权人迟延受领两种情况。

(三) 违约责任的免责事由

免责事由是指免除债务人违约责任的法定免责条件和合同约定的免责条件。免责事由包括法律规定的免责事由和合同约定的免责条款。

1. 法律规定的免责事由

(1) 不可抗力。《合同法》所谓的不可抗力是指不能预见、不能避免并且不能克服的客观情况。不可抗力主要是指人力所不可抗拒的力量,包括某些自然现象(如海啸、台风等)以及一定的社会现象(如大规模的社会罢工、战争等)。

(2) 货物本身的自然性质或合理损耗。《合同法》的运输合同中规定:"承运人对于运输过程中货物的毁损、灭失承担损害赔偿责任,但承运人证明货物的毁损、灭失是因不可抗力、货物本身的自然性质或者合理损耗以及托运人、收货人的过错造成的,不承担损害赔偿责任。"

(3) 债权人的过错。由于债权人的过错致使债务人不能履行义务的,债务人不承担违约责任。

2. 合同约定的免责条款

除了法定的免责事由外,我国《合同法》还规定当事人双方可以约定在一定条件下免除一方当事人的违约责任的免责条款。免责条款的约定有一定的积极意义,但是也很容易引发双方当事人之间权益的争议,所以我国《合同法》在规定当事人可以约定免责条款的情况下,还规定了免责条款无效的情形。合同中的下列免责条款无效:

(1) 造成对方人身伤害的;

(2) 因故意或者重大过失造成对方财产损失的。

(四) 违约责任的形式

违约责任的形式,即承担违约责任的具体方式。我国《合同法》承担违约责任的形式主要有三种:继续履行、采取补救措施、赔偿损失。除此之外,违约责任还有其他责任形式,如违约金和定金。

1. 继续履行,也称强制实际履行,是指违约方根据对方当事人的请求继续履行合同规定的义务的违约责任形式。

2. 采取补救措施，它是一种独立的违约责任形式，是指矫正合同不适当履行（质量不合格）、使履行缺陷得以消除的具体措施。这种责任形式，与继续履行（解决不履行问题）和赔偿损失具有互补性。

3. 赔偿损失，又称为违约损害赔偿，是指违约方以支付金钱的方式弥补受害方因违约行为所减少的财产或者所丧失的利益的责任形式。

4. 违约金，是指当事人一方违反合同时应当向对方支付的一定数量的金钱或财物。它是在合同中预先拟定的一方违约时向对方支付的一定数额的金钱，是承担赔偿责任的一种约定。

5. 定金，是指合同当事人为了确保合同的履行，依据法律规定或当事人双方的约定，由当事人一方在合同订立时，或订立后、履行前，预先向对方交付的款项。《合同法》第 115 条规定："当事人可以依照《中华人民共和国担保法》约定一方向对方给付定金作为债权的担保。债务人履行债务后，定金应当抵作价款或者收回。给付定金的一方不履行约定的债务的，无权要求返还定金；收受定金的一方不履行约定的债务的，应当双倍返还定金。"

第八节　侵权责任法

主要内容提示

1. 侵权行为是指侵犯他人民事权益的违法行为，民事权益不仅包括民事法律所确认的民事主体所享有的各种权利，也包括法律所保护的各种利益。

2. 侵权责任是指赔偿义务人对自己的加害行为或准侵权行为造成的损害等后果依法所应当承担的各种民事责任。

3. 我国《侵权责任法》对几种特殊侵权责任作了具体规定，包括产品责任、机动车交通事故责任、医疗损害责任、环境污染责任、高度危险责任、饲养动物损害责任、物件损害责任。

《中华人民共和国侵权责任法》（以下简称《侵权责任法》）由第十一届全国人民代表大会常务委员会第十二次会议于 2009 年 12 月 26 日通过，自 2010 年 7 月 1 日起施行。本法共 12 章 92 条，分别为一般规定、责任构成和责任方式、不承担责任和减轻责任的情形、关于责任主体的特殊规定、产品责任、机动车交通事故责任、医疗损害责任、环境污染责任、高度危险责任、饲养动物损害责任、物件损害责任、附则。前四章为一般侵权责任，其后的七章为特殊侵权责任。

《侵权责任法》是继《物权法》之后民法体系中另一部重要的支架性法律，对保护公民、法人的合法权益，明确侵权责任，预防并制裁侵权行为，化解社会矛盾，减少民事纠纷，促进社会公平正义具有重要意义。据统计，2007 年，我国法院受理的一审侵权案件已达到 87 万多件；2008 年，这一数字更是突破 100 万件。处理这些侵权之诉的法律依据，在《侵权责任法》颁行之前，主要来自于《民法通则》《环境保护法》《产品质量法》《消费者权益保护法》《道路交通安全法》等单行法律以及最高人民法院的相关司法解释之中。但这些规定分散在单行法律中，缺少对侵权责任等共性问题的规定，很多规定只是抽象原则，缺乏可操作性。《侵权责任法》的颁行，进一步统一了权利疆域与责任界限，从而能有效地避免因法官适用法律上的混乱而导致实践中一些不必要的纠纷。

一、侵权行为

（一）侵权行为的概念

侵权行为是指侵犯他人民事权益的违法行为，民事权益不仅包括民事法律所确认的民事主体所享有的各种权利，也包括法律所保护的各种利益。我国《侵权责任法》所保护的民事权益共 18 项，具体包括生命权、健康权、姓名权、名誉权、荣誉权、肖像权、隐私权、婚姻自主权、监护权、所有权、用益物权、担保物权、著作权、专利权、商标专用权、发现权、股权、继承权等人身、财产权益。

（二）侵权行为的分类

1. 一般侵权行为和特殊侵权行为

我国《侵权责任法》第 6 条规定："行为人因过错侵害他人民事权益，应当承担侵权责任。根据法律规定推定行为人有过错，行为人不能证明自己没有过错的，应当承担侵权责任。"《侵权责任法》第 7 条规定："行为人损害他人民事权益，不论行为人有无过错，法律规定应当承担侵权责任的，依照其规定。"这说明我国的一般侵权行为主要有三种类型，即过错责任、过错推定责任、无过错责任。我国《侵权责任法》从第五章开始规定了 7 种特殊侵权行为，分别是：产品责任、机动车交通事故责任、医疗损害责任、环境污染责任、高度危险责任、饲养动物损害责任、物件损害责任。

2. 自己加害行为和准侵权行为

自己加害行为是指行为人自己亲自实施的侵害他人民事权益的加害行为，行为人对自己的加害行为承担责任。准侵权行为是指行为人对自己的物件或他人的加害行为、举动承担责任的侵权行为，其范围通常包括监护人对被监护人的加害行为承担责任、雇主对雇员在执行雇佣事务中造成他人损害承担责任、国家机关对其工作人员违法行使职权活动造成他人损害承担责任、物件致人损害承担责任等。

3. 作为的侵权行为和不作为的侵权行为

作为的侵权行为也就是积极的侵权行为，是指违反对他人的不作为义务而实施的加害行为，如打伤他人、毁坏他人财物等。不作为的侵权行为是指对他人负有作为义务，不履行或不适当履行该义务而造成他人损害的行为，比如施工者未设置明显标志或采取安全措施而致他人损害等。

二、侵权责任

（一）侵权责任的概念

侵权责任是指赔偿义务人对自己的加害行为或准侵权行为造成的损害等后果依法所应当承担的各种民事责任。侵权责任具有以下特征：

1. 侵权责任是民事责任的一种基本形式。民事责任是指当事人违反民事义务所应当承担的民法上的不利后果，主要包括侵权责任和违约责任两大类。侵权责任一般是违反某种法定义务或某种注意义务时所承当的一种民事责任。

2. 侵权责任的承担以行为人的行为构成侵权行为或存在应当承担责任的准侵权行为为前提。侵权责任是行为人实施侵权行为的不利法律后果，无侵权行为即无侵权责任。

3. 侵权责任的本质是一种不利的法律后果。这一不利后果包括财产方面的不利性和人身方面的不利性，前者比如因赔偿而减少自己的财产，后者比如因消除影响、恢复名誉、赔礼道歉而导致社会的负面评价等。

4. 侵权责任的形式多样化。损害赔偿是侵权责任的主要形式，此外还包括返还财产、停止侵害、排除妨碍、消除危险、恢复名誉、消除影响、赔礼道歉等侵权责任方式，可以单独适用，也可以同时适用两种及两种以上的责任方式。

（二）侵权责任的意义

1. 填补侵害。侵权责任最主要的社会功能是补偿受害人遭受的损失，通过损害赔偿、恢复原状等责任方式使受害人遭受损害的财产或人身尽可能恢复到受害前的状况。确保个人财产、人身安全以及心理精神愉快，是保障整个社会关系安宁有序的基础，《侵权责任法》首先是一部受害人的权利救济法。

2. 教育和惩戒作用。侵权责任原则上不具有惩罚性，但行为人承担侵权责任仍然具有不利后果：一是其行为被确认为违法行为，行为人会因此获得某种否定评价；二是行为人因此要履行一定的义务，包括财产上的给付和非财产上的义务性行为。侵权责任在警戒侵权行为人的同时，也必然地警戒社会的其他成员。

3. 分担损失和平衡社会利益。虽然侵权责任的主要功能在于民事权利的保护和补救，但在客观上它也能够起到平衡社会利益的功效。这种功效是通过判决赔偿以及确定赔偿数额的方式实现的。是否赔偿以及赔偿多少，直接关系到当事人之间的经济利益，因此，它也是社会财富再分配的一种方式。

（三）侵权责任的构成要件

侵权责任的构成要件是指承担一般侵权责任的各种必要条件或因素。一般侵权责任的构成要件包括四个方面：加害行为、损害后果、因果关系、过错。

1. 加害行为。加害行为是行为人实施的加害于受害人民事权益的不法行为。实施加害行为可以由侵权行为人自己实施，也可以由被监护人、雇员等实施，动物致人损害不是加害行为，物件的内在危险造成损害也不是加害行为。加害行为在本质上具有不法性,某些特殊侵权行为不以不法性为要件不能否定一般侵权行为领域加害行为的不法性。

2. 损害后果。损害后果是侵害合法民事权益所产生的对受害人人身或财产不利的后果,这种损害后果在法律上具有救济的必要和救济的可能。损害后果不仅包括实际已经发生的不利后果,还包括现实威胁,即当事人直接面临的遭受人身或财产损失的威胁,受此威胁的人可以请求停止侵害、消除危险、排除妨害。

3. 因果关系。因果关系是指加害行为与损害后果之间的引起与被引起的关系,在对他人造成的损害承担责任或对物的内在危险导致的损害承担责任的情形,因果关系是指他人的致害行为或物的内在危险之实现与损害之间的内在联系。根据"谁主张,谁举证"的原则,一般情况下,证明侵权行为因果关系的责任应由原告方承担,但我国法律还规定了两种特别情况:即被告以"损害是由受害人故意造成的"或"第三人的过错造成损害的"为由否认其责任的,则由被告证明因果关系。

4. 过错。过错责任原则仍然是侵权责任法的主要归责原则,也就是说,多数侵权行为的构成仍然以加害人的过错为要件。过错是指加害人的一种可归责的心理状况,表现为故意和过失两种形式。故意是指加害人预见到损害后果的发生并希望或放任该结果的发生的心理状态。过失是侵权责任法中最常见的过错形式,它表现为加害人因疏忽或轻信而未达到应有的注意程度的一种不正常或不良的心理状况。

三、特殊侵权责任

(一)产品责任

产品责任是指因产品存在缺陷而给消费者造成损失,产品的生产者或销售者应当承担的责任。产品责任不同于一般的侵权责任,它是由潜在的缺陷产品引起的侵权责任,即在产品责任中,造成损失发生的直接原因是产品存在缺陷。

因运输者、仓储者等第三人的过错使产品存在缺陷,造成他人损害的,产品的生产者、销售者赔偿后,有权向第三人追偿。

产品投入流通后发现存在缺陷的,生产者、销售者应当及时采取警示、召回等补救措施。未及时采取补救措施或者补救措施不力造成损害的,应当承担侵权责任。

因产品缺陷危及他人人身、财产安全的,被侵权人有权请求生产者、销售者承担排除妨碍、消除危险等侵权责任。明知产品存在缺陷仍然生产、销售,造成他人死亡或者健康严重损害的,被侵权人有权请求相应的惩罚性赔偿。对恶意的产品侵权,《侵权责任法》规定了惩罚性赔偿,这不仅可以对不法厂商予以惩罚,并且可以调动受害人的维权积极性。

(二)机动车交通事故责任

根据《侵权责任法》第48条规定,机动车发生交通事故造成损害的,依照《道路交通安全法》的有关规定承担赔偿责任。此外,我国《侵权责任法》主要就保险公司"强制保险"赔偿作了规定。

1. 因租赁、借用等情形机动车所有人与使用人不是同一人时，发生交通事故后属于该机动车一方责任的，由保险公司在机动车强制保险责任限额范围内予以赔偿。不足部分，由机动车使用人承担赔偿责任。

2. 当事人之间已经以买卖等方式转让并交付机动车但未办理所有权转移登记，发生交通事故后属于该机动车一方责任的，由保险公司在机动车强制保险责任限额范围内予以赔偿。不足部分，由受让人承担赔偿责任。

3. 盗窃、抢劫或者抢夺的机动车发生交通事故造成损害的，由盗窃人、抢劫人或者抢夺人承担赔偿责任。保险公司在机动车强制保险责任限额范围内垫付抢救费用的，有权向交通事故责任人追偿。

4. 机动车驾驶人发生交通事故后逃逸，该机动车参加强制保险的，由保险公司在机动车强制保险责任限额范围内予以赔偿；机动车不明或者该机动车未参加强制保险，需要支付被侵权人人身伤亡的抢救、丧葬等费用的，由道路交通事故社会救助基金垫付。道路交通事故社会救助基金垫付后，其管理机构有权向交通事故责任人追偿。

（三）医疗损害责任

医疗损害责任是指医疗机构及医务人员在医疗过程中因过失造成患者人身损害或者其他损害，应当承担以损害赔偿为主要方式的侵权责任。我国《侵权责任法》对医疗损害责任问题主要作了以下几方面的规定。

1. 明确了医疗损害侵权的基本归责原则

《侵权责任法》第54条规定，患者在诊疗活动中受到损害，医疗机构及其医务人员有过错的，由医疗机构承担赔偿责任。可见，对医疗损害侵权问题，我国采用的是过错责任原则，体现了法律对患者权益和医疗机构及其医务人员权益的平衡保护。但鉴于患者的弱势地位，《侵权责任法》同时也明确了过错推定的情形：医疗机构及其医务人员如果违反法律、行政法规、规章以及其他有关诊疗规范的规定或隐匿、拒绝提供与纠纷有关的病历资料，甚至伪造、篡改或者销毁病历资料的，可以直接推定医疗机构有过错。

2. 规定了患者的知情同意权

《侵权责任法》第55条规定，医务人员在诊疗活动中应当向患者说明病情和医疗措施。需要实施手术、特殊检查、特殊治疗的，医务人员应当及时向患者说明医疗风险、替代医疗方案等情况，并取得其书面同意；不宜向患者说明的，应当向患者的近亲属说明，并取得其书面同意。医务人员未尽到前款义务，造成患者损害的，医疗机构应当承担赔偿责任。

3. 规定了医疗机构使用缺陷产品所应承担的连带责任

《侵权责任法》第59条规定，因药品、消毒药剂、医疗器械的缺陷，或者输入不合格的血液造成患者损害的，患者可以向生产者或者血液提供机构请求赔偿，也可以向医疗机构请求赔偿。患者向医疗机构请求赔偿的,医疗机构赔偿后,有权向负有责任的生产者或者血液提供机构追偿。

4. 明确了医疗机构的义务

一是在紧急情况下,医方有单方行医权,也有不得拒绝抢救的义务。《侵权责任法》第56条规定,因抢救生命垂危的患者等紧急情况,不能取得患者或者其近亲属意见的,经医疗机构负责人或者授权的负责人批准,可以立即实施相应的医疗措施。二是有妥善保管病历等资料的义务。《侵权责任法》第61条规定,医疗机构及其医务人员应当按照规定填写并妥善保管住院志、医嘱单、检验报告、手术及麻醉记录、病理资料、护理记录、医疗费用等病历资料。患者要求查阅、复制前款规定的病历资料的,医疗机构应当提供。三是隐私保密义务。《侵权责任法》第62条规定,医疗机构及其医务人员应当对患者的隐私保密。泄露患者隐私或者未经患者同意公开其病历资料,造成患者损害的,应当承担侵权责任。四是不得实施违规检查的义务。《侵权责任法》第63条规定,医疗机构及其医务人员不得违反诊疗规范实施不必要的检查。

5. 加强了对医疗机构及其医务人员的保护

医务工作风险大,技术难度高,对医疗机构及其医务人员的保护是对其工作积极性和创造性的保证。《侵权责任法》明确规定了医疗机构的免责事由:患者或者其近亲属不配合医疗机构进行符合诊疗规范的诊疗、医务人员在抢救生命垂危的患者等紧急情况下已经尽到合理诊疗义务、限于当时的医疗水平难以诊疗三种情形,医疗机构不承担赔偿责任。另外,干扰医疗秩序,妨害医务人员工作、生活的,应当依法承担法律责任。

(四)环境污染责任

环境污染侵权责任,是指排污者因污染行为,侵害他人的生命权、健康权等人身权或者所有权、用益物权等财产权,从而导致的民事法律责任。

关于环境污染侵权的归责原则,我们采用的是无过错责任原则。也就是说,不管污染者是否有过错,也不管其排污是否在指标范围内,只要造成了环境污染损害,污染者就应当承担侵权责任。

另外,我国《侵权责任法》第68条还规定,因第三人的过错污染环境造成损害的,被侵权人可以向污染者请求赔偿,也可以向第三人请求赔偿。污染者赔偿后,有权向第三人追偿。

(五)高度危险责任

高度危险责任就是从事高度危险作业给他人造成损害所应承担的责任。高度危险作业是指对周围环境有着较高危险的作业,如高空、高压、易燃、易爆、剧毒、放射性、高速运输等作业。

由于高危作业本身有着极大的危险性,即使作业人员十分谨慎,也会因科学技术限制或其他原因,对人们的人身、财产造成损害,并且事故一旦发生,损害往往十分严重。对这些损害,如果要求受害人证明作业人有过错,往往很难证明,从而使受害人难以得到赔偿。所以各国法律都规定高度危险作业承担无过错责任,即使作业人主观人无故意或过失,也须承担责任,我国也不例外。

我国《侵权责任法》第69条明确规定,从事高度危险作业造成他人损害的,应当承担侵权责任。可见,我国法律也规定了高度危险作业的无过错责任,作业人对其作业所造成的损害,无论是作业人的过错,还是自然的原因,还是受害人自己的过失造成的,作业人都应承担民事责任,除非该损害是由不可抗力或被害人的故意而造成的。

此外,我国《侵权责任法》第76条规定,未经许可进入高度危险活动区域或者高度危险物存放区域受到损害,管理人已经采取安全措施并尽到警示义务的,可以减轻或者不承担责任。

（六）饲养动物损害责任

饲养动物致人损害的侵权行为,是指因饲养的动物造成他人人身或财产损害而依法由动物饲养人或保管人承担损害赔偿责任的行为。

动物致人损害的赔偿责任,是一种特殊的民事侵权责任,因动物本身具有的危险性,动物饲养人或管理人应谨慎管束。若动物致他人损害,则应承担无过错责任予以赔偿。这有利于切实保障人民群众的人身和财产安全,维护社会的稳定和正常秩序。

根据我国《侵权责任法》的规定,饲养的动物造成他人损害的,动物饲养人或者管理人应当承担侵权责任,但能够证明损害是因被侵权人故意或者重大过失造成的,可以不承担或者减轻责任。但禁止饲养的烈性犬等危险动物造成他人损害的,动物饲养人或者管理人应当承担侵权责任。因第三人的过错致使动物造成他人损害的,被侵权人可以向动物饲养人或者管理人请求赔偿,也可以向第三人请求赔偿。

此外,我国《侵权责任法》还对动物园动物和遗弃、逃逸动物致人损害问题作了明确规定:动物园的动物造成他人损害的,动物园应当承担侵权责任,但能够证明尽到管理职责的,不承担责任。遗弃、逃逸的动物在遗弃、逃逸期间造成他人损害的,由原动物饲养人或者管理人承担侵权责任。

（七）物件损害责任

物件损害责任,是指建筑物及其他地上物因设置或者保管不善,给他人的人身、财产造成损害的特殊侵权责任。其采用过错推定原则,也就是说,如果被告不能证明自己没有过错,法律上就推定他有过错并确认他承担民事责任。

我国《侵权责任法》主要就建筑物、构筑物或者其他设施及其搁置物、悬挂物、抛掷物、堆放物、公共场所或者道路上挖坑、修缮安装地下设施等致人损害责任问题作了规定。

建筑物、构筑物或者其他设施及其搁置物、悬挂物发生脱落、坠落造成他人损害,所有人、管理人或者使用人不能证明自己没有过错的,应当承担侵权责任。

建筑物、构筑物或者其他设施倒塌造成他人损害的,由建设单位与施工单位承担连带责任。建设单位、施工单位赔偿后,有其他责任人的,有权向其他责任人追偿。因其他责任人的原因,建筑物、构筑物或者其他设施倒塌造成他人损害的,由其他责任人承担侵权责任。

从建筑物中抛掷物品或者从建筑物上坠落的物品造成他人损害,难以确定具体侵权人的,除能够证明自己不是侵权人的外,由可能加害的建筑物使用人给予补偿。

在公共场所或者道路上挖坑、修缮安装地下设施等,没有设置明显标志和采取安全措施造成他人损害的,施工人应当承担侵权责任。窨井等地下设施造成他人损害,管理人不能证明尽到管理职责的,应当承担侵权责任。

自检自测题

一、不定项选择题

1. 我国《民法通则》规定,不满(　　)周岁的未成年人是无民事行为能力人,由他的法定代理人代理民事活动。

A. 10　　B. 14

C. 16　　D. 8

2. 所有权的权能包括(　　)。

A. 占有　　B. 使用

C. 收益　　D. 处分

3. 以下属于担保物权的是(　　)。

A. 抵押权　　B. 留置权

C. 质押权　　D. 地役权

4. 侵权责任法的主要归责原则是(　　)。

A. 过错原则　　B. 过错推定原则

C. 无过错原则　　D. 公平原则

5. 遗弃、逃逸的动物在遗弃、逃逸期间造成他人损害的,可由(　　)承担侵权责任。

A. 原动物饲养人　　B. 原管理人

C. 受害人　　D. 民政部门

6. 合同的订立必须要经过(　　)两个法定阶段。

A. 要约与承诺　　B. 意思和表示

C. 起草和抄写　　D. 协商和谈判

7. 下列哪些情况属于合同解除的法定理由？(　　)

A. 不可抗力　　B. 预期违约

C. 迟延履行　　D. 不完全履行

8. 具有撤销权的当事人自知道或应当知道撤销事由之日起(　　)内行使。

A. 1 年　　B. 2 年

C. 3 年　　D. 4 年

9. 违约责任的承担形式有(　　)。

A. 继续履行　　B. 违约金

C. 定金　　D. 赔偿损失

10. 我国《民法总则》规定,向人民法院请求保护民事权利的诉讼时效期间为(　　),法律另有规定的除外。

A. 1 年　　B. 2 年

C. 3 年　　D. 4 年

二、名词解释

民法　民事法律关系　民事法律行为　法人　表见代理　用益物权　担保物权　侵权责任　缔约过失责任　合同保全

三、问答题

1. 民法的基本原则有哪些?

2. 代理具有哪些特征?

3. 物权具有哪些特征?

4. 我国《合同法》规定,合同在哪些情形下属于无效合同?

5. 侵权责任的一般构成要件包括哪些?

四、案例分析题

张某系甲商贸公司员工,曾经长期代表甲公司充当采购员与乙家电生产厂家进行购销家电活动。2008 年 3 月,张某因严重违反甲公司的规章制度被甲商贸公司开除。但是,甲商贸公司并未收回给张某开出的仍然有效的介绍信和授权委托书。张某凭此介绍信以甲公司的名义又与乙家电厂签订了 10 万元的家电购买合同,并约定在交货 1 个月内付款。乙家电厂在与张某签订合同时,并未获知张某已经被甲公司开除。后来,乙家电厂向甲公司要求支付 10 万元货款,甲商贸公司以张某早已被开除与其无关为由拒绝支付,双方因此发生争执。乙家电厂诉至法院。

请分析:

(1)张某以甲商贸公司名义与乙家电厂签订的合同效力如何? 为什么?

(2)本案应如何处理? 为什么?

第三章　经济法基础理论

预习目标设定

1. 重点掌握经济法的概念、经济法调整的对象、经济法的基本原则。
2. 学会运用经济法的基础理论分析我国经济法的构成和发展。
3. 了解经济法产生和发展的历史及我国经济法的体系。

第一节　经济法的产生与发展

主要内容提示

1. 现代经济法是随着社会化大生产和市场经济的发展而产生的。
2. 我国经济法的发展经历了初期形成和迅速发展两个阶段。

一、现代经济法的产生

现代经济法是随着社会化大生产和市场经济的发展而产生的。19 世纪末 20 世纪初,资本主义从自由竞争阶段发展到垄断阶段,垄断成了资本主义最深厚的经济基础。垄断的出现加剧了资本主义固有的矛盾,并不断冲击资本主义的社会和经济基础。据此,许多资本主义国家开始颁布不同于自由资本主义时期的一系列法律,试图通过法律手段来缓和生产社会化和生产资料私人占有之间的矛盾。在这一方面,比较有代表性的国家主要有美国和德国。

19 世纪末,美国在西方资本主义国家中率先由自由竞争进入垄断阶段。垄断的形成抑制了自由竞争,损害了中小企业和消费者的利益,进而影响到自由竞争的市场经济体制。1890 年美国颁布了历史上第一部反垄断法《谢尔曼法》,这标志着现代经济法的诞生。此后,美国又先后颁布了《联邦贸易委员会法》《克莱顿法》等一系列反垄断的法律。这些法律一反自由资本主义时期的国家不干预经济的立法精神,明确授予国家对经济活动中的垄断行为进行管制的权力,开创了国家干预经济的先例,具有重要的意义。

1914年,德国帝国议会通过了14项战时法规,授权国家在战时对经济实行严格管制。在这些法规中,首次使用了"经济法"一词。战后为了重建经济,德国进一步加强了国家对经济的干预,制定了关于战时经济复兴法令,并产生了以《魏玛宪法》为基础的社会化法。这些法律多突破了传统的"公法""私法"的范畴,明显具有授权国家干预经济的特点。

很显然,在资本主义进入垄断阶段的历史条件下,资本主义国家制定了一系列的法律,来突出国家权力对社会经济生活的直接干预,使原来调整自由资本主义商品经济关系的"契约自由""私法自治"的原则,开始受到国家行政权力的制约。这些体现国家权力直接干预社会经济的法律不断发展和完善,就逐步形成了一个新的法律部门——经济法。

二、我国经济法的发展

我国现代意义上的经济法,是社会主义商品经济的产物,是我国经济立法不断发展和完善的结果。随着我国经济体制的改革发展,我国经济法的发展大体经历了两个阶段:

第一阶段从1979年到1992年,这是我国经济法的产生时期。党的十三届三中全会决定把工作重点转移到经济建设上来,并作出了发展社会主义民主、加强社会主义法制的重大决策。经济立法和经济司法得到了党和国家的高度重视。随着改革开放的深入发展,我国由产品经济转变为有计划的商品经济,我国的经济立法主要是围绕着保障改革开放,巩固改革成果,发展有计划的商品经济进行的,并取得了巨大成就,从1979年到1992年6月,全国人民代表大会及其常务委员会共制定了117部法律,其中经济法律65部,占了一半以上,国务院也颁布了大量的经济法规。这些法律法规的内容涉及企业管理、国有资产管理、计划、财政、金融、价格、市场、自然资源、环境保护以及工业、农业、交通运输、建筑、商业等各个方面,包括了国民经济的各行业、各部门、各环节。

这一时期经济立法的特点是:其一,对经济法的认识较为模糊,将大量的应属于民商法调整范围的社会关系纳入经济立法范围。例如,我国第一部以经济法命名的法律——《经济合同法》即为典型的调整民事关系的法律。其二,规范市场主体行为的反垄断法、反不正当竞争法缺位。其三,国家的宏观调控主要依靠计划手段,国有企业立法构成了经济立法的主要组成部分。上述特点反映出,这一时期的经济立法还不是真正意义上的经济法,它不能解决效率与公平、个体营利性与社会公益性的矛盾。

第二阶段从1992年至今,这是中国经济法迅速发展的时期。1992年10月,党的十四大明确提出,我国经济体制改革的目标是建立社会主义的市场经济体制。1993年3月修改的《宪法》第15条规定:"国家实行社会主义市场经济","国家加强经济立法,完善宏观调控","依法禁止任何组织或者个人扰乱社会经济秩序"。这标志着我国的经济立法将随着从有计划的商品经济向社会主义市场经济转轨,进入一个新的发展时期。在这个时期,我国法制建设的重要目标之一,就是:"在本世纪末初步建立适应社会主义市场经济的法律体系。"围绕这一目标,1993年以来,我国颁布了大量法律、法规,经济立法也得到了迅速发展。与前一时期的经济立法相比,这一时期的经济立法呈现了以规范市场主体和进行宏观调控为重点的立法趋向,进入了真正意义上的经济法的阶段。以颁布《反不正当竞争法》《产品质量法》《消费者权益保护法》为起点,我国先后出台了有关产业政策、财政、金融等宏观调控的法律法规以及有关市场规制方面的法律法规。例如,在产业结构调整方面,国务院先后制定了《90年代国家产业政策纲要》《90年代中国农业发展纲要》,全国人大常委会制定了《农业法》《农业技术推广法》《科技进步法》等;在财政税收方面,颁布了《预算法》《审计法》《会计法》等,1994年实现了税制改革,并围绕新税制的施行颁布了各个税种条例,修改了《税收征收管理法》;在金融方面,颁布了《中国人民银行法》《商业银行法》《票据法》《保险法》;在价格方面,颁布了《价格法》等。这些法律法规直接以弥补市场缺陷、维护社会公平、促进经济与社会的良性发展为目的,它们与民商法、行政法相互补充,共同发挥着调控市场经济秩序的作用。特别是进入21世纪以来,我国先后出台了《银行业监督管理法》《城乡规划法》《劳动合同法》《反垄断法》《食品安全法》等多部调控类经济法,进而使我国的经济法体系渐趋完善。

第二节 经济法的概念和调整对象

主要内容提示

1. 经济法是调整一定经济关系的法律规范的总称,它是由一系列经济法律、法规按一定的特征构成的一个整体,它所调整的是具有经济内容的物质利益关系。

2. 经济法的调整对象包括经济组织管理关系、经济运行调控关系和宏观经济调控关系。

一、经济法的概念

在我国,经济法学界较为一致的认识是:经济法是调整一定经济关系的法律规范的总称,它是由一系列经济法律、法规按一定的特征构成的一个整体,它所调整的是具有经济内容的物质利益关系。至于"一定经济关系"的具体内涵,学术界一度存在着很大的分歧,有主张经济法综合调整纵向管理和横向协作经济关系的,有主张仅调整纵向或经济行政关系的,还有主张以纵向关系为主兼及横向关系的,等等。但随着以市场为取向的经济体制改革的深入及建立社会主义市场经济目标的提出,对经济法定义的认识正趋向一致。

目前，经济法学界对经济法定义的表述虽然存在差异。例如，杨紫煊教授在其主编的《经济法》一书中，将经济法的概念表述为“经济法是调整国家经济协调关系的法律规范的总称”；李昌麒教授在其主编的《经济法学》中认为“经济法是国家为了克服市场失灵而制定的调整需要由国家干预的具有全局性和社会公共性的经济关系的法律规范的总称”；刘文华教授在《新编经济法学》中认为“经济法是国家为了保证社会主义市场经济的协调发展而制定的，有关调整经济管理关系和市场运行关系的法律规范的统一体系”；漆多俊教授在其著作《经济法基础理论》中认为，经济法是“调整在国家调节社会经济过程中发生的各种社会关系，以保障国家调节，促进社会经济协调、稳定和发展的法律规范的总称，经济法调整的对象是因国家经济调节而引起的的一种国家经济管理关系”。但是，其共同点就在于牢牢把握了国家调节市场经济关系这一关键，从不同角度提示了经济法的质的规定性，为经济法的准确定位明确了它的客观依据。

二、我国经济法的调整对象

根据上述对经济法所下的定义，我们可将经济法的调整对象概括为三个方面：经济组织管理关系、经济运行调控关系和宏观经济调控关系。

（一）经济组织管理关系

经济组织管理关系是国家对各类市场主体，特别是企业的设立、变更、终止及内部管理等进行协调、干预而产生的经济关系。

（二）经济运行调控关系

经济运行调控关系是指国家在建立和完善市场体系、规范市场行为、维护市场秩序中产生的经济关系。

（三）宏观经济调控关系

宏观经济调控关系是指国家从长远和社会公共利益出发，对关系国计民生的重大经济因素实行全局性的管理过程中，与其他社会组织所发生的具有隶属性或指导性的社会经济关系。

第三节　经济法的基本原则和体系

主要内容提示

1. 经济法的基本原则主要有平衡协调原则、维护公平竞争原则、责权利效相统一原则。

2. 我国经济法的体系包括经济组织法、经济运行法、宏观调控法。

一、经济法的基本原则

经济法基本原则是指规定于或者寓义于经济法律之中的对经济立法、经济守法、经济司法具有指导和适用价值的根本指导思想或规则。其具体内容包括：

(一)平衡协调原则

所谓平衡协调原则，是指经济法的立法和执法要从整个国民经济的协调发展和社会整体利益出发，来调整具体经济关系，协调经济利益关系，以促进、引导或强制实现社会整体目标与个体利益目标的统一。这是由经济法的社会性和公私交融性所决定的一项普遍原则，也是不同经济制度下的经济法所应共同遵守的一项主导性原则。

(二)维护公平竞争原则

只要有市场经济，就必然存在竞争。但竞争有正当竞争和不正当竞争之分。前者有利于推动市场经济的发展；后者则有碍市场经济的发展，因此，维护公平竞争是经济法的基本任务和重要原则。这一原则也是经济立法和执法的重要依据。

(三)责权利效相统一原则

责权利效相统一原则，是指在经济法所调整的法律关系中各管理主体和公有制经营主体所享有的权力和责任、权利和义务以及他们的利益与效益必须相一致，不应当有脱节、错位、不平衡等现象存在。在社会主义市场经济，尤其是在以公有制为主导的市场经济条件下，这是一项根本性的原则。这充分说明经济法不能只着眼于个人利益，而是以社会利益为本位的法。

二、我国经济法的体系

经济法体系是反映国家协调、干预市场经济的各方面法律规范组成的有机联系的统一体，其划分往往与经济法调整对象的具体范围相呼应。由于经济法调整的是国家在协调、干预经济运行过程中所发生的经济关系，因此，我国经济法的体系应该是：

1. 经济组织法。它是调整在企业设立、变更、终止过程中发生的经济管理关系和企业内部管理过程中发生的经济关系的法律规范的总称。如按所有制划分，主要有全民、集体、私营企业法、外商投资企业法；按现代企业形式划分，主要有个人独资企业法、合伙企业法、公司法等。

2. 经济运行法。它是调整在市场管理过程中发生的经济关系的法律规范的总称，主要有反垄断法、反不正当竞争法、消费者权益保护法等。

3. 宏观调控法。它是调整在宏观调控过程中发生的经济关系的法律规范的总称，主要有产业法、国有资产管理法、预算、税收、审计、会计等法律制度。

自检自测题

一、不定项选择题

1. 经济法的基本原则包括(　　)。

A. 平等原则　　B. 平衡协调原则

C. 维护公平竞争原则　　D. 责权利效相统一原则

2. 以下属于我国经济法的调整对象的是(　　)。

A. 经济组织管理关系　　B. 经济运行调控关系

C. 宏观经济调控关系　　D. 平等的法律关系

3. 首次使用“经济法”一词的国家是(　　)。

A. 美国　　B. 德国

C. 英国　　D. 法国

4. 经济法是以(　　)为本位的法。

A. 个人利益　　B. 国家利益

C. 社会利益　　D. 群众利益

二、名词解释

经济法　经济法基本原则　经济法体系

三、问答题

1. 什么是经济法?

2. 经济法基本原则有哪些?

第四章　公　司　法

预习目标设定

1. 重点掌握公司的概念和特征,公司法的概念,公司设立条件,有限责任公司及股份有限公司的概念、法律特征、设立条件和组织机构,股份和债券的发行,上市公司。

2. 学会运用有限责任公司和股份有限责任公司的组织机构、股份有限责任公司发起人及其义务,分析相关具体问题。

3. 一般了解公司的种类、公司的章程、公司的合并分立和解散清算。

第一节　公司法概述

主要内容提示

1. 公司是指依法设立,以营利为目的的企业法人。公司有三项基本特征,并依不同的标准可以划分为不同的种类。

2. 公司法是指调整公司的设立、机构、解散的组织关系和公司业务活动的经营关系的法律规范的总称。

一、公司的概念和特征

公司是指依法设立,以营利为目的的企业法人。《公司法》第 2 条规定:“本法所称公司是指依照本法在中国境内设立的有限责任公司和股份有限公司。”公司具有以下特征:

(一)公司是一种营利法人。公司出资者的所有权与企业法人财产权相分离。一般来说公司股东作为出资者对投入公司的资本额不再享有所有者的权益,而只享有股东权。但是在我国,公司中的国有资产所有权仍然属于国家。公司享有由股东投资形成的全部法人财产权,能以自己的名义从事民商事行为并独立承担责任,是具有法人资格的企业。

（二）以营利为目的的企业法人。公司以营利为目的，是指设立公司的目的及公司的运作，都是为了谋求经济利益。为此，公司必须连续不断地从事某种经济活动，如商品生产或交换，或提供某种服务。公司的营利性特征已为世界上许多国家和地区的公司立法所确认，从而成为公司的基本特征。公司的营利性实质上是股东设立公司的目的的反映。公司只有以营利为目的，实现公司利益最大化，才能让股东收回投资，并进而实现盈利。法律承认并保护公司的营利性，方能鼓励投资，创造社会财富，促进市场经济的发展。

（三）公司是依法设立的企业法人。公司的依法设立主要是就设立程序而言，即公司的设立必须依据法定的程序办理相关的登记手续，领取公司法人营业执照，有的公司如股份有限公司的设立还需经审批程序。凡在我国境内设立的公司，必须依照我国《公司法》《公司登记管理条例》及其他相关法律、法规所规定的条件和程序设立。

二、公司的种类

（一）以责任形式为标准对公司的分类

按照股东对公司责任形式的不同，公司可以分为无限公司、有限责任公司、两合公司和股份有限公司。

无限公司是指全体股东对公司债务负无限连带清偿责任的公司。这里的连带是对股东之间而言，而非指股东与公司之间的连带。当公司资产不足以清偿债务时，债权人可直接要求全体股东或任何一个股东以自己所有的全部资产予以全额偿还。

有限责任公司是指全体股东以其出资额为限对公司债务负清偿责任的公司。

两合公司是指由一个以上有限责任股东与一个以上无限责任股东所组成的，有限责任股东以其出资额为限对公司债务负责，而无限责任股东则对公司债务负无限连带清偿责任的公司。

股份有限公司有指其个人资本分为等额股份，股东以其所持股份为限对公司承担责任，公司则以其全部资产对公司债务承担责任的公司。

在我国依法能够设立的，是有限责任公司和股份有限公司两种公司形式。

（二）以控制权关系为标准对公司的分类

按照控制权关系，公司可分为母公司和子公司。

母公司又称控股公司，是指持有一定比例的股份或出资而可以控制其他公司的公司。严格地说，母公司的控股不同于一般的公司控股，其不仅仅以掌握子公司的股份或其他有价证券来获得权益为目的，而强调以从事自己的经营业务作为其主要目的。

子公司又称被控股公司，是指其一定比例以上的股份为另一公司所控制的公司。尽管母子公司是控制和被控制的关系，但在法律地位上子公司和母公司一样都具有独立的法人资格,都能以自己的名义开展生产经营活动,对外发生各种的权利义务关系,并能各自独立地承担民事责任。

(三)以管辖系统为标准对公司的分类

按照管辖系统,公司可分为本公司和分公司。

本公司是指具有独立的法人资格,能够以自己的名义直接从事各种业务活动,并管辖所属分公司的公司。要注意的是本公司与总公司是不同的,总公司更侧重从经济角度对公司进行界定,缺乏法律上的科学依据。

分公司是指本公司依法设立的,受本公司管辖的,不具备独立法人资格的经营机构。分公司是从属于本公司的分支机构,是本公司内部的一个组成部分,其法律责任由本公司承担。

(四)以公司信用为标准对公司的分类

按照公司信用,公司可分为人合公司、资合公司和人合兼资合公司。

人合公司是指以股东个人信用作为公司对外经营活动的信用基础的公司。它着重于股东的个人信用,强调股东相互之间的信任。无限公司就是典型的人合公司。

资合公司是指以股东对公司的出资作为公司对外经营活动的信用基础的公司。其信用基础是公司的资本,而非股东个人条件和信用。股份有限公司是典型的资合公司。

人合兼资合公司是指以公司资本和股东个人信用作为公司对外经营活动的信用基础的公司。这种公司既有人合的一面,也有资合的一面,是两者的有机结合。有限责任公司、两合公司都属于人合兼资合公司。

(五)以公司国籍为标准对公司的分类

按照公司的国籍,公司可分为本国公司和外国公司。

目前世界各国判定公司国籍的标准主要有三种:第一种是准据主义,即依公司设立的准据法决定公司的国籍;第二种是住所主义,即以公司的住所地决定公司的国籍;第三种是股东国籍主义,即以公司多数股东或以持有公司多数股份的股东国籍决定公司的国籍。

我国采准据主义标准。依我国《公司法》的规定,本国公司是指依照中国法律在中国境内登记成立的公司;外国公司是指依照外国法律在中国境外登记成立的公司。

三、公司法的概念和特征

(一)公司法的产生和发展

早在1673年法国就制定了世界上第一部商事法律《商事条例》,其中商人部分规定了公司的法律问题。1807年法国颁布了世界上第一部商法典《法国商法典》,其中第一编第三章专门规定了公司的有关法律问题。此后的《德国商法典》《日本商法典》都对公司法的内容作了专门规定。1892年德国首先颁布了世界上第一部《有限责任公司法》,1908年英国颁布了世界上第一部统一的《公司法》,以后随着各国公司和公司制度的发展,公司立法也日趋完善。

我国最早的公司法是1904年清政府制定的《公司律》。1929年12月由国民党政府颁布的《公司法》是一部较完整的中国现代公司立法,也是我国台湾地区现行“公司法”的基础。新中国成立后,国务院先后颁布了一些规制公司的行政法规。1993年12月全国人大常委会八届五次会议颁布了《中华人民共和国公司法》,结束了新中国四十多年没有一部完整公司法的历史,成为我国公司立法史上一个新的里程碑。我国《公司法》颁布后经过了三次修订。在经过1999年、2004年的两次修订后,2013年12月28日第十二届全国人民代表大会常务委员会第六次会议《关于修改〈中华人民共和国海洋环境保护法〉等七部法律的决定》第三次修正,其中关于《公司法》做出多项调整。调整后的《公司法》自2014年3月1日起施行。现行《公司法》的立法理念更为适应市场经济之需要,体现了鼓励投资、简化程序、提高效率的精神,取消了诸多不必要的国家干预条款,废除了股份公司设立的审批制,减少了强制性规范,强化当事人意思自治,突出了公司章程的制度构建作用,为进一步完善公司治理结构,加强对股东权益的保护提供了制度保障。

(二)公司法的概念和特征

所谓公司法,是指调整公司的设立、机构、解散的组织关系和公司业务活动的经营关系的法律规范的总称。

公司法的特征主要表现为:

1. 公司法是一种组织法。它主要规定公司的法律地位和主体资格,包括公司的设立、变更、终止、内部组织机构,股东的权利和义务等。

2. 公司法是一种活动法。它主要规定公司的对外活动,如股票发行、交易、债券的发行转让等。

3. 公司法是实体法和程序法的结合。它既规定了权利义务等实质内容,还规定了公司设立程序、组织机构设置、股票债券的发行及公司内部的议事等程序。

第二节 公司法的一般规定

主要内容提示

1. 公司设立必须具备的要件。

2. 公司章程是公司必备的基本法律文件,是公司对外进行经营交往的基本法律依据。

3. 我国现行《公司法》确认了公司法人人格否认制度。

4. 公司合并分立和解散清算的条件和法律后果。

一、公司设立

公司设立是公司组织依照法定程序取得法人资格的行为过程。

公司设立就其方式而言,主要有特许设立、核准设立和准则设立。特许设立是指设立公司要经过国王或国会的特别许可;核准设立是指设立公司必须经过行政机关审核批准;准则设立是指只要符合法律规定的要求,公司即可成立。在公司的发展历史中,这几种方式都被广泛采用过。某一国家究竟采取何种公司设立方式,主要取决于各国的法制完善程度、经济管理模式以及经济发展水平。

我国《公司法》对公司设立采取准则设立和核准设立相结合的设立原则。我国《公司法》第6条规定:“设立公司,应当依法向公司登记机关申请设立登记。符合本法规定的设立条件的,由公司登记机关分别登记为有限责任公司或者股份有限公司;不符合本法规定的设立条件的,不得登记为有限责任公司或者股份有限公司。法律、行政法规规定设立公司必须报经批准的,应当在公司登记前依法办理批准手续。”

依照《公司法》的规定,公司设立必须具备以下要件:

1. 设立公司应有创办人,且创办人应符合法定的人数要求;
2. 设立公司应有认缴或实缴的公司资本;
3. 设立公司应有公司章程;
4. 设立公司必须有固定的生产经营场所;
5. 设立公司必须有自己的名称。

公司设立必须依照法律程序,经登记主管机关核准登记注册,领取营业执照后,方可开展经营活动。

二、公司章程

公司章程是创办人依法制定的规范公司组织与活动的基本法律文件,是公司对外进行经营交往的基本法律依据。

我国《公司法》第11条第1款规定:“设立公司必须依法制定公司章程。”制定章程是公司设立的基本步骤,也是公司成立的必备要件。公司章程的重要性体现在:首先,公司章程是公司对内管理的依据,是规范股东之间及公司内部关系的准绳;其次,公司章程是规范公司与第三人关系的依据,通过公司章程向第三人及公司成员表明公司的信用;最后,公司章程是公司对政府作出的一种书面保证,是政府对公司进行监管的依据。政府有关行政管理机关可以依照公司章程,对公司进行监督管理。

三、公司资本

公司资本,是指公司成立时由股东认缴或实缴的财产总额。

公司资本是公司取得法人资格、从事经营活动的基本物质条件,也是公司参与社会经济活动的物质保障和公司债务的总担保。

1. 缴纳出资

我国《公司法》不再设定法定的最低注册资本限额，转而采用注册资本认缴制。比如根据《公司法》第 23 条第 2 款规定，“有符合公司章程规定的全体股东认缴的出资额”即可成立有限责任公司。根据《公司法》第 80 条第 1 款的规定：“股份有限公司采取发起设立方式设立的，注册资本为在公司登记机关登记的全体发起人认购的股本总额”。《公司法》从立法理念上已经摒弃了注册资本最低限额作为公司信用担保的观念，但是不设定注册资本限额并不是免除了出资人缴纳出资的义务，股东对认缴的出资额仍然负有出资义务，并以出资额为限对公司承担责任。

2. 出资方式

出资方式可以是货币、实物、知识产权、土地使用权等可以用货币估价并可以依法转让的非货币财产作价出资，但是，法律、行政法规规定不得作为出资的财产除外。其中，可以用货币估价并可以依法转让的非货币财产作价出资包括债权、股权、证券等。我国现行《公司法》扩大了出资的范围，是符合经济发展需要的有利规定。

四、公司法人格否认

《公司法》第 20 条第 3 款规定：“公司股东滥用公司法人独立地位和股东有限责任，逃避债务，严重损害公司债权人利益的，应当对公司债务承担连带责任。”

此条规定借鉴了英美法系的相关制度，最接近的便是“揭开公司面纱”。其适用条件为：

1. 公司设立合法有效，并且已取得独立人格。

2. 股东滥用对公司的控制权。

3. 股东控制权滥用，客观上损害了债权人利益或社会公共利益。公司法人格否认制度仅具有个案约束力，不会永久否认公司的法人资格。

五、公司合并和分立

（一）公司合并

公司合并是指两个或两个以上公司，订立协议依法定程序而归并为一个公司的法律行为。

公司合并有吸收合并和新设合并两种形式。吸收合并是指两个以上的公司合并后，由其中一个公司存续，其他公司的法人资格都归于消灭的行为。新设合并是指两个以上的公司合并后，其法人资格都归于消灭，而另创设一个新公司的行为。在公司合并中归于消灭的公司，其权利和义务均由合并后存续或另立的公司承继。

公司合并必须经过法定的程序。我国《公司法》规定，公司合并应由股东大会作出决议，并由合并各方签订合并协议；应编制资产负债表及财产清单，并对债权人进行通知或公告;合并以后应依法向公司登记机关办理相应的合并登记。

(二)公司分立

公司分立是指一个公司依法定程序而分成两个以上公司的法律行为。

公司分立包括新设分立和派生分立两种形式。新设分立是指一个公司分成两个或两个以上新公司,原有公司的法人资格因此消灭的行为。派生分立是指一个公司分出一部分或若干部分组成新的公司,而原公司的法人资格继续存续的行为。在公司分立中归于消灭的公司,其权利和义务由分立后新设或存续的公司承继。

公司分立的程序和公司合并的程序基本一样。

六、公司解散和清算

(一)公司解散

公司解散是指公司因法律规定或公司章程规定的事由出现,致使公司的法人资格消灭的法律行为。

以公司解散的性质为标准,公司解散可分为任意解散和强制解散。

任意解散也即自愿解散,是指依照公司章程的规定,或股东会的决议自动解散公司。主要表现为:

1. 公司章程所规定的营业期限届满或公司章程规定的其他解散事由出现;
2. 根据股东会决议而解散;
3. 因合并或分立需要解散。

强制解散,是指政府主管机关命令解散或法院判决解散公司的法律行为。具体表现为:

1. 公司主管机关因公司违法经营或设立登记后在法定期限内未开始营业或停业达一定时间以上者可命令公司解散;
2. 公司因不能清偿到期债务,被依法申请破产的,由人民法院依破产法裁定其解散。

(二)公司清算

公司清算是指公司解散后,处分公司财产以了结公司债权债务关系,从而使公司法人资格归于消灭的行为。

公司清算应当成立清算组,由清算组按照法定程序进行。公司清算组由股东或股东大会确定的人选组成。依我国《公司法》规定,公司清算的程序为选任清算组成员;通知债权人申报债权;清偿债务;分配剩余财产;清算终结。

公司清算组在清理公司财产、编制资产负债表和财产清单后,发现公司财产不足以清偿债务的,应当立即向人民法院申请宣告破产。经人民法院裁定宣告破产后,清算组应将清算事务移交人民法院。

第三节　有限责任公司

主要内容提示

1. 有限责任公司是指股东以其出资额为限对公司承担责任，公司以其全部资产对公司债务承担责任的企业法人。有限责任公司在股东人数、出资转让等方面有严格限制，但设立程序相对简便。

2. 公司法规定了有限责任公司设立的条件，其组织机构主要包括股东会、董事会和监事会。

一、有限责任公司的概念和特征

有限责任公司是指股东以其出资额为限对公司承担责任，公司以其全部资产对公司债务承担责任的企业法人。有限责任公司具有以下法律特征：

（一）股东责任的有限性。有限责任公司的股东仅就其出资额为限对公司承担责任，对公司所负债务不承担无限连带清偿责任。

（二）股东人数的严格限制。这是有限责任公司与股份有限公司的一个重要区别。我国《公司法》规定，有限责任公司的股东人数应为50人以下。

（三）公司的封闭性。有限责任公司股东出资后持有的出资证明书是股东出资的凭证，不得在市场上买卖，不同于股份有限公司公开发行的股票。

（四）出资转让的严格限制。股东非经其他股东过半数的同意，不得将其出资额的全部或部分转让给他人。

（五）设立程序较为简便。有限责任公司只采取发起设立，不向外招募股份，不涉及社会公众的利益，因此其设立程序要较股份有限公司简便。

二、有限责任公司的一般规定

（一）有限责任公司的设立条件

1. 股东符合法定人数。有限责任公司的股东人数应为50人以下。

2. 有符合公司章程规定的全体股东认缴的出资额。法律、行政法规以及国务院决定对有限责任公司注册资本实缴、注册资本最低限额另有规定的，从其规定。

3. 制定公司章程。公司章程是公司设立的必备文件。公司章程应当载明的事项包括：公司的名称和住所；公司经营范围；公司注册资本；股东姓名或名称；股东的权利义务；股东的出资方式和出资额；股东转让出资的条件；公司机构及其产生办法、职权、议事规则；公司的法定代表人；公司的解散事由与清算办法；股东认为需要规定的其他事项。

4. 有公司名称和组织机构。公司名称是公司独立人格的重要标志。公司的组织机构是公司赖以形成法人意志,代表法人从事各种活动的重要机关。

5. 有固定的生产经营场地和必要的生产经营条件。这是公司设立的物质条件,也是公司设立必须具备的法定条件。

(二)有限责任公司的设立程序

有限责任公司的设立一般包括以下程序:1. 制定公司章程;2. 核名;3. 申请设立登记;4. 登记注册。

(三)有限责任公司的组织机构

有限责任公司的组织机构主要包括股东会、董事会和监事会。

1. 股东会,是依照公司法或公司章程规定设立的,由全体股东组成的公司的最高权力机构。

有限责任公司的股东会具有以下职权:决定公司的经营方针和投资计划;选举和更换非由职工代表担任的董事、监事,决定有关董事、监事的报酬事项;审议批准董事会的报告;审议批准监事会或者监事的报告;审议批准公司的年度财务预算方案、决算方案;审议批准公司的利润分配方案和弥补亏损方案;对公司增加或者减少注册资本作出决议;对发行公司债券作出决议;对公司合并、分立、解散、清算或者变更公司形式作出决议;修改公司章程;公司章程规定的其他职权。

有限责任公司股东会会议分为定期会议和临时会议。定期会议由公司章程规定按时召开。临时会议由代表 1/10 以上表决权的股东、1/3 以上的董事、监事会或监事提议召开。股东会会议由股东依出资比例行使表决权但公司章程另有规定的除外。

有限责任公司股东会按法定的议事和表决程序行使职权。其中决议修改公司章程、增加或减少注册资本的决议,以及公司合并、分立、解散或变更公司形式的决议须经代表 2/3 以上表决权的股东通过。

2. 董事会,是有限责任公司的业务执行机构。有限责任公司设董事会,其成员为 3 人至 13 人。董事任期由公司章程规定,但每届任期不得超过三年。董事任期届满,连选可以连任。股东人数较少或者规模较小的有限责任公司,可以设一名执行董事,不设立董事会。两个以上的国有企业或者其他两个以上的国有投资主体投资设立的有限责任公司,其董事会成员中应当有公司职工代表;其他有限责任公司董事会成员中也可以有公司职工代表。董事会中的职工代表由公司职工通过职工代表大会、职工大会或者其他形式民主选举产生。董事会设董事长一人,可以设副董事长。董事长、副董事长的产生办法由公司章程规定。

董事会对股东会负责,行使以下职权:召集股东会会议,并向股东会报告工作;执行股东会的决议;决定公司的经营计划和投资方案;制定公司的年度财务预算方案、决算方案;制订公司的利润分配方案和弥补亏损方案;制定公司增加或者减少注册资本以及发行公司债券的方案;制定公司合并、分立、解散或者变更公司形式的方案;决定公司内部管理机构的设置;决定聘任或者解聘公司经理及其报酬事项,并根据经理的提名决定聘任或者解聘公司副经理、财务负责人及其报酬事项;制定公司的基本管理制度;公司章程规定的其他职权。

董事会会议由董事长召集和主持;董事长不能履行职务或者不履行职务的,由副董事长召集和主持;副董事长不能履行职务或者不履行职务的,由半数以上董事共同推举一名董事召集和主持。

3. 监事会,是对董事及高级管理人员执行业务活动进行监督检查的机构。有限责任公司设监事会,其成员不得少于三人。股东人数较少或者规模较小的有限责任公司,可以设 1 名至 2 名监事,不设监事会。监事会应当包括股东代表和适当比例的公司职工代表,其中职工代表的比例不得低于 1/3,具体比例由公司章程规定。监事会中的职工代表由公司职工通过职工代表大会、职工大会或者其他形式民主选举产生。

我国《公司法》规定, 监事会行使如下职权:检查公司财务;对董事、高级管理人员执行公司职务的行为进行监督,对违反法律、行政法规、公司章程或者股东会决议的董事、高级管理人员提出罢免的建议;当董事、高级管理人员的行为损害公司的利益时,要求董事、高级管理人员予以纠正;提议召开临时股东会会议,在董事会不履行本法规定的召集和主持股东会会议职责时召集和主持股东会会议;向股东会会议提出提案;依照本法第 151 条的规定,对董事、高级管理人员提起诉讼;公司章程规定的其他职权。

三、一人有限责任公司

(一)概念和意义

一人有限责任公司是指只有一个自然人股东或者一个法人股东的有限责任公司。允许设立一人公司,有利于深化国有企业改革,实施大公司和大企业集团的战略;有利于吸引民间资本,推动我国中小企业的发展;有利于确定投资收益和投资风险的唯一归属者,避免多名投资者的"窝里斗"现象。

从原则上来说,一人有限责任公司和普通的有限责任公司没有本质上的区别,但是鉴于我国的资本保障制度不够完善,出于对债权人保障的考虑,我国《公司法》对一人有限责任公司仍然持审慎的态度,设置了更严格的防范制度。

(二)风险防范制度

1. 必须在公司营业执照中载明自然人独资或法人独资,并予以公示。

2. 一个自然人只能设立一个有限责任公司。

3. 应当在每一会计年度终了时编制财务会计报告,并经会计师事务所审计。

4. 股东不能证明自身财产独立于公司财产的,则应对公司债务承担连带责任。

四、国有独资公司

国有独资公司，是指国家单独出资、由国务院或者地方人民政府授权本级人民政府国有资产监督管理机构履行出资人职责的有限责任公司。

国有独资公司的组织机构有其特殊性，具体表现在：

（一）国有独资公司不设股东会，由国有资产监督管理机构行使股东会职权。国有资产监督管理机构可以授权公司董事会行使股东会的部分职权。

（二）国有独资公司设董事会，董事会成员中应当有公司职工代表。董事会成员由国有资产监督管理机构委派；但是，董事会成员中的职工代表由公司职工代表大会选举产生。

（三）国有独资公司监事会成员不得少于5人，其中职工代表的比例不得低于三分之一，具体比例由公司章程规定。

第四节　股份有限公司

主要内容提示

1. 股份有限公司是指其全部资本分为等额股份，股东以其所持股份为限对公司承担责任，公司则以其全部资产对公司的债务承担责任的企业法人。它具有公司的资合性、资本的股份性、股东责任的有限性、股份的证券性、设立程序的复杂性等特征。

2. 股份有限公司的设立包括发起设立和募集设立。

3. 股份有限公司的股份和债券的发行和转让要符合法律规定的条件。

4. 公司法规定了上市公司的上市条件，暂停和终止上市的法定情形。

一、股份有限公司的概念和特征

股份有限公司是指其全部资本分为等额股份，股东以其所持股份为限对公司承担责任，公司则以其全部资产对公司的债务承担责任的企业法人。

股份有限公司具有以下特征：

（一）公司的资合性。股份有限公司是典型的资合公司，其信用基础在于公司的资本，而不在于股东个人。任何愿意出资者都可以成为公司股东，股东的股东权体现在股票上，并随股票的转移而转移。

（二）资本的股份性。股份有限公司的全部资本均分为股份，每股金额相等。这是区别于有限责任公司的一个重要特征。资本股份化不仅便于计算，有利于确定股东权利，而且还适应股份有限公司向社会发行股票筹集资金的客观需要。

（三）股东责任的有限性。股份公司股东以其所认购的股份为限对公司承担责任,这一特征使股份有限公司明显区别于无限公司。

(四)股份的证券性。股份有限公司的股份以股票的形式表现,股票作为有价证券可以上市流通,大大方便了资金的筹集和流通。

(五)设立程序的复杂性。股份有限公司向社会公开发行股份,募集资金,直接涉及社会公众的利益,为保障交易的安全和秩序,法律对其设立程序有着严格而复杂的规定。

二、股份有限公司的设立

(一)设立方式

股份有限公司有两种设立的方式:

1. 发起设立

发起设立,是指由发起人认购公司应发行的全部股份而设立公司。

2. 募集设立

募集设立,是指由发起人认购公司应发行股份的一部分,其余股份向社会公开募集或者向特定对象募集而设立公司。

(二)设立条件

根据我国《公司法》的规定,设立股份有限责任公司应当具备下列条件:

1. 发起人符合法定人数。设立股份有限公司,应当有2人以上200人以下为发起人,其中须有半数以上的发起人在中国境内有住所。股份有限公司的发起人承担公司筹办事务。发起人应当签订发起人协议,明确各自在公司设立过程中的权利和义务。

2. 有符合公司章程规定的全体发起人认购的股本总额或者募集的实收股本总额。股份有限公司采取发起方式设立的,注册资本为在公司登记机关登记的全体发起人认购的股本总额。股份有限公司采取募集方式设立的,注册资本为在公司登记机关登记的实收股本总额。

有限责任公司变更为股份有限公司时,折合的实收股本总额不得高于公司净资产额。有限责任公司变更为股份有限公司,为增加资本公开发行股份时,应当依法办理。

3. 股份发行、筹办事项符合法律规定。

4. 发起人制定公司章程,采用募集方式设立的须经创立大会通过。

5. 有公司名称,建立符合股份有限公司要求的组织机构。

6. 有公司住所。

(三)制定公司章程

股份有限公司的章程应当载明下列事项:

1. 公司名称和住所;

2. 公司经营范围;

3. 公司设立方式；

4. 公司股份总额、每股金额和注册资本；

5. 发起人的姓名或者名称、认购的股份数、出资方式和出资时间；

6. 董事会的组成、职权、任期和议事规则；

7. 公司法定代表人；

8. 监事会的组成、职权和议事规则；

9. 公司利润分配办法；

10. 公司的解散事由与清算办法；

11. 公司的通知和公告办法；

12. 股东大会会议认为需要规定的其他事项。

(四)设立程序

1. 发起设立的主要程序

以发起设立方式设立股份有限公司的,发起人应当书面认足公司章程规定其认购的股份并按照公司章程规定缴纳出资;以非货币财产出资,应当依法办理其财产权的转移手续。发起人不按照规定缴纳出资的,应当按照发起人协议的约定承担违约责任。发起人认定公司章程规定的出资后,应当选举董事会和监事会,由董事会向公司登记机关报送公司章程以及法律、行政法规规定的其他文件,申请设立登记。

2. 募集设立的主要程序

(1)以募集设立方式设立股份有限公司的,发起人认购的股份不得少于公司股份总数的35%,但是,法律、行政法规另有规定的,从其规定。

(2)发起人向社会公开募集股份,公告招股说明书,并制作认股书。招股说明书应当附有发起人制定的公司章程,并载明下列事项:发起人认购的股份数;每股的票面金额和发行价格;无记名股票的发行总数;募集资金的用途;认股人的权利、义务;本次募股的起止期限及逾期未募足时认股人可以撤回所认股份的说明。认股书应当载明招股说明书所列事项,由认股人填写认购股数、金额、住所,并签名、盖章。认股人按照所认购股数缴纳股款。

发起人向社会公开募集股份,应当由依法设立的证券公司承销,签订承销协议。还应当同银行签订代收股款协议。

代收股款的银行应当按照协议代收和保存股款,向缴纳股款的认股人出具收款单据,并负有向有关部门出具收款证明的义务。

发行股份的股款缴足后,必须经依法设立的验资机构验资并出具证明。发起人应当自股款缴足之日起30日内主持召开公司创立大会。创立大会由发起人、认股人组成。发行的股份超过招股说明书规定的截止期限尚未募足,或者发行股份的股款缴足后,发起人在30日内未召开创立大会的,认股人可以按照所缴股款并加算银行同期存款利息,要求发起人返还。

(3)召开创立大会。发起人应当在创立大会召开15日前将会议日期通知各认股人或者予以公告。创立大会应有代表股份总数过半数的发起人、认股人出席,方可举行。创立大会行使下列职权:审议发起人关于公司筹办情况的报告;通过公司章程;选举董事会成员;选举监事会成员;对公司的设立费用进行审核;对发起人用于抵作股款的财产的作价进行审核;发生不可抗力或者经营条件发生重大变化直接影响公司设立的,可以作出不设立公司的决议。创立大会对以上事项作出决议,必须经出席会议的认股人所持表决权过半数通过。发起人、认股人缴纳股款或者交付抵作股款的出资后,除未按期募足股份、发起人未按期召开创立大会或者创立大会决议不设立公司的情形外,不得抽回其股本。

(4)申请设立登记。董事会应于创立大会结束后30日内,向公司登记机关报送下列文件,申请设立登记:公司登记申请书;创立大会的会议记录;公司章程;验资证明;法定代表人、董事、监事的任职文件及其身份证明;发起人的法人资格证明或者自然人身份证明;公司住所证明。

以募集方式设立股份有限公司公开发行股票的,还应当向公司登记机关报送国务院证券监督管理机构的核准文件。

(五)发起人应当承担的责任

股份有限公司的发起人应当承担下列责任:

1. 股份有限公司成立后,发起人未按照公司章程的规定缴足出资的,应当补缴;其他发起人承担连带责任。股份有限公司成立后,发现作为设立公司出资的非货币财产的实际价额显著低于公司章程所定价额的,应当由交付该出资的发起人补足其差额;其他发起人承担连带责任。

2. 公司不能成立时,对设立行为所产生的债务和费用负连带责任。

3. 公司不能成立时,对认股人已缴纳的股款,负返还股款并加算银行同期存款利息的连带责任。

4. 在公司设立过程中,由于发起人的过失致使公司利益受到损害的,应当对公司承担赔偿责任。

三、股份有限公司的组织机构

(一)股东大会

1. 股东大会的性质和职权

股东大会由全体股东组成,股东大会与有限责任公司中的股东会一样都是公司的权力机构,前述有关有限责任公司股东会职权的规定,适用于股份有限公司的股东大会。

2. 股东大会的议事规则

股东大会应当每年召开一次年会。有下列情形之一的,应当在两个月内召开临时股东大会：

（1）董事人数不足《公司法》规定人数或者公司章程所定人数的2/3时；

（2）公司未弥补的亏损达实收股本总额1/3时；

（3）单独或者合计持有公司10%以上股份的股东请求时；

（4）董事会认为必要时；

（5）监事会提议召开时；

（6）公司章程规定的其他情形。

股东大会会议由董事会召集，董事长主持；董事长不能履行职务或者不履行职务的，由副董事长主持；副董事长不能履行职务或者不履行职务的，由半数以上董事共同推举一名董事主持。

董事会不能履行或者不履行召集股东大会会议职责的，监事会应当及时召集和主持；监事会不召集和主持的，连续90日以上单独或者合计持有公司10%以上股份的股东可以自行召集和主持。

召开股东大会会议，应当将会议召开的时间、地点和审议的事项于会议召开20日前通知各股东；临时股东大会应当于会议召开15日前通知各股东；发行无记名股票的，应当于会议召开30日前公告会议召开的时间、地点和审议事项。

单独或者合计持有公司3%以上股份的股东，可以在股东大会召开10日前提出临时提案并书面提交董事会；董事会应当在收到提案后2日内通知其他股东，并将该临时提案提交股东大会审议。临时提案的内容应当属于股东大会职权范围，并有明确议题和具体决议事项。股东大会不得对前两款通知中未列明的事项作出决议。无记名股票持有人出席股东大会会议的，应当于会议召开5日前至股东大会闭会时将股票交存于公司。

股东出席股东大会会议，所持每一股份有一表决权。但是，公司持有的本公司股份没有表决权。股东大会作出决议，必须经出席会议的股东所持表决权过半数通过。但是，股东大会作出修改公司章程、增加或者减少注册资本的决议，以及公司合并、分立、解散或者变更公司形式的决议，必须经出席会议的股东所持表决权的2/3以上通过。

《公司法》和公司章程规定公司转让、受让重大资产或者对外提供担保等事项必须经股东大会作出决议的，董事会应当及时召集股东大会会议，由股东大会就上述事项进行表决。

股东大会选举董事、监事，可以依照公司章程的规定或者股东大会的决议，实行累积投票制。累积投票制，是指股东大会选举董事或者监事时，每一股份拥有与应选董事或者监事人数相同的表决权，股东拥有的表决权可以集中使用。累计投票制是《公司法》为保护中小股东权益而新设的制度，通过允许中小股东集中使用自己的投票权，扩大他们的话语权，也在一定程度上限制大股东的垄断。

股东可以委托代理人出席股东大会会议,代理人应当向公司提交股东授权委托书,并在授权范围内行使表决权。股东大会应当对所议事项的决定作成会议记录,主持人、出席会议的董事应当在会议记录上签名。会议记录应当与出席股东的签名册及代理出席的委托书一并保存。

3. 股东权利

股份有限公司应当将公司章程、股东名册、公司债券存根、股东大会会议记录、董事会会议记录、监事会会议记录、财务会计报告置备于本公司。股东有权查阅公司章程、股东名册、公司债券存根、股东大会会议记录、董事会会议决议、监事会会议决议、财务会计报告,对公司的经营提出建议或者质询。单独或者合计持有公司3%以上股份的股东,可以在股东大会召开10日前提出临时提案并书面提交董事会;董事会应当在收到提案后2日内通知其他股东,并将该临时提议提交股东大会审议。

(二)董事会

1. 董事会的设立和组成

股份有限公司设董事会,其成员为5人至19人。董事会成员中可以有公司职工代表。董事会中的职工代表由公司职工通过职工代表大会、职工大会或者其他形式民主选举产生。有限责任公司董事任期的规定,适用于股份有限公司董事。有限责任公司董事会职权的规定,适用于股份有限公司董事会。董事会设董事长一人,可以设副董事长。董事长和副董事长由董事会以全体董事的过半数选举产生。

2. 董事会的议事规则

董事长召集和主持董事会会议,检查董事会决议的实施情况。副董事长协助董事长工作,董事长不能履行职务或者不履行职务的,由副董事长履行职务;副董事长不能履行职务或者不履行职务的,由半数以上董事共同推举一名董事履行职务。董事会每年度至少召开两次会议,每次会议应当于会议召开10日前通知全体董事和监事。代表1/10上表决权的股东、1/3以上董事或者监事会,可以提议召开董事会临时会议。董事长应当自接到提议后10日内,召集和主持董事会会议。董事会召开临时会议,可以另定召集董事会的通知方式和通知时限。董事会会议应有过半数的董事出席方可举行。董事会作出决议,必须经全体董事的过半数通过。董事会决议的表决,实行1人1票。

董事会会议,应由董事本人出席;董事因故不能出席,可以书面委托其他董事代为出席,委托书中应载明授权范围。

董事会应当对会议所议事项的决定作成会议记录,出席会议的董事应当在会议记录上签名。

董事应当对董事会的决议承担责任。董事会的决议违反法律、行政法规或者公司章程、股东大会决议,致使公司遭受严重损失的,参与决议的董事对公司负赔偿责任。但经证明在表决时曾表明异议并记载于会议记录的,该董事可以免除责任。

3.《公司法》的特别规定

公司不得直接或者通过子公司向董事、监事、高级管理人员提供借款。公司应当定期向股东披露董事、监事、高级管理人员从公司获得报酬的情况。

(三)监事会

1. 监事会的设立和组成

股份有限公司设监事会,其成员不得少于3人。监事会应当包括股东代表和适当比例的公司职工代表,其中职工代表的比例不得低于1/3,具体比例由公司章程规定。监事会中的职工代表由公司职工通过职工代表大会、职工大会或者其他形式民主选举产生。监事会设主席一人,可以设副主席。监事会主席和副主席由全体监事过半数选举产生。监事会主席召集和主持监事会会议;监事会主席不能履行职务或者不履行职务的,由监事会副主席召集和主持监事会会议;监事会副主席不能履行职务或者不履行职务的,由半数以上监事共同推举一名监事召集和主持监事会会议。董事、高级管理人员不得兼任监事。有限责任公司监事任期的规定,适用于股份有限公司监事。有限责任公司监事会职权的规定,适用于股份有限公司监事会。

监事会行使职权所必需的费用,由公司承担。

2. 监事会的议事规则

监事会每6个月至少召开一次会议。监事可以提议召开临时监事会会议。监事会的议事方式和表决程序,除公司法有规定的外,由公司章程规定。监事会决议应当经半数以上监事通过。监事会应当对所议事项的决定作成会议记录,出席会议的监事应当在会议记录上签名。

四、股份有限公司的股份、股票和债券

(一)股份

股份是均分公司全部资本的最基本计算单位,是股东权利的象征。它具有平等性、证券性、可转让性的特点。

1. 股份的分类

(1)根据股东权利不同,股份可分为普通股和特别股。普通股是公司发行的无特别权利的股份。特别股是指股东享有与普通股不同权利的股份,比如优先股。优先股的股东相对于普通股东就享有优先分配红利、分配剩余财产的权利。

(2)根据在票面上是否标明股东姓名,股份可分为记名股和无记名股。记名股是在票面上记载股东姓名或名称的股份;无记名股是在票面上不记载股东姓名或名称的股份。

(3)根据票面上是否标明金额,股份可分为额面股和无额面股。额面股是在票面上标明金额的股份;无额面股是在票面上不标明金额或不规定每股股份金额的股份。

2. 股份的发行

股份发行因其阶段不同可分为设立发行和新股发行。

设立发行是指设立公司的过程中,为筹集设立股份有限公司所需资本而发行股票的行为。

新股发行是在公司存续中为增加资本而发行股份的行为。依《公司法》规定,新股发行必须具备以下条件:(1)前一次发行的股份已经募足,并间隔1年以上;(2)公司在最近3年内财务会计文件无虚假记载;(3)公司最近3年内连续盈利,并可向股东支付股利;(4)公司预期利润率可达同期银行存款利率。

3. 股份的转让

股东转让股份必须在依法设立的证券交易所进行。记名股票由股东以背书方式或者法律、行政法规规定的其他方式转让,并由公司将受让人的姓名或名称及住所记载于股东名册;无记名股票由股东在依法设立的证券交易所将股票交付给受让人后即发生转让效力。

股份转让的限制性规定:

(1)发起人持有的本公司股份,自公司成立之日起1年内不得转让。公司公开发行股份前已发行的股份,自公司股票在证券交易所上市交易之日起1年内不得转让。

(2)公司董事、监事、高级管理人员应当向公司申报所持有的本公司的股份及其变动情况,在任职期间每年转让的股份不得超过其所持有本公司股份总数的25%;所持本公司股份自公司股票上市交易之日起1年内不得转让。上述人员离职后半年内,不得转让其所持有的本公司股份。公司章程可以对公司董事、监事、高级管理人员转让其所持有的本公司股份作出其他限制性规定。

(二)股票

股票是公司股份的表现形式,是由股份有限公司签发的证明股东所持股份的凭证。股票具有证券性、要式性和流通性的特点。

公司向发起人、国家授权投资机构和法人发行的股票,应为记名股票;对社会公众发行的股票,可以是记名股票,也可以是无记名股票。

(三)公司债券

公司债券是指公司依照法定程序发行的,约定在一定期限还本付息的一种有价证券。

我国《公司法》规定,发行公司债券必须符合以下条件:

1. 股份有限公司的净资产额不低于人民币3000万元,有限责任公司的净资产额不低于人民币6000万元；

2. 累计债券总额不超过公司净资产额的40%；

3. 最近3年平均可分配利润足以支付公司债券一年的利息；

4. 筹集的资金投向符合国家产业政策；

5. 债券的利率不超过国务院限定的利率水平；

6. 国务院规定的其他条件。

五、上市公司的特别规定

(一)上市公司的概念

上市公司,是指其股票在证券交易所上市交易的股份有限公司。

(二)上市公司的特别规定

1. 上市公司在一年内购买、出售重大资产或者担保金额超过公司资产总额30%的,应当由股东大会作出决议,并经出席会议的股东所持表决权的2/3以上通过。

2. 上市公司设立独立董事,具体办法由国务院规定。

独立董事是首创于美国的一项制度,由于美国公司不存在监事会,因此,针对公司需要进行监督的实际,美国提出"独立董事"的概念,通过独立于公司的外部人员的参与来制衡公司内部人员的权力。我国2001年8月颁布的《关于在上市公司建立独立董事制度的指导意见》中规定了董事会中的独立董事至少要占1/3。但由于我国公司组织机构中还存在监事会,并且独立董事本身从选任、薪酬和职责等方面还不完善,因此独立董事制度在实际操作中仍然未能发挥真正的作用。

3. 上市公司设董事会秘书,负责公司股东大会和董事会会议的筹备、文件保管以及公司股东资料的管理,办理信息披露事务等事宜。

4. 上市公司董事与董事会会议决议事项所涉及的企业有关联关系的,不得对该项决议行使表决权,也不得代理其他董事行使表决权。该董事会会议由过半数的无关联关系董事出席即可举行,董事会会议所作决议须经无关联关系董事过半数通过。出席董事会的无关联关系董事人数不足3人的,应将该事项提交上市公司股东大会审议。

自检自测题

一、不定项选择题

1. 某区政府工业主管部门作出决定,把所属的A公司的两个业务部分立出再设B公司和C公司,并在决定中明确该公司以前所负的债务由新设的B公司承担。A公司原欠李

某货款5万元,现李某要求偿还,你认为该债务应当如何处理?(　　)

A. 由B公司承担债务　　B. 由A、B、C三个公司分别承担债务

C. 由A公司承担债务　　D. 由A、B、C三个公司连带承担债务

2. 甲、乙、丙三位股东发起方式设立A股份有限公司,公司经营一段时间后,甲股东向银行贷款100万元,拟由A公司为其提供担保,关于该担保事项,下列说法正确的有(　　)。

A. 按照公司章程的规定由董事会或者股东大会进行决议

B. 由董事会作出决议

C. 无须经过会议讨论,甲股东可以安排公司经理办理担保事项

D. 必须经股东大会决议

3. 依照《公司法》的规定,有限责任公司在下列哪些情况下可以不设监事会?(　　)

A. 公司规模较小　　B. 股东人数较少

C. 国有独资公司　　D. 国有控股公司

4. 公司股东滥用公司法人独立地位和股东有限责任,逃避债务,严重损害公司债权人利益的,应当对公司债务(　　)。

A. 承担连带责任　　B. 承担全部责任

C. 承担部分责任　　D. 不承担责任

5. 以下关于一人有限责任公司说法正确的是(　　)。

A. 注册资本不低于10万元,且一次缴足

B. 一个自然人只能设立一个有限责任公司

C. 一个自然人最多只能设立两个有限责任公司

D. 该公司不能证明公司财产独立于股东自己的财产,应对公司债务承担连带责任

6. 以下哪些属于有限责任公司的法律特征?(　　)

A. 股东以其认缴的出资额为限承担责任

B. 股东出资后持有的出资证明书可以在市场上买卖,基本等同于公开发行的股票

C. 股东可以根据自己意愿将其出资额的全部或部分转让给股东以外的人

D. 公司设立程序要比股份有限公司简便

7. 依照公司法的规定,以下各项哪些应受公司章程的约束?(　　)

A. 公司的股东　　B. 公司的监事

C. 公司的全体员工　　D. 公司本身

8. 有限责任公司的业务执行机构是(　　)。

A. 股东会　　B. 董事会

C. 监事会　　D. 总经理

二、名词解释

公司　公司资本　有限责任公司　一人有限责任公司　国有独资公司　股份有限公司　股份　股票　公司债券　上市公司

三、问答题

1. 公司有哪些基本特征和种类?

2. 公司设立必须符合哪些要件？

3. 试比较有限责任公司和股份有限公司基本特征有何不同？

4. 什么情况下构成公司法人格否认？

5. 我国《公司法》规定，发行公司债券必须符合哪些条件？

四、案例分析题

1. A、B、C三人经协商，准备成立一家有限责任公司甲，主要从事家具的生产，其中A为公司提供厂房和设备，经评估作价25万元，B从银行借款20万元现金作为出资，C原为一家国有企业的家具厂厂长，具有丰富的管理经验，提出以管理能力出资，作价15万元。A、B、C签订协议后，向工商局申请注册。

请分析：

(1) 本案包括哪几种出资形式？并分析A、B、C的出资效力。

(2) 甲公司能否成立？为什么？

2. 甲公司是以商品零售为主的公司，由两个私人股东设立。两个股东：一个为执行董事，另一个为财务负责人，其中执行董事兼任监事。该公司聘请在市财政局工作的丁某作为公司的总经理。此时，丁某自己买回的一批服装正欲卖出，上任后未经任何人同意私下和甲公司签订了合同，用甲公司名义买下了他买来的服装，总价款达12.5万元，占用了公司的大量流动资金。后该批服装由于数量过多，款式陈旧而积压，致使甲公司下半年的投资计划流产，大量的购货合同难以履行。甲公司执行董事向人民法院起诉，要求丁某赔偿经济损失。丁某认为：他是甲公司的经营主管，有权同任何人签订合同，确定经营方式，甲公司起诉他是没有任何道理的。

请分析：

(1) 本案中，甲公司的法人机构是否合法？

(2) 丁某能否担任公司的总经理？

(3) 丁某和甲公司签订的合同是否有效？

(4) 丁某是否应向甲公司赔偿损失？

第五章　合伙企业法

预习目标设定

1. 重点掌握合伙企业的法律特征，明确普通合伙与有限合伙的差异，掌握合伙的设立条件、入伙和退伙的规定。

2. 学会运用合伙企业的内外部关系、合伙事务的管理、合伙协议的作用等内容，分析相关的具体问题。

3. 一般了解合伙企业的设立登记和法律责任。

第一节　合伙企业法概述

主要内容提示

1. 在我国合伙企业可以分为普通合伙企业和有限合伙企业。普通合伙人承担无限连带责任。有限合伙人以其认缴的出资额为限对合伙企业债务承担责任。

2. 合伙企业不具有独立的法人资格。

一、合伙企业的概念

合伙企业是指自然人、法人和其他组织依照《中华人民共和国合伙企业法》(以下简称《合伙企业法》)在中国境内设立的普通合伙企业和有限合伙企业。普通合伙企业由普通合伙人组成，合伙人对合伙企业债务承担无限连带责任。有限合伙企业由普通合伙人和有限合伙人组成，普通合伙人对合伙企业债务承担无限连带责任，有限合伙人以其认缴的出资额为限对合伙企业债务承担责任。

二、合伙企业的特征

与公司制企业相比，合伙企业具有以下特征：

1. 合伙协议是合伙企业成立的法律基础。公司的成立基于公司章程，而合伙企业的成立基于合伙人之间的协议——合伙协议。

2. 合伙企业不具有独立的法律人格。公司具有法人资格，而合伙不具有法人资格。

3. 合伙企业由合伙人共同管理。公司实行集中管理,而合伙企业由全体合伙人共同管理。

4. 合伙人对企业债务承担无限连带责任。公司成员——股东对企业的债务只承担有限责任,而合伙企业的成员对企业的债务除有限合伙人以外,承担无限连带责任。

三、合伙企业的种类

根据我国《合伙企业法》,合伙企业分为普通合伙企业和有限合伙企业。

1. 普通合伙企业是指所有合伙人对合伙企业的债务都承担无限连带责任的合伙企业。

2. 有限合伙企业是由普通合伙人和有限合伙人组成的合伙企业,前者对合伙企业债务承担无限连带责任,后者则只以其认缴的出资额为限对合伙企业债务承担责任。

第二节　普通合伙企业

主要内容提示

1. 普通合伙的设立必须由两个以上合伙人订立书面的合伙协议。

2. 合伙人的出资、以合伙企业名义取得的收益和依法取得的其他财产,均为合伙企业的财产,合伙企业的财产由合伙企业统一管理和使用。

3. 普通合伙的入伙、退伙,以及合伙企业事务执行都必须符合法律规定。

一、普通合伙企业的设立

根据《合伙企业法》第 14 条的规定,设立普通合伙企业应当具备以下条件:

(一) 应当具备符合法律规定的合伙人

设立普通合伙企业,须有二个以上合伙人,合伙人可以是法人组织、其他组织和自然人。合伙人为自然人的,应当具有完全民事行为能力。国有独资公司、国有企业、上市公司以及公益性的事业单位、社会团体不得成为普通合伙人。法律禁止从事营利性活动的自然人不能成为合伙人。

(二) 有书面的合伙协议

1. 合伙协议的记载

合伙协议是合伙人之间设立合伙企业,设定各方权利义务的合同。合伙协议须采用书面形式,根据《合伙企业法》,合伙协议应当记载下列内容:(1)合伙企业的名称和主要经营场所的地点;(2)合伙目的和合伙经营范围;(3)合伙人的姓名或者名称、住所；(4)合伙人的出资方式、数额和缴付期限；(5)利润分配、亏损分担方式；(6)合伙事务的执行；(7)入伙与退伙；(8)争议解决办法；(9)合伙企业的解散与清算；(10)违约责任。

2. 合伙协议的生效与效力

合伙协议经全体合伙人签名、盖章后生效。合伙人按照合伙协议享有权利，履行义务。合伙协议不是一成不变的，可以进行修改或者补充。前提是应当经全体合伙人一致同意，但是，合伙协议另有约定的除外。合伙协议未约定或者约定不明确的事项，由合伙人协商决定；协商不成的，依照本法和其他有关法律、行政法规的规定处理。

(三) 有合伙人认缴或者实际缴付的出资

1. 合伙人的出资方式与评估

法律未规定合伙企业最低注册资本额，但是合伙人必须按照合伙协议缴付出资。与公司股东的出资不同的是对于合伙人的出资，法律没有严格限制，一般而言只要属于经营因素的财产均可以作为合伙人的出资。合伙人可以用货币、实物、知识产权、土地使用权或者其他财产权利出资，也可以用劳务出资。合伙人以实物、知识产权、土地使用权或者其他财产权利出资，需要评估作价的，可以由全体合伙人协商确定，也可以由全体合伙人委托法定评估机构评估。合伙人以劳务出资的，其评估办法由全体合伙人协商确定，并在合伙协议中载明。

2. 合伙人的出资义务

合伙人应当按照合伙协议约定的出资方式、数额和缴付期限，履行出资义务，以非货币财产出资的，依照法律、行政法规的规定，需要办理财产权转移手续的，应当依法办理。

(四)有合伙企业的名称和必要的生产经营场所

合伙企业作为市场主体进行经营活动，应有自己的名称。普通合伙企业的名称中应当标明“普通合伙”字样。经营场所是企业进行经营活动的必要条件，是企业开展营业活动的所在地。

二、合伙企业财产

(一)合伙企业财产的概念、构成以及特征

1. 合伙企业财产的概念

合伙企业财产是指合伙人在组织合伙时按照合伙协议投入的财产和在生产经营活动中积累的财产。合伙企业的财产由合伙企业统一管理和使用。根据《合伙企业法》第 20 条规定，“合伙人的出资、以合伙企业名义取得的收益和依法取得的其他财产，均为合伙企业的财产，合伙企业的财产由合伙企业统一管理和使用”。

2. 合伙企业财产的构成

合伙企业的财产包括合伙人实际缴付的出资，即通称的原始财产，和合伙企业的增值。后者包括企业的营利性收入等以合伙企业的名义取得的收益。不过需要注意的是,作为出资的劳务并非财产权,不能算入合伙企业的财产。

3. 合伙企业财产的特点

合伙企业财产一般而言,具有以下法律特征:

(1)合伙企业财产具有相对独立性。所谓相对的独立性,指合伙人出资以后,便失去对其作为出资部分的财产的支配权,转归合伙企业统一管理和使用。

(2)合伙企业财产具有完整性。与相对独立性相应,合伙企业的财产在合伙企业存续期间,作为整体而存在,合伙人在合伙企业存续期间不得对其出资的财产主张支配权。对合伙企业取得的收益,合伙人也只能依照分配比例分享利润。

(3)合伙企业财产具有共有性。一般的观点认为,合伙企业的财产由全体合伙人共同共有。合伙企业存续期间,合伙企业的财产由合伙人共同管理和使用,或者依照合伙人之间的约定进行管理和使用,任何人不得擅自使用和处分合伙企业的财产,合伙人在合伙企业清算前,不得请求分割合伙企业的财产。

(二)合伙企业财产的分割与合伙人财产份额的转让

1. 合伙企业财产的分割

合伙企业的财产具有相对独立性和完整性,合伙企业财产原则上不得分割。根据《合伙企业法》第21条规定,“合伙人在合伙企业清算前,不得请求分割合伙企业的财产;但是,本法另有规定的除外”。根据退伙的相关规定,“合伙人退伙,其他合伙人应当与该退伙人按照退伙时的合伙企业财产状况进行结算,退还退伙人的财产份额”。但是,合伙人在合伙企业清算前私自转移或者处分合伙企业财产的,合伙企业不得以此对抗善意第三人。当然第三人明知合伙人无权处分或者是与合伙人串通侵犯合伙企业权益的,合伙企业可以据此来对抗恶意第三人。

2. 合伙人财产份额的转让

合伙人可以将自己在合伙企业中的财产份额全部或者部分转让与他人。

(1)转让方式

内部转让,即合伙人之间的转让。合伙人之间转让在合伙企业中的全部或者部分财产份额时,应当通知其他合伙人。

外部转让,即向合伙人以外的第三人转让。除合伙协议另有约定外,合伙人向合伙人以外的人转让其在合伙企业中的全部或者部分财产份额时,由于合伙企业的人合性特征,向外转让必须取得其他合伙人的一致同意。

(2)优先购买权

优先购买权是指特定人依照法律规定或合同约定,在出卖人出卖标的物于第三人时,享有的在同等条件下优先于第三人购买的权利。《合伙企业法》第23条规定,“合伙人向合伙人以外的人转让其在合伙企业中的财产份额的,在同等条件下,其他合伙人有优先购买权”。但是,合伙协议另有约定的除外。

行使优先购买权必须满足以下的条件：

一是合伙人对外转让合伙份额。对内转让不适用优先权的规定。二是必须在同等条件下。所谓同等条件，主要是指合伙人转让合伙份额的交易条件。如价格条件、支付条件等。三是必须是合伙协议没有关于合伙份额转让的其他约定，如果合伙协议有约定则适用合伙协议的约定。

合伙人以外的人依法受让合伙人在合伙企业中的财产份额的，经修改合伙协议即成为合伙企业的合伙人，依照《合伙企业法》和修改后的合伙协议享有权利，履行义务。

三、合伙企业事务的执行

1. 合伙事务执行权

与公司制企业集中管理不同的是合伙企业在经营管理中遵循"共同管理（经营）"原则。《合伙企业法》规定，"合伙人对执行合伙事务享有同等的权利"。同时，法律又规定合伙企业可以按照合伙协议的约定或者经全体合伙人决定，可以委托一个或者数个合伙人对外代表合伙企业，执行合伙事务，其他合伙人不再执行合伙事务，不执行合伙事务的合伙人有权监督执行事务合伙人执行合伙事务的情况。受托执行合伙事务的合伙人应当定期向其他合伙人报告事务执行情况以及合伙企业的经营和财务状况，合伙人为了解合伙企业的经营状况和财务状况，有权查阅合伙企业会计账簿等财务资料。受委托执行合伙事务的合伙人不按照合伙协议或者全体合伙人的决定执行事务的，其他合伙人可以决定撤销该委托。

2. 合伙事务执行的效力

执行合伙事务的合伙人，对外代表合伙企业，其执行合伙事务所产生的收益归合伙企业，所产生的费用和亏损由合伙企业承担。也就是合伙人执行合伙事务获得的收益归全体合伙人共有，在执行合伙事务中所产生的亏损和责任由全体合伙人承担。

3. 合伙事务的决定

合伙企业与公司企业的经营管理制度的另一个主要差异表现在公司制企业决策和执行是分别由不同的机关来承担，在合伙企业，一般来说，其决策和执行职权都是由合伙人来行使。《合伙企业法》第30条规定，"合伙人对合伙企业有关事项作出决议，按照合伙协议约定的表决办法办理。合伙协议未约定或者约定不明确的，实行合伙人一人一票并经全体合伙人过半数通过的表决办法"。由于合伙企业"人合性"的本质特性，对于一些重要事项，法律规定了极为严格的表决条件。《合伙企业法》第31条规定，"除合伙协议另有约定外，合伙企业的下列事项应当经全体合伙人一致同意：(1)改变合伙企业的名称；(2)改变合伙企业的经营范围、主要经营场所的地点；(3)处分合伙企业的不动产；(4)转让或者处分合伙企业的知识产权和其他财产权利；(5)以合伙企业名义为他人提供担保；(6)聘任合伙人以外的人担任合伙企业的经营管理人员”。此外，增加或者减少合伙企业出资，修改或者补充合伙协议、吸收新的合伙人、合伙人向第三人转让合伙财产份额等，除合伙协议另有规定外，也需要合伙人一致同意。

4. 合伙人的禁止行为

合伙共同经营的管理制度，使合伙人有可能利用自身的地位损害其他合伙人的利益，因此，法律禁止合伙人从事某些行为。主要有以下两类：

(1)竞业禁止。竞业禁止是指合伙人不得自营或者同他人合作经营与本合伙企业相竞争的业务。《合伙企业法》第32条规定，“合伙人不得自营或者同他人合作经营与本合伙企业相竞争的业务”。

(2)禁止与合伙企业的交易。除合伙协议另有约定或者经全体合伙人一致同意外，合伙人不得同本合伙企业进行交易。

合伙人违反法律规定或者合伙协议的约定，从事与本合伙企业相竞争的业务或者与本合伙企业进行交易的，该收益归合伙企业所有；给合伙企业或者其他合伙人造成损失的，依法承担赔偿责任。

5. 合伙企业利润分配和亏损分担

合伙企业的利润分配、亏损分担，按照合伙协议的约定办理；合伙协议未约定或者约定不明确的，由合伙人协商决定；协商不成的，由合伙人按照实缴出资比例分配、分担；无法确定出资比例的，由合伙人平均分配、分担。合伙协议不得约定将全部利润分配给部分合伙人或者由部分合伙人承担全部亏损。

四、合伙企业的对外关系

合伙企业的对外关系是指合伙企业与合伙人以外的第三人之间的关系。

1. 合伙企业的对外代表权

每个合伙人都具有执行合伙事务的权利，同时法律也规定合伙企业可以按照合伙协议的约定或者经全体合伙人决定，委托一个或者数个合伙人对外代表合伙企业，执行合伙事务。为维护交易的安全，《合伙企业法》规定，“合伙企业对合伙人执行合伙事务以及对外代表合伙企业权利的限制，不得对抗善意第三人”。

2. 合伙人与合伙企业债务

(1)合伙人对合伙企业债务承担无限连带责任是普通合伙债务清偿的原则。《合伙企业法》规定，“合伙企业对其债务，应先以其全部财产进行清偿，合伙企业不能清偿到期债务的，合伙人承担无限连带责任”。

(2)合伙人对合伙企业的债务承担无限连带责任，但是在合伙企业内部，即合伙人之间是依照一定比例承担合伙企业的损失，因此“合伙人由于承担无限连带责任，清偿数额超过其亏损分担比例的，有权向其他合伙人追偿”。

3. 合伙企业与合伙人债务

合伙企业是全体合伙人利益的集合，对合伙人具有一定的独立性。因此合伙人的个人债务的债权人不得以其债权抵销该债权人对合伙企业的债务；也不得代位行使合伙人在合伙企业中的权利。合伙人的自有财产不足清偿其个人债务的，只能将从合伙企业中分取的收益用于清偿。债权人也可以依法请求人民法院强制执行该合伙人在合伙企业中的财产份额用于清偿。人民法院强制执行合伙人的财产份额时，应当通知全体合伙人，其他合伙人有优先购买权；其他合伙人未购买，又不同意将该财产份额转让给他人的，应依照法律规定为该合伙人办理退伙结算，或者办理削减该合伙人相应财产份额的结算。

五、入伙与退伙

（一）入伙

入伙是指在合伙企业存续期间，第三人加入该合伙企业取得合伙人地位的行为。

根据《合伙企业法》的规定，入伙应当具备以下条件：

1. 新合伙人入伙，除合伙协议另有约定外，应当经全体合伙人一致同意；

2. 新合伙人入伙应当与原合伙人依法订立书面入伙协议。订立入伙协议时，原合伙人应当向新合伙人如实告知原合伙企业的经营状况和财务状况。

新合伙人入伙后，与原合伙人享有同等权利，承担同等责任，入伙协议另有约定的，从其约定。新合伙人对入伙前合伙企业的债务承担无限连带责任。

（二）退伙

退伙是指在合伙企业存续期间，退出合伙企业的行为。依据《合伙企业法》的规定，退伙分为三种类型：自愿退伙、当然退伙、除名退伙。

1. 自愿退伙

自愿退伙是指基于合伙人自己的意愿退出合伙企业。《合伙企业法》第 45 条规定，“合伙协议约定合伙期限的，在合伙企业存续期间，有下列情形之一的，合伙人可以退伙：(1) 合伙协议约定的退伙事由出现；(2) 经全体合伙人一致同意；(3) 发生合伙人难以继续参加合伙的事由；(4) 其他合伙人严重违反合伙协议约定的义务”。

除此之外，《合伙企业法》第 46 条规定，“合伙协议未约定合伙期限的，合伙人在不给合伙企业事务执行造成不利影响的情况下，可以退伙，但应当提前三十日通知其他合伙人”。

合伙人违反上述的规定退伙的，应当赔偿由此给合伙企业造成的损失。

2. 当然退伙

所谓当然退伙是指当法律规定的特定事由出现而导致的退伙。《合伙企业法》第 48 条规定了当然退伙的几种特定事由：(1) 作为合伙人的自然人死亡或者被依法宣告死亡；(2) 个人丧失偿债能力；(3) 作为合伙人的法人或者其他组织依法被吊销营业执照、责令关闭、撤销，或者被宣告破产；(4) 法律规定或者合伙协议约定合伙人必须具有相关资格而丧失该资格;(5)合伙人在合伙企业中的全部财产份额被人民法院强制执行。

合伙人被依法认定为无民事行为能力人或者限制民事行为能力人的,经其他合伙人一致同意,可以依法转为有限合伙人,普通合伙企业依法转为有限合伙企业。其他合伙人未能一致同意的,该无民事行为能力或者限制民事行为能力的合伙人退伙。

对于当然退伙,法定事由实际发生之日为退伙生效日。

3. 除名退伙

除名退伙是指因某合伙人实施特定行为或者合伙人约定的特定情形发生,合伙企业将其开除而引发的退伙。《合伙企业法》第 49 条规定,"合伙人有下列情形之一的,经其他合伙人一致同意,可以决议将其除名:未履行出资义务;因故意或者重大过失给合伙企业造成损失;执行合伙事务时有不正当行为;发生合伙协议约定的事由"。

对合伙人的除名决议应当书面通知被除名人。被除名人接到除名通知之日,除名生效,被除名人退伙。被除名人对除名决议有异议的,可以自接到除名通知之日起 30 日内,向人民法院起诉。

关于退伙的效力,我国《合伙企业法》规定:合伙人退伙的,其他合伙人应当与该退伙人按照退伙时的合伙企业财产状况进行结算,退还退伙人的财产份额。退伙人对给合伙企业造成的损失负有赔偿责任的,相应扣减其应当赔偿的数额。退伙人在合伙企业中财产份额的退还按照约定可以退还货币,也可以退还实物。合伙人退伙时,合伙企业财产少于合伙企业债务的,退伙人应当依照约定或者法律规定分担亏损。退伙人在退伙后对基于其退伙前的原因发生的合伙企业债务,承担无限连带责任。

六、特殊普通合伙

1. 特殊普通合伙的概念

特殊普通合伙又称有限责任合伙,是各合伙人在对合伙债务承担无限责任的基本前提下,对因其他合伙人过错造成的合伙债务不负无限连带责任的合伙。特殊普通合伙实质是普通合伙中的一种特例,特殊的普通合伙企业名称中应当标明"特殊普通合伙"字样。以专业知识和专门技能为客户提供有偿服务的专业服务机构,可以设立为特殊的普通合伙企业。

2. 特殊普通合伙的特殊性

特殊普通合伙的特殊性在于对合伙责任的分配上。普通合伙企业的合伙人对合伙企业的债务承担无限连带责任,而特殊普通合伙企业中,对合伙人本人职业行为中由于故意或重大过失引起的合伙企业债务,其他合伙人是以其在合伙企业中的财产为限承担责任,执业行为中有故意或者重大过失的合伙人,应当承担无限连带责任。

(1)特殊普通合伙企业的责任形式

一是有限责任与无限责任相结合,合伙人或者数个合伙人在执业活动中因故意或者重大过失造成合伙企业债务的,应当承担无限责任或者无限连带责任,其他合伙人以其在合伙企业中的财产份额为限承担责任。这与普通合伙企业是不同的。在普通合伙企业中,合伙人即使是基于故意或者重大过失而给合伙企业造成债务,在对外责任的承担上依然是由全体合伙人承担无限连带责任,尽管对内其他合伙人可以追索有过错的合伙人。而在特殊的普通合伙企业中,出现由于个别合伙人的故意或者重大过失而导致的合伙企业债务时,没有过错的其他合伙人是不需要承担对外责任的,债权人也只能追索有过错的合伙人。

二是承担无限连带责任,合伙人在执业活动中非因故意或者重大过失造成的合伙企业债务以及合伙企业的其他债务,由全体合伙人承担无限连带责任。

(2)由于合伙人责任引起的赔偿责任

合伙人执业活动中因故意或者重大过失造成的合伙企业债务,以合伙企业财产对外承担责任后,该合伙人应当按照合伙协议的约定对给合伙企业造成的损失承担赔偿责任。

(3)职业风险基金的建立和职业保险的办理

特殊的普通合伙企业应当建立执业风险基金,办理职业保险。

执业风险基金用于偿付合伙人执业活动造成的债务。执业风险基金应当单独立户管理。具体管理办法由国务院规定。

第三节 有限合伙企业

主要内容提示

1. 有限合伙企业至少应当有一个普通合伙人。有限合伙人以其认缴的出资额为限对合伙企业债务承担责任。

2. 有限合伙企业中有限合伙人不执行合伙事务。

3. 有限合伙企业在只剩下有限合伙人的时候,应当解散。

4. 有限合伙企业只剩下普通合伙人时,就转化为普通的合伙企业。

一、有限合伙的概念

有限合伙企业是指由一个以上的普通合伙人和一个以上的有限合伙人共同设立的合伙企业,其中普通合伙人对合伙企业债务承担无限连带责任,有限合伙人以其认缴的出资额为限对合伙企业债务承担责任。

二、有限合伙的设立

1.《合伙企业法》第61条规定,有限合伙企业由2个以上50个以下合伙人设立;但是,法律另有规定的除外。有限合伙企业至少应当有一个普通合伙人。

2. 设立有限合伙企业,合伙协议同样是必不可少的条件。根据《合伙企业法》第63条规定,有限合伙的合伙协议除包括普通合伙协议的内容外,还应当载明下列事项:(1)普通合伙人和有限合伙人的姓名或者名称、住所;(2)执行事务合伙人应具备的条件和选择程序;(3)执行事务合伙人权限与违约处理办法;(4)执行事务合伙人的除名条件和更换程序;(5)有限合伙人入伙、退伙的条件、程序以及相关责任;(6)有限合伙人和普通合伙人相互转变程序。有限合伙企业属于合伙企业之一种,所以法律要求其合伙协议要具备普通合伙协议的内容,同时有限合伙又具有特殊性,在合伙协议的内容上又要有特殊体现。

3. 在出资方面,有限合伙人可以用货币、实物、知识产权、土地使用权或者其他财产权利作价出资。有限合伙人不得以劳务出资。有限合伙人应当按照合伙协议的约定按期足额缴纳出资;未按期足额缴纳的,应当承担补缴义务,并对其他合伙人承担违约责任。有限合伙企业登记事项中应当载明有限合伙人的姓名或者名称及认缴的出资数额。

4. 有限合伙企业的特殊性质,要求予以公示,有限合伙企业名称中应当标明"有限合伙"字样。

三、有限合伙企业的内部关系和外部关系

(一) 有限合伙企业的内部关系

1. 有限合伙企业的事务执行

与普通合伙企业事务执行不同,有限合伙企业在事务执行上有其特殊性。

(1)有限合伙人不执行合伙事务,不得对外代表合伙企业。

有限合伙企业的普通合伙人对有限合伙企业的债务承担的是无限连带责任,而有限合伙人只承担有限责任,即以其认缴的出资为限对合伙企业债务承担责任。所以按照权利和义务一致的原则,有限合伙企业的事务执行由普通合伙人负责,有限合伙人不执行合伙企业的事务,不得对外代表有限合伙企业。

根据《合伙企业法》第68条规定,有限合伙人不执行合伙事务,不得对外代表有限合伙企业。但有限合伙人的下列行为,不视为执行合伙事务:

①参与决定普通合伙人入伙、退伙;

②对企业的经营管理提出建议;

③参与选择承办有限合伙企业审计业务的会计师事务所;

④获取经审计的有限合伙企业财务会计报告;

⑤对涉及自身利益的情况,查阅有限合伙企业财务会计账簿等财务资料;

⑥在有限合伙企业中的利益受到侵害时,向有责任的合伙人主张权利或者提

起诉讼；

⑦执行事务合伙人怠于行使权利时，督促其行使权利或者为了本企业的利益以自己的名义提起诉讼；

⑧依法为本企业提供担保。

(2)有限合伙人与合伙企业交易和从事竞业

对于普通合伙人来说，自我交易、从事竞业原则上都是禁止的。但是，因为有限合伙人不执行合伙企业事务，所以有限合伙人可以从事普通合伙人不能从事的行为。除非合伙协议有相反的约定，有限合伙人可以：

①同本有限合伙企业进行交易；

②自营或者同他人合作经营与本有限合伙企业相竞争的业务。

2. 有限合伙人转让与出质合伙份额

(1)有限合伙人可以按照合伙协议的约定向合伙人以外的人转让其在有限合伙企业中的财产份额，但应当提前30日通知其他合伙人。有限合伙人对外转让合伙份额的，其他合伙人有优先购买权。

(2)有限合伙人可以将其在有限合伙企业中的财产份额出质；但是，合伙协议另有约定的除外。

(3)有限合伙人的自有财产不足清偿其与合伙企业无关的债务的，该合伙人可以以其从有限合伙企业中分取的收益用于清偿；债权人也可以依法请求人民法院强制执行该合伙人在有限合伙企业中的财产份额用于清偿。

3. 有限合伙人的入伙和退伙的特殊规定

与普通合伙人的入伙与退伙相比，有限合伙人的入伙与退伙有其特殊之处，主要表现在：

(1)新入伙的有限合伙人对入伙前有限合伙企业的债务，以其认缴的出资额为限承担责任。

(2)作为有限合伙人的自然人在有限合伙企业存续期间丧失民事行为能力的，其他合伙人不得因此要求其退伙。

(3)作为有限合伙人的自然人死亡、被依法宣告死亡或者作为有限合伙人的法人及其他组织终止时，其继承人或者权利承受人可以依法取得该有限合伙人在有限合伙企业中的资格。

(4)有限合伙人退伙后，对基于其退伙前的原因发生的有限合伙企业债务，以其退伙时从有限合伙企业中取回的财产承担责任。

(二) 有限合伙企业的外部关系

有限合伙人不执行合伙企业事务，但是，第三人有理由相信有限合伙人为普通合伙人并与其交易的，该有限合伙人对该笔交易承担与普通合伙人同样的责任。当然，有限合伙人未经授权以有限合伙企业名义与他人进行交易，给有限合伙企业或者其他合伙人造成损失的,应当承担赔偿责任。

(三)有限合伙企业的性质转化

1. 有限合伙企业在只剩下有限合伙人的时候,应当解散。有限合伙企业在生产经营过程中,因为主客观的原因,只剩下有限合伙人了,该合伙企业就无法对债权人承担无限责任了,只能解散企业。

2. 如果有限合伙企业只剩下普通合伙人时,就转化为普通的合伙企业。如果只有普通合伙人,这个合伙企业的合伙人就全部对合伙企业债务承担无限连带责任了,有限合伙企业转为普通合伙企业。

四、有限合伙企业中普通合伙人与有限合伙人之间的转化

有限合伙企业两类合伙人的转变,即普通合伙人转变为有限合伙人,或者有限合伙人转变为普通合伙人,除了合伙协议另有约定外,应当经过全体合伙人的一致同意。

有限合伙人转变为普通合伙人的,对其作为有限合伙人期间有限合伙企业发生的债务承担无限连带责任。

普通合伙人转变为有限合伙人的,对其作为普通合伙人期间合伙企业发生的债务承担无限连带责任。

第四节　合伙企业的解散和清算

主要内容提示

1. 合伙企业因法定情形的出现而解散。

2. 合伙企业解散后,应当进行清算。

3. 因普通合伙人承担无限连带责任,所以合伙企业注销后,原普通合伙人对合伙企业存续期间的债务仍应承担无限连带责任。

一、合伙企业的解散

根据《合伙企业法》第 85 条规定,合伙企业在以下几种情形出现时,应当解散:(1)合伙期限届满,合伙人决定不再经营;(2)合伙协议约定的解散事由出现;(3)全体合伙人决定解散;(4)合伙人已不具备法定人数满 30 天;(5)合伙协议约定的合伙目的已经实现或者无法实现;(6)依法被吊销营业执照、责令关闭或者被撤销;(7)法律、行政法规规定的其他原因。

二、合伙企业的清算

合伙企业解散后,应当进行清算。《合伙企业法》对合伙企业的清算程序作了详细规定:

1. 清算人的组成

清算人由全体合伙人担任；经全体合伙人过半数同意，可以自合伙企业解散事由出现后15日内指定一个或者数个合伙人，或者委托第三人，担任清算人。自合伙企业解散事由出现之日起15日内未确定清算人的，合伙人或者其他利害关系人可以申请人民法院指定清算人。

2. 清算人的职权

清算人在清算期间执行下列事务：(1)清理合伙企业财产，分别编制资产负债表和财产清单；(2)处理与清算有关的合伙企业未了结事务；(3)清缴所欠税款；(4)清理债权、债务；(5)处理合伙企业清偿债务后的剩余财产；(6)代表合伙企业参加诉讼或者仲裁活动。

3. 通知公告程序

清算人自被确定之日起10日内将合伙企业解散事项通知债权人，并于60日内在报纸上公告。债权人应当自接到通知书之日起30日内，未接到通知书的自公告之日起45日内，向清算人申报债权。

4. 债务清偿

合伙企业财产在支付清算费用和职工工资、社会保险费用、法定补偿金以及缴纳所欠税款、清偿债务后的剩余财产，依照合伙协议或者法律规定进行分配。

5. 注销登记

清算结束，清算人应当编制清算报告，经全体合伙人签名、盖章后，在15日内向企业登记机关报送清算报告，申请办理合伙企业注销登记。

由于普通合伙企业和有限合伙企业中的普通合伙人承担无限连带责任，因此合伙企业注销后，原普通合伙人对合伙企业存续期间的债务仍应承担无限连带责任。合伙企业不能清偿到期债务的，债权人可以依法向人民法院提出破产清算申请，也可以要求普通合伙人清偿。合伙企业依法被宣告破产的，普通合伙人对合伙企业债务仍应承担无限连带责任。

自检自测题

一、不定项选择题

1. 普通合伙中的合伙人对合伙企业的债务承担(　　)。

A. 有限责任　　B. 无限责任

C. 连带责任　　D. 无限连带责任

2. 下列关于有限合伙企业的说法，正确的有(　　)。

A. 有限合伙企业由2个以上50个以下合伙人设立

B. 至少有一名普通合伙人

C. 企业名称中应当标明“有限合伙”字样

D. 合伙协议可以约定将全部利润分配给部分合伙人

3. 除合伙协议另有约定外，下列事项必须经全体合伙人一致同意的有(　　)。

A. 修改合伙协议　　B. 增加或减少出资

C. 出售合伙企业的房产　　D. 普通合伙人转为有限合伙人

4. 下列事项中，能够导致普通合伙人当然退伙的有(　　)。

A. 王某下落不明满4年，被依法宣告死亡

B. 张某因车祸成为植物人，被依法宣告为无民事行为能力

C. 甲公司被依法宣告破产

D. 陈某未按照合伙协议约定缴纳出资

5. 甲、乙、丙3人设立了一普通合伙企业，合伙协议中约定由甲一人负责合伙事务的执行，对外代表合伙企业，下列说法正确的有(　　)。

A. 乙、丙不再执行合伙事务

B. 乙、丙有权监督甲执行合伙事务的情况

C. 甲有权拒绝乙、丙查阅合伙企业的会计账簿

D. 甲应当定期向乙、丙报告合伙事务的执行情况

6. 下列不能成为普通合伙人的是(　　)。

A. 国有企业　　B. 国有独资公司

C. 浙江大学　　D. 上市公司

7. 某普通合伙企业有王某、张某、李某3个合伙人，经营状况良好，刘某希望加入，对于刘某加入以前合伙企业的对外债务，刘某是否应当承担责任？(　　)

A. 由于该债务是刘某入伙以前产生，所以对新合伙人没有约束力，刘某不承担清偿责任

B. 新合伙人刘某应当与其他合伙人一起承担连带责任

C. 新合伙人刘某仅在其出资范围内对外承担相应的责任

D. 新合伙人刘某可以与其他合伙人约定从而对入伙前产生的债务不承担责任

二、名词解释

合伙企业　有限合伙企业　入伙　退伙

三、问答题

1. 合伙企业有哪些特征？
2. 设立普通合伙企业需要具备什么条件？
3. 设立有限合伙企业必须具备什么条件？
4. 我国《合伙企业法》规定的合伙人当然退伙的特定事由有哪些？
5. 合伙企业应当解散的情形有哪些？
6. 普通合伙企业与有限合伙企业有什么不同？

四、案例分析题

2000年1月，赵某、钱某、孙某、李某四人决定设立一合伙企业，并签订书面协议，内容

如下:(1)赵某出资10万元,钱某以实物折价出资8万元,经其他人同意孙某以劳务出资6万元,李某货币出资4万元;(2)赵某、钱某、孙某、李某四人按4∶3∶2∶1比例分配利润和承担风险;(3)由赵某执行合伙企业事务,对外代表企业,但签订大于1万元的销售合同应经其他人同意。协议未约定经营期限。

合伙企业成立后发生以下事实:

(1)2000年5月赵某擅自以合伙企业名义与红天公司签订10万元的销售合同,红天公司不知道其内部限制。钱某获知后,向红天公司表示不承认。

(2)2001年1月,李某提出退伙,并不给企业造成任何不利影响。2001年3月李某经清算退伙。4月新合伙人周某出资4万元入伙。2001年5月,合伙企业的债权人绿光公司就合伙人李某退伙前的24万元债权要求现合伙人和李某共同承担连带责任。李某以自己退伙为由,周某以自己新入伙为由拒绝承担。

(3)赵某为了改善企业的经营管理,于2001年4月独自聘任田某为合伙企业的经营管理人,并以合伙企业的名义对蓝海公司提供担保。

(4)2002年4月,合伙人钱某在与黄河公司的买卖合同中,无法偿还其个人到期债务8万元。黄河公司于2002年6月向人民法院提起诉讼。后黄河公司胜诉,于2002年8月申请强制执行钱某在合伙企业中的财产份额。

据以上事实回答下列问题:

(1) 赵某跟红天公司的合同是否有效?为什么?

(2) 李某的主张是否成立?为什么?如果李某向红天偿还24万元,可以向哪些当事人追偿?

(3)周某的主张是否成立?为什么?

(4)赵某聘用田某及为蓝海公司担保是否合法?为什么?

(5)合伙人钱某被人民法院强制执行其份额后,合伙企业决定对其除名是否符合法律规定?为什么?

(6)李某的退伙属于何种情况,其退伙应符合哪些条件?

第六章　个人独资企业法

预习目标设定

1. 重点掌握个人独资企业的概念、特征、设立条件，个人独资企业的事务管理，投资人的相应规定。

2. 学会运用个人独资企业的相关知识点解决实践中发生的一般问题。

3. 一般了解个人独资企业的权利义务，解散、清算的相关内容。

第一节　个人独资企业法概述

主要内容提示

1. 个人独资企业是指依法在中国境内设立，由一个自然人投资，财产为投资人个人所有，投资人以其个人财产对企业债务承担无限责任的经营实体。

2. 个人独资企业相比其他企业形式，具有组织简单、设立运行灵活方便等特点。

3. 个人独资企业在我国现有的经济环境下享有一定的权利也要承担相应的义务。

一、个人独资企业概述

（一）个人独资企业的概念

根据《中华人民共和国个人独资企业法》（以下简称《个人独企业法》）第 2 条规定，个人独资企业是指依法在中国境内设立，由一个自然人投资，财产为投资人个人所有，投资人以其个人财产对企业债务承担无限责任的经营实体。在我国，关于独资企业的形式和概念，直到 1988 年的《私营企业暂行条例》才第一次明确规定了独资企业这种法律形式。《私营企业暂行条例》第 7 条规定，"独资企业是指一人投资经营的企业，独资企业投资者对企业债务负无限责任"。个人独资企业的成员人数是单一的。

（二）个人独资企业的特征

1. 个人独资企业是一个经营实体，具有组织体的特征，即个人独资企业与投资人是相对分离的。在经营活动中，个人独资企业应当以企业的名义开展经营活动。作为一个经营实体，个人独资企业当然是以营利为目的的，这就意味着个人独资企业可以具有从事经营活动的资格，可以在核准登记的范围内从事经营活动。个人独资企业是由一个自然人投资设立的。在这里，自然人只限于具有完全民事行为能力的中国公民，不包括外国公民。

2. 在产权关系和组织管理方面，个人独资企业的财产为投资人个人所有，即投资人对个人独资企业的财产依法享有所有权。因此，个人独资企业自身不是一个独立的财产权主体，这种产权关系是个人独资企业区别于其他企业形态的重要特点之一。个人独资企业的“独资”，意味着没有资金的联合，企业发展的规模会受到相应的限制，个人独资企业一般属于中小型企业。同时，也正是由于独资。投资人对个人独资企业具有完全的控制权，而且法律没有强制规定企业的所有权与企业经营权分离的机制，投资人可以视企业的情况自主选择经营管理方式。

3. 在法律地位方面，个人独资企业不具有法人资格。独资企业是自然人从事商业经营的一种组织形式，但这种组织本身却不是独立的法律主体。没有自己的法律人格，但却是相对独立的，企业可以自己的名义从事民事或者商事活动。在财产关系上，独资企业所使用的财产由独资企业主一人投资，也由其一人所有，企业本身没有所有权。虽然，独资企业一般都设置单独的财产目录和业务账簿，用于记载投入企业经营的财产情况和企业业务状况，但其目的只是填写纳税账表使企业主了解、掌握企业的经营状况。在经营管理上，企业主享有决定企业一切事项、管理企业业务的权利，虽然实践中企业主常常把此种管理权通过委托关系而交由代理人或雇员行使，但其权力本源仍在企业主；在利益分配上，企业盈利由企业主独自享有和自由处分；在财产责任上，企业负债等于企业主个人负债，并由其个人承担，如发生资不抵债情况，企业主应以其个人的全部财产而不是仅以其投资于该企业的财产对债务负责，此即所谓的无限责任。其中包括对其雇员在执行业务的过程中产生的损害赔偿责任负责。

4. 在责任承担方面，投资人以其个人财产对企业的债务承担无限责任。由于个人独资企业的投资人以其个人财产对企业债务承担无限连带责任，因此，个人独资企业债权人债权的实现在很大程度上依赖于投资人的信用和偿债能力。同时也正是这样的原因，《个人独资企业法》对个人独资企业的资本并没有作出任何强制性规定。当然，这并不意味着债权人不再有风险存在了，因为我国尚没有建立起有效的个人财产监控制度，所以，作为个人独资企业的债权人更应密切关注投资人的偿债能力。

总之，个人独资企业独特的产权结构和责任承担方式，使个人独资企业具有了自身的特点。个人独资企业的设立条件、注册资本、登记程序以及内部管理方式的选择等方面也比较灵活。

正是考虑上述特点，在立法方面，采取了鼓励投资设立各类企业的政策取向。其具体表现为：设立条件从宽、设立程序从简、对于企业的注册资本以及投资人的出资数量和方式没有作任何强制性的规定，可以视企业的情况自主选择经营管理方式。这种鼓励设立个人独资企业的立法态度对于繁荣我国经济、吸纳剩余劳动力都大有帮助。

（三）个人独资企业法的适用范围

《个人独资企业法》只适用于个人独资企业。根据该法规定，个人独资企业是由一个自然人投资设立，财产为投资人个人所有，投资人以其个人财产对企业债务承担无限责任的经营实体。所以，《个人独资企业法》不适用于具有独资特点的全民所有制企业，不适用于国有独资公司及其他一人公司。《个人独资企业法》第47条明确规定，"外商独资企业不适用本法"。

二、个人独资企业的权利

作为企业的一种具体类型，个人独资企业与其他企业一样依法有自主从事经营活动的权利。对个人独资企业应当由国家来保护其合法权益，并采取具体措施鼓励、扶持其发展。《个人独资企业法》还规定，个人独资企业享有以下权利：

1. 依法申请贷款。

2. 依法取得土地使用权，并享有法律、行政法规规定的其他权利。

3. 拒绝摊派权；任何单位和个人不得违反法律、行政法规的规定，以任何方式强制个人独资企业提供财力、物力、人力；对于违法强制企业提供财力、物力、人力的行为，个人独资企业有权拒绝。违反法律、行政法规的规定强制个人独资企业提供财力、物力、人力的，按照有关法律、行政法规予以处罚，并追究有关责任人员的责任。

4. 法律、行政法规规定的其他权利。

三、个人独资企业的义务

1. 个人独资企业从事经营活动必须遵守法律、行政法规，遵守诚实信用原则，不得损害社会公共利益。个人独资企业在从事经营活动过程中，不得违背法律、行政法规的强制性规定。同时，根据《个人独资企业法》的规定，判断个人独资企业的经营行为是否合法，应当以法律、行政法规为依据，不能擅自将判断的依据无限扩大化。

2. 个人独资企业应当依法履行纳税义务。个人独资企业本身承担无限责任，以个人全部财产清偿债务，因此，在其他国家和地区，独资企业不是所得税的纳税主体，仅对投资人征个人所得税。在我国《个人独资企业法》的制定过程中，也有人这样呼吁，建议只征一道所得税，避免重复征税。我国《个人独资企业法》仅仅规定了个人独资企业应当依法履行纳税义务，而对个人独资企业纳税的具体内容未加以规定。对个人独资企业如何征税的问题情况比较复杂，还涉及现行税收制度的调整和完善。就目前而言个人独资企业主要缴纳个人所得税。有相关营业活动的，还要缴纳营业税、增值税等税负。

3. 个人独资企业应当依法设置会计账簿，进行会计核算。在有关会计的专门法律中对企业设置账簿、进行会计核算等事项已经作了具体规定，个人独资企业的财务会计管理应当与之相衔接。

4. 个人独资企业负有保障职工权益的义务。当前，在个人独资企业就业的职工利益并不能得到切实的保护，存在着一些诸如企业不与职工签订劳动合同、随时可以辞退职工、不给予职工缴纳社会保险费、不按时发放工资等现象。针对这些问题，《个人独资企业法》规定了企业保护职工权益的义务。《个人独资企业法》第 6 条规定，"个人独资企业应当依法招用职工。职工的合法权益受法律保护。个人独资企业职工依法建立工会，工会依法开展活动"。《个人独资企业法》第 22 条规定："个人独资企业招用职工的，应当依法与职工签订劳动合同，保障职工的劳动安全，按时、足额发放职工工资。"《个人独资企业法》第 23 条规定："个人独资企业应当按照国家规定参加社会保险，为职工缴纳社会保险费。"该法第 39 条还特别规定："个人独资企业违反本法规定，侵犯职工合法权益，未能保障职工劳动安全，不缴纳社会保险费用的，按照有关法律、行政法规予以处罚，并追究有关责任人员的责任。"

第二节　个人独资企业的设立

主要内容提示

1. 个人独资企业的设立应当具备相应的条件。
2. 个人独资企业的设立程序主要包括：申请、受理和审查、登记。

一、个人独资企业的设立条件

根据《个人独资企业法》规定，我国对个人独资企业在立法上采取了准则主义，即只要符合设立的条件，企业即可登记成立，无须经过有关部门的批准。当然，个人独资企业不得从事法律、行政法规禁止经营的业务。如果个人独资企业拟从事法律、行政法规规定须报经有关部门审批的业务，应当在申请设立登记时提交有关部门的批准文件。

《个人独资企业法》第 8 条规定了设立个人独资企业应当具备的条件，包括：

1. 投资人为一个自然人。个人独资企业中的"人"只能是自然人，因此，个人独资企业属于自然人企业。同时,这一法定条件还意味着自然人之外的法人、其他组织不能投资设立个人独资企业。各国独资企业的立法和司法实践也无一例外地将独资企业确认为自然人个人投资的一种法律形式。因此,自然人以外的团体或社会组织虽然也常有单独投资经营的情形,但从不被视为独资企业。如国家单独投资的企业通常被称作国有企业。作为个人独资企业的投资人,在数量上仅限于一个,设立个人独资企业,投资人应当有完全的民事行为能力。法律、行政法规禁止从事营利性活动的人。例如,政府公务员,不得作为投资人申请设立个人独资企业;限制民事行为能力的人和无民事行为能力的人不得作为投资人申请设立个人独资企业。

2.有合法的企业名称。作为企业的文字符号,企业的名称应当真实地体现企业的组织形式特征。就个人独资企业而言,个人独资企业的名称不仅应当与公司企业和合伙企业区别开来,而且应当与其他个人独资企业区别开来。因此,个人独资企业的名称应当与其责任形式及所从事的营业相符合。

3.有投资人申报的出资。由于个人独资企业的投资人以其个人财产对企业债务承担无限责任。无限责任的责任形式本身就是对交易安全的一种保障,债权人可以通过追究投资人个人的财产责任来保障自己的债权实现。所以《个人独资企业法》并没有对个人独资企业规定最低资本数额的要求。

4.有固定的生产经营场所和必要的生产经营条件。无论何种企业类型,固定的生产经营场所和必要的生产经营条件都是企业开展经营活动的物质基础。

5.有必要的从业人员。从业人员是企业开展经营活动必不可少的要素和条件,关于从业人员的人数,法律并没有作具体规定,由企业视经营情况而定。

二、个人独资企业的设立程序

个人独资企业的设立程序,就是指为使个人独资企业成立而依法进行的一系列法律行为及所经法律程序的总称。因此,个人独资企业设立不仅包括设立个人独资企业的行为而且也包括设立个人独资企业的所有必经法律程序。个人独资企业的设立程序是个人独资企业设立行为的准则,必须谨守。违背了设立程序,就要承担相应的法律责任。概括地讲,个人独资企业的设立程序主要包括:申请、受理和审查、登记。根据《个人独资企业法》规定,申请设立个人独资企业,应当由投资人或者其委托的代理人向个人独资企业所在地的登记机关提交设立申请书、投资人身份证明、生产经营场所使用证明等文件。在设立个人独资企业的过程中,既可以由投资人亲自办理有关事项,也可以委托代理人办理有关事项。委托代理人申请设立登记时,应当出具投资人的委托书和代理人的合法证明。个人独资企业设立申请书应当载明下列事项:企业的名称和住所;投资人的姓名和居所;投资人的出资额和出资方式;经营范围。

登记机关应当在收到设立申请文件之日起 15 日内,对符合规定条件的,予以登记,发给营业执照;对不符合《个人独资企业法》规定条件的,不予登记,并应当给予书面答复,说明理由。个人独资企业营业执照的签发日期,为个人独资企成立日期。

为了促使登记机关依法行政,保护个人独资企业投资人的合法权益,《个人独资企业法》规定,登记机关对符合法定条件申请不予登记或者超过法定时限不予答复的,当事人可依法申请行政复议或提起行政诉讼。

第三节　个人独资企业的投资人及事务管理

主要内容提示

1. 个人独资企业的投资人对本企业的财产依法享有所有权,且依法可以转让或继承。

2. 个人独资企业的事务管理可以分为自行管理和委托他人管理两类。

一、投资人的权利和责任

个人独资企业投资人对本企业的财产依法享有所有权,其权利可以依法进行转让或继承。这表明,个人独资企业并不是独立的财产所有权主体,个人独资企业的财产与投资人的个人财产并没有明确的界限。由于个人独资企业是一个投资人以其个人财产对企业债务承担无限责任的经营实体。因此,《个人独资企业法》第31条规定:“个人独资企业财产不足以清偿债务的,投资人应当以其个人的其他财产予以清偿。”如果个人独资企业投资人在申请企业设立登记时明确以其家庭共有财产作为个人出资的,应当依法以家庭共有财产对企业债务承担无限责任。

二、个人独资企业的事务管理

我国《个人独资企业法》第19条规定:“个人独资企业投资人可以自行管理企业事务,也可以委托或者聘用其他具有民事行为能力的人负责企业的事务管理。”可见,个人独资企业的事务有两种管理方式:其一为自行管理;其二则是委托他人管理。个人独资企业投资人集企业的所有权和经营权于一身,没有实现分离。这两种方式均不会改变投资人与个人独资企业在财产权利和责任承担等方面的关系。为了保护投资人、受托人和第三人的正当权益,投资人委托或者聘用他人管理个人独资企业事务,应当与受托人或者被聘用的人签订书面合同,明确委托的具体内容和授予的权利范围。特别指出的是,投资人对受托人或者被聘用的人员职权的限制,不得对抗善意第三人。

为了保护投资人的合法权益,《个人独资企业法》规定了受托人或者被聘用人员的义务和责任:

1. 受托人或者被聘用的人员应当履行诚信、勤勉义务，按照与投资人签订的合同负责个人独资企业的事务管理。投资人委托或者聘用的人员管理个人独资企业事务时违反双方订立的合同，给投资人造成损害的，承担民事赔偿责任。

2. 投资人委托或者聘用的管理个人独资企业事务的人员不得有下列行为：利用职务上的便利，索取或者收受贿赂；利用职务或者工作上的便利侵占企业财产；挪用企业的资金归个人使用或者借贷给他人；擅自将企业资金以个人名义或者以他人名义开立账户储存；擅自以企业财产提供担保；未经投资人同意，从事与本企业相竞争的业务；未经投资人同意，同本企业订立合同或者进行交易；未经投资人同意，擅自将企业商标或者其他知识产权转让给他人使用；泄露本企业的商业秘密；法律、行政法规禁止的其他行为。投资人委托或者聘用的人员违反规定从事上述行为，侵犯个人独资企业财产权益的，责令退还侵占的财产；给企业造成损失的，依法承担赔偿责任；有违法所得的，没收违法所得；构成犯罪的，依法追究刑事责任。

第四节 个人独资企业的解散与清算

主要内容提示

1. 个人独资企业在特定情形发生的情况下应当依法解散。

2. 个人独资企业解散后应当依法进行清算，清算中应当依法按照分配顺序清偿。

一、个人独资企业的解散

个人独资企业的解散，即个人独资企业的终止。根据《个人独资企业法》的规定，个人独资企业应当解散的情形包括：

1. 投资人决定解散；

2. 投资人死亡或者被宣告死亡，无继承人或者决定放弃继承；

3. 被依法吊销营业执照；

4. 法律、行政法规规定的其他情形。

二、个人独资企业的清算

清算制度的目的就是规范企业清算行为，保护债权人、投资人以及其他利害关系人的合法权益，因此，应当坚持公开、公正原则进行清算。清算工作的主要内容包括：通知或者向债权人公告，接受债权人的债权申报，对债权进行审查，财产清理、财产分割等。

根据《个人独资企业法》的规定，个人独资企业解散，由投资人自行清算或者由债权人申请人民法院指定清算人进行清算。投资人自行清算的,应当在清算前15日内书面通知债权人,无法通知的,应当予以公告。债权人应当在接到通知之日起30日内,未接到通知的应当在公告之日起60日内,向投资人申报其债权。个人独资企业解散后,原投资人对个人独资企业存续期间的债务仍应承担偿还责任,但债权人在5年内未向债务人提出偿债请求的,该责任消灭。

清算期间,个人独资企业不得开展与清算目的无关的经营活动。

三、财产的分配

在清算工作中,财产分配制度的主要内容是财产分配的顺序和内容,其目的是保护债权人、投资人、企业职工以及其他利害关系人的合法权益。根据《个人独资企业法》的规定,个人独资企业解散的,财产应当按照下列顺序清偿:

1. 所欠职工工资和社会保险费用;
2. 所欠税款;
3. 其他债务。

在按以上规定的顺序清偿债务前,投资人不得转移、隐匿财产。

自检自测题

一、不定项选择题

1. 以下人员中可以作为个人独资企业投资人的是(　　)。

A. 美国人迈克　　B. 中国籍失业人员王某

C. 某有限责任公司　　D. 中国国家公务员张某

2. 大学毕业生甲向当地的工商行政管理机关申请设立专门提供中介咨询服务的个人独资企业,但申请书中没有载明注册资金的数额。关于该申请书的效力说法正确的有(　　)。

A. 该申请书有效,因为独资企业不需要有注册资金

B. 该申请书无效,不载明注册资金不能使交易相对人信赖该企业

C. 该申请书的效力待定,登记机关可以要求申请人在一定期限内补正,逾期不办,则无效

D. 该申请书有效,因为有申报的出资已经可以保护交易相对人

3. 下面关于个人独资企业的表述正确的是(　　)。

A. 仅由一个自然人投资

B. 企业财产为投资人个人所有

C. 投资人以其投资财产对企业债务承担责任

D. 个人独资企业解散后,原投资人对个人独资企业存续期间的债务仍应承担偿还责任

4. 个人独资企业有下列哪些情形的应当解散?(　　)

A. 经营期限届满　　B. 投资人决定解散

C. 投资人死亡　　D. 有违法行为被工商行政管理机关处罚

二、名词解释

个人独资企业　个人独资企业的投资人

三、问答题

1. 个人独资企业的概念及特征是什么?

2. 设立个人独资企业有哪些条件?

3.《个人独资企业法》规定的事务管理有哪些模式,具体是怎么样的?

4. 个人独资企业的解散与清算过程中如何清偿债务?

四、案例思考题

刘某是某高校的在职研究生,经济上独立于其家庭。2004 年 8 月在工商行政管理机关注册成立了一家主营信息咨询的个人独资企业,取名为"远大信息咨询有限公司",注册资本为人民币一元。营业形势看好,收益甚丰。于是后来黄某与刘某协议参加该个人独资企业的投资经营,并注入投资 5 万元人民币。经营过程中先后共聘用工作人员 10 名,对此刘某认为自己开办的是私人企业,并不需要为职工办理社会保险,因此没有给职工缴纳社会保险费也没有与职工签订劳动合同。后来该独资企业经营不善导致负债 10 万元。刘某决定于 2005 年 10 月自行解散企业,但因为企业财产不足清偿而被债权人、企业职工诉诸人民法院。法院审理后认为刘某与黄某形成事实上的合伙关系,判决责令刘、黄补充办理职工的社会保险并缴纳保险费,由刘某与黄某对该企业的债务承担无限连带责任。

请分析:

(1)该企业的设立是否合法?

(2)刘某允许黄某参加投资,共同经营的行为是否合法?

(3)该企业是否应当与职工签订劳动合同并为其办理社会保险?

(4)该企业的债权人在刘某不能清偿债务时能否向刘某的家庭求偿?

(5)刘某决定自行解散企业的做法是否合法?

第七章　外商投资企业法

预习目标设定

1. 重点掌握中外合资经营企业的概念、设立条件、基本制度和组织机构，中外合作经营企业的概念、基本特征和组织机构，外资企业的概念和设立条件。

2. 学会运用中外合资经营企业、中外合作经营企业、外资企业的设立条件、资本结构和组织机构等基础理论分析涉外企业的一般问题。

3. 一般了解外商投资企业的概念和特征、中外合资经营企业、中外合作经营企业、外资企业的设立程序和解散清算。

第一节　外商投资企业法概述

主要内容提示

1. 我国的外商投资企业分为中外合资经营企业、中外合作经营企业、外资企业三类。

2. 外商投资企业法是调整外商投资企业在设立、变更、终止以及组织管理和经营活动中发生的各种经济关系的法律规范的总称。

一、外商投资企业概念和特征

外商投资企业，是指依照中华人民共和国法律的规定，在中国境内设立的，由中国投资者和外国投资者共同投资或者由外国投资者独自投资的企业。外商投资企业分为中外合资经营企业、中外合作经营企业、外资企业三类。

外商投资企业有以下法律特征：

1. 外商投资企业是外商直接投资举办的企业。直接投资是指投资者将资金投入企业，并不同程度地参与企业的经营决策，通过企业盈利分配获得投资收益的投资方法。

2. 外商投资企业是依据中国法律设立的企业。

3. 外商投资企业是经中国政府批准，在中国境内设立的企业。

4. 外商投资企业是在我国工商行政管理部门办理登记、注册手续的中国法人或者非法人经济组织。

二、外商投资企业法的概念和调整对象

外商投资企业法是调整外商投资企业在设立、变更、终止以及组织管理和经营活动中发生的各种经济关系的法律规范的总称。目前我国规范外商投资企业的基本法律主要有：2016 年 9 月 3 日全国人大常委会修订的《中华人民共和国中外合资经营企业法》（以下简称《中外合资经营企业法》）、2014 年 2 月 19 日国务院颁布修订的《中华人民共和国中外合资经营企业法实施条例》（以下简称《中外合资经营企业法实施条例》）、2016 年 9 月 3 日全国人大常委会修订的《中华人民共和国中外合作经营企业法》（以下简称《中外合作经营企业法》）、2016 年 9 月 3 日全国人大常委会修订的《中华人民共和国外资企业法》（以下简称《外资企业法》）、2014 年 2 月 19 日国务院颁布修订的《中华人民共和国外资企业法实施细则》（以下简称《外资企业法实施细则》）。

外商投资企业法的调整对象主要包括以下四个方面：

1. 调整国家对外商投资企业的经济管理关系；

2. 调整外商投资企业与国内外其他企业、经济组织之间的经济关系；

3. 调整外商投资企业投资者之间的经济关系；

4. 调整外商投资企业内部的经济关系。

第二节　中外合资经营企业法

主要内容提示

1. 中外合资经营企业是指中国合营者与外国合营者依照中华人民共和国法律的规定，在中国境内共同投资、共同经营，并按投资比例分享利润、分担风险及亏损的企业。

2. 中外合资经营企业设立的条件和程序必须符合法律的规定。

3. 中外合资经营企业的资本构成包括注册资本和投资总额，其出资方式和出资期限必须符合法律规定。

4. 中外合资经营企业组织机构包括董事会和经营管理机构。

一、中外合资经营企业的概念

中外合资经营企业是指中国合营者与外国合营者依照中华人民共和国法律的规定，在中国境内共同投资、共同经营，并按投资比例分享利润、分担风险及亏损的企业。《中外合资经营企业法》第 1 条规定："中华人民共和国为了扩大国际经济合作和技术交流，允许外国公司、企业和其他经济组织或者个人（以下简称外国合营者），按照平等互利的原则，经中国政府批准，在中华人民共和国境内，同中国的公司、企业或其他经济组织（以下简称中国合营者）共同举办合营企业。"

二、中外合资经营企业的设立

（一）设立合营企业的条件

申请设立合营企业，必须符合下列一项或数项要求：

1. 采用先进技术设备和科学管理方法，能增加产品品种，提高产品质量和产量，节约能源和原材料；

2. 有利于企业技术改造，能做到投资少、见效快、收益大；

3. 能扩大产品出口，增加外汇收入；

4. 能培训技术人员和经营管理人员。

申请设立合营企业有下列情况之一的，不予批准：有损中国主权的；违反中国法律的；不符合中国国民经济发展要求的；造成环境污染的；签订的协议、合同、章程显属不公平，损害合营一方利益的。

《中外合资经营企业法实施条例》还规定，在中国境内设立合营企业，必须经我国商务部（原为对外经济贸易部）审查批准。批准后，由商务部发给批准证书。凡具备下列条件的，由商务部授权有关的省、自治区、直辖市人民政府或者国务院有关部门审批：(1) 投资总额在国务院规定的金额内，中国合营者的资金来源已落实的；(2) 不需要国家增拨原材料，不影响燃料、动力、交通运输、外贸出口配额等的全国平衡的。

（二）设立合营企业的法定程序

根据《中外合资经营企业法》及其实施细则的规定，设立合营企业一般要经过以下几个步骤：

1. 由中国合营者向企业主管部门呈报拟与外国合营者设立合营企业的项目建议书和初步可行性研究报告。

2. 由中国合营者呈报项目可行性研究报告，经审批机关批准后，合营各方可商签设立企业的合同、章程等法律文件草本。

3. 由中国合营者向审批机关呈报设立合营企业的有关正式文件。审批机关在收到全部文件之日起 3 个月内决定批准或不批准。合营企业经批准后由审批机关发给批准证书。中国合营者呈报设立合营企业的有关正式文件主要有：设立合营企业的申请书；合营各方共同编制的可行性研究报告；由合营各方授权代表签署的合营企业协议、合同和章程；由合营各方委派的合营企业董事长、副董事长、董事人选名单；中国合营者的企业主管部门和合营企业所在地的省级人民政府对设立合营企业签署的意见。

4. 合营企业应当自收到批准书后 1 个月内按照国家有关规定，向合营企业所在地的省级工商行政管理部门办理企业法人登记手续，领取营业执照，营业执照签发之日为合营企业成立之日。

三、中外合资经营企业的注册资本和投资总额

（一）合营企业的注册资本

合营企业的注册资本，是指为设立合营企业在工商行政管理机关登记注册的资本，应为合营各方认缴的出资额之和。依照我国有关法律、法规的规定，合营企业的注册资本应当符合下列要求：

1. 合营企业的注册资本中，外国合营者的投资比例一般不得低于 25%，这是外国合营者认缴出资的最低限额。

2. 合营企业在合营期限内，不得减少其注册资本。对合营企业在合营期限内增加注册资本，法律没有禁止。但是，合营企业增加注册资本应当经合营各方协商一致，并由董事会会议通过，同时还要对合营企业章程作必要的修改。合营企业增加注册资本，还应当报经原审批单位核准，并办理注册资本登记手续。

3. 合营企业的注册资本应符合《公司法》规定的有限责任公司的注册资本的最低限额。

（二）合营企业的投资总额

合营企业的投资总额，是指按照合营企业的合同、章程规定的生产规模需要投入的基本建设资金和生产流动资金的总和。如果合营企业的出资额之和达不到投资总额，可以以合营企业的名义进行借款。合营企业的投资总额由注册资本与借款构成。合营企业的注册资本和投资总额之间应当保持正确、合理的比例关系。1987 年 3 月 1 日经国务院批准国家工商行政管理局发布了《关于中外合资经营企业注册资本与投资总额比例的暂行规定》，明确了合营企业注册资本与投资总额的比例，其主要内容是：

1. 投资总额在 300 万（含 300 万）美元以下的，注册资本至少应占投资总额的 7/10；

2. 投资总额在 300 万美元以上至 1000 万（含 1000 万）美元的，注册资本至少应占投资总额的 1/2，其中投资总额在 420 万美元以下的，注册资本不得低于 210 万美元；

3. 投资总额在 1000 万美元以上至 3000 万（含 3000 万）美元，注册资本至少应占投资总额的 2/5，其中投资总额在 1250 万美元以下的，注册资本不得低于 500 万美元；

4. 投资总额在 3000 万美元以上的，注册资本至少应占投资总额的 1/3，其中投资总额在 3600 万美元以下的，注册资本不得低于 1200 万美元。合营企业如遇特殊情况不能执行此规定的，应由国家有关部门批准。

四、中外合资经营企业合营各方的出资方式与出资期限

(一)出资方式

1. 合营者可以现金、实物、工业产权、专有技术和场地使用权等进行投资。《中外合资经营企业法》第5条规定:“合营企业各方可以现金、实物、工业产权等进行投资。”《中外合资经营企业法实施条例》第22条规定:“合营者可以用货币出资,也可以用建筑物、厂房、机器设备或其他物料、工业产权、专有技术、场地使用权等作价出资。”合营各方按照合营合同规定向合营企业认缴的出资,必须是合营各方自己所拥有的,并未设立任何担保物权,同时出资者还应拥有所有权和处置权的有效证明。

2. 作为外国合营者出资的机器设备和其他物料,必须符合下列各项条件:(1)为合营企业生产所必不可少的;(2)作价不得高于同类机器设备和其他物料当时国际市场价格。

3. 作为外国合营出资的工业产权或者专有技术,必须符合下列条件之一:(1)能显著改进现有产品的性能、质量,提高生产效率的;(2)能显著节约原材料、燃料、动力的。

外国合营者以工业产权或者专有技术作为出资,应当提交该工业产权或者专有技术的有关资料;外国合营者作为出资的机器设备和其他物料、工业产权或者专有技术,应当报审批机关批准。

4. 中国合营者可以为合营企业经营期间提供场地使用权作出资。

5. 合营企业任何一方不得用以合营企业名义取得的贷款、租赁的设备或者其他财产以及合营者以外的他人财产作为自己的出资,也不得以合营企业的财产和权益或者合营各方的财产和权益为其出资担保。

(二)出资期限

合营各方应当在合营企业合同中定明出资期限,并且应当按照合营合同规定的期限缴清各自的出资。逾期未缴或者未缴清的,应当按合同规定交付迟延利息或者赔偿损失。

五、中外合资经营企业的组织形式和组织机构

(一)合营企业的组织形式

合营企业的组织形式为有限责任公司。合营企业各方以认缴的出资额对企业承担有限责任,合营企业以其全部资产对其债务承担责任。

(二)合营企业的组织机构

1. 董事会

合营企业设董事会,董事会是合营企业的最高权力机构,它负责讨论决定合营企业的一切重大问题。主要包括:企业发展规划、生产经营活动方案、收支预算、利润分配、劳动工资计划、停业以及企业经营管理人员的任命或聘请及其职权和待遇。

董事会由董事长、副董事长、董事组成。董事会的组成人数由合营各方参照出资比例协商,但不得少于3人。董事长和副董事长由合营各方协商确定,或由董事会选举产生。中外合营者的一方担任董事长的,由他方担任副董事长。董事长是合营企业的法定代表人,董事长不能履行职责时,应授权副董事长或其他董事代表合营企业。董事会会议由董事长召集,董事长不能召集时,由董事长委托副董事长或者其他董事召集。董事会每年至少召开一次董事会议,经1/3以上董事提议,可以召开临时会议。董事会会议应有2/3以上董事出席,其决议方式可以根据合营企业章程载明的议事规则作出,但涉及合营企业的章程修改、终止、解散、注册资本增加或转让、合作等事项,必须经全体出席董事会议的董事一致通过。

2. 经营管理机构

经营管理机构负责合营企业的日常经营管理工作。经营管理机构设总经理一人,副总经理若干人。副总经理协助总经理工作。正副总经理由合营各方分别担任。总经理的职责主要有:执行董事会议的各项决议;组织领导合营企业的日常经营业务;任免下属人员;行使董事会赋予的其他职权。总经理、副总经理不得兼任其他经济组织的总经理或副总经理,不得参与其他经济组织对本企业的商业竞争;总经理、副总经理及其他高级管理人员有营私舞弊或严重失职行为的,经董事会会议决议可以随时解聘。

六、中外合资经营企业的合营期限、解散与清算

(一)合营企业的期限

合营企业的期限根据不同行业和项目的具体情况,由合营各方协商决定。有的行业的合营企业应当约定合营期限,这些行业包括:(1)服务性行业的,如饭店、公寓、写字楼、娱乐、饮食、出租汽车、彩扩、洗相、维修、咨询等;(2)从事土地开发及经营房地产的;(3)从事资源勘探开发的;(4)国家规定限制投资项目的;(5)国家其他法律法规规定需要约定合营期限的。有的行业的合营企业,如属于国家规定鼓励和允许外商投资项目的合营企业,合营各方可以在合同中约定合营期限,也可以不约定合营期限。

一般项目的合营期限原则上为10年至30年;投资大、建设周期长、资金利润率低的项目以及由外国合营者提供先进技术或者关键技术生产尖端产品项目,或者在国际上有竞争能力的产品或项目,其合营期限可以延长到50年;经国务院特别批准的,可以在50年以上。

约定合营期限的合营企业,合营各方同意延长合营期限的,应当在距合营期限届满6个月前向审批机关提出申请。审批机关应当在收到申请之日起1个月内予以批复。

(二)合营企业解散的情形

合营企业有下列情形之一的,应予解散:

1. 合营期限届满；

2. 企业发生严重亏损，无力继续经营；

3. 合营一方不履行合营企业协议、合同、章程规定的义务，致使企业无法继续经营；

4. 因自然灾害、战争等不可抗力遭受严重损失，无法继续经营；

5. 合营企业未达到其经营目的，同时又无发展前途；

6. 合营企业合同、章程所规定的其他解散原因已经出现。

除合营期限届满，其他情形下的合营企业的解散均由董事会提出解散申请，并报审批机构批准。

（三）合营企业的清算

合营企业宣告解散后，应当进行清算。除企业破产清算应当按照有关法律规定的程序进行清算外，合营企业的清算由企业董事会提出清算程序、原则和清算委员会人选，报经企业主管部门审核并监督清算。

根据《中外合资经营企业法实施条例》有关规定，清算委员会的成员一般应在合营企业的董事中选任。董事不能担任或不适合担任清算委员会成员时，合营企业可以聘请在中国注册的会计师、律师担任。审批机构认为必要时，可以派人进行监督。

清算委员会的任务主要有：对合营企业财产、债权、债务进行全面清查；编制资产负债表和财产目录，提出财产作价依据，制定清算方案；履行企业偿债义务。清算委员会制定的清算方案经董事会通过后，由清算委员会代合营企业履行偿债义务，偿债顺序按照国家有关法律和行政法规执行；清算期间，清算委员会代表该合营企业起诉或者应诉。

合营企业以其全部资产对其债务承担责任。合营企业清偿债务后的剩余财产按照合营各方的出资比例进行分配，但合营企业协议、合同、章程另有规定的除外。合营企业解散时，其资产净额或剩余财产超过注册资本的增值部分视同利润，应依法缴纳所得税。外国合营者分得的资产净额或剩余财产超过其出资额的部分，在汇往国外时，应依法缴纳所得税。

合营企业的清算工作结束后，由清算委员会提出清算结束报告，提请董事会会议通过后，报告审批机构，并向原登记管理机构办理注销手续，缴销营业执照。

七、中外合资经营企业争议的解决

（一）解决争议的方式

合营各方如因合营企业协议、合同、章程在解释或履行过程中发生争议，可采取协商、调解、仲裁、诉讼等方式解决。

（二）解决争议适用的法律

解决争议适用的法律是指仲裁机构或法院判断争议是非曲直所依据的法律规

范。法律适用直接关系到案件的处理结果，由于合营企业涉及中外双方的利益，因此适用何国法律，是解决争议的一个关键性问题。中外合资经营企业是在中国境内设立的企业，具有中国法人资格，受中国法律保护和管辖，其协议、合同、章程也是在中国境内签订、批准和履行的，因此按国际上通行的最密切联系原则，解决合营企业双方的争议自然适用中国的法律。适用的原则是：

1. 因执行中外合资企业合同、中外合作经营企业合同、中外合作勘探开发自然资源合同引起的争议解决，应适用中国法律。

2. 中国法律没有规定的，可以适用国际惯例。

3. 中国法律与参加的国际条约发生冲突时，优先适用国际条约，但中国声明保留的条款除外。

第三节　中外合作经营企业法

主要内容提示

1. 中外合作经营企业是指中国合作者与外国合作者依照中华人民共和国法律的规定，在中国境内举办的，按合作企业合同的约定分配收益或者产品、分担风险和亏损的企业。

2. 中外合作经营企业与中外合资经营企业相比，具有六方面的特点。

3. 中外合作者依照合作企业合同的约定分配收益和承担风险，并在组织的设置上有较大的灵活性。

一、中外合作经营企业的概念

中外合作经营企业是指中国合作者与外国合作者依照中华人民共和国法律的规定，在中国境内举办的，按合作企业合同的约定分配收益或者产品、分担风险和亏损的企业。合作企业基本的法律特征，就在于其是契约式合营，合营的基础是合作企业合同。中外合作各方通过协商，就投资或者合作条件、收益或者产品分配、风险和亏损的分担、经营管理的方式和合作企业终止时财产的归属等事项达成一致意见，签订合同，在合作企业合同的基础上设立并经营企业。这一特征使中外合作经营企业与中外合资经营企业相区别。合作企业与合营企业特点的比较：

1. 合营方式不同。合营企业属于股权式的合营，中外合营各方共同投资、共同经营、按各自的出资比例分担风险、共负盈亏；而合作企业属于契约式的合营，中外合作各方不以投资数额或股权比例等作为利润分配的依据，而是通过签订合同具体确定各方的权利和义务。

2. 组织形式不同。合营企业必须是依法取得中国法人资格的企业，为有限责任公司，以其拥有的全部财产承担有限责任；而合作企业可以是依法取得中国法人资格的企业，为有限责任公司，并以其投资或者提供的合作条件为限承担有限责任，也可以是不具备中国法人的资格的企业，依照中国民事法律的有关规定承担民事责任。

3. 投资回收方式不同。合营企业只有在依法终止时，外国合营者才能收回自己的资本，在合营企业存续期内，外国合营者是不能收回自己的资本的；而合作企业中的外国合作者在一定条件下可以先行收回投资。

4. 经营管理机构不同。合营企业的经营管理机构是董事会及董事会领导下的经营管理机构，董事会为最高权力机关；而合作企业的经营管理机构具有多样性，可以采取董事会制，也可以采取联合管理委员会制，还可以采用委托管理制。

5. 企业经营期限满后财产归属不同。合营企业合营期满，清算后的剩余财产由合营各方按出资比例进行分配；合作企业合作期满，外国合作者已先行收回投资的，企业全部固定资产归中国合作者所有。

二、中外合作经营企业的设立

（一）设立合作企业的审批机关

《中外合作经营企业法实施条例》规定，设立合作企业由商务部或者国务院授权的部门和地方人民政府审查批准。设立合作企业属于下列情形的，由国务院授权的部门或地方人民政府审查批准：

1. 投资总额在国务院规定由国务院授权的部门或者地方人民政府审批的投资限额以内的；

2. 自筹资金，并且不需要国家平衡建设、生产条件的；

3. 产品出口不需要领取国家有关主管部门发放的出口配额、许可证，或者虽需要领取，但在报送项目建议书前已征得国家有关主管部门同意的；

4. 有法律、行政法规规定的由国务院授权的部门或者地方人民政府审查批准的其他情形的。

（二）设立合作企业的条件

在中国境内设立合作企业，应当符合国家的发展政策和产业政策，遵守国家关于投资方向的规定。国家鼓励举办的合作企业是：

1. 产品出口的生产型企业。这是指企业产品主要用于出口创汇的生产型合作企业。

2. 技术先进的生产型合作企业。这是指外国合作者提供先进技术，从事新产品的开发，实现产品升级换代，以增加出口创汇或者替代进口的生产型企业。

（三）设立合作企业的法定程序

1. 设立合作企业，应当由中国合作者向审查批准机关报送有关文件，这些文件包括：(1)设立合作企业的项目建议书，并附送主管部门审查同意的文件。(2)合作各方共同编制的可行性研究报告,并附送主管部门审查同意的文件。(3)合作企业协议、合同、章程。(4)合作各方的营业执照或注册登记证明、资信证明及法定代表人的有效证明文件。外国合作者是自然人的,应当提交有关身份、履历和资信情况的有效证明文件。(5)合作各方协商确定的合作企业董事长、副董事长、董事或者联合管理委员会主任、副主任、委员的人选名单。(6)审查批准机关要求报送的其他文件。

2. 审查批准机关应当自收到规定的全部文件之日起45日内决定批准或者不批准;审查批准机关认为报送的文件不全或者有不当之处的,有权要求合作各方在指定期间内补全或修正。申请设立合作企业,有下列情形之一的,不予批准:(1)损害国家主权或者社会公共利益的;(2)危害国家安全的;(3)对环境造成污染损害的;(4)有违反法律、行政法规或者国家产业政策的其他情形的。

3. 批准设立的合作企业,应当自接到批准证书之日起30天内,向工商行政管理机关申请登记,领取营业执照,营业执照签发之日为该企业成立之日。

三、中外合作经营企业各方的出资

(一)合作企业的出资方式

中外合作者的投资可以是现金、实物、土地使用权、工业产权或者专有技术等财产权利,与中外合资经营企业的出资方式基本相同,区别在于中外合作者还可以以其他财产权作为投资或者合作条件。其他财产权利的范围很广,一般包括抵押权、留置权、质权、用益权;公司的股份或者其他形式的权益;具有经济价值的任何行为的请求权;工艺流程、商号和商誉;特许权;等等。

中外合作者应当如期履行缴纳投资、提供合作条件的义务,逾期不履行的,有关机关有权作出处理决定。

(二)合作企业的收益分配和风险亏损的承担

中外合作者依照合作企业合同的约定,分配收益或者产品。合作企业收益的分配可以采取多种形式。合作企业合作各方约定采用分配产品或者其他方式分配收益的,应当按照中国税法的有关规定,计算应纳税额。

中外合作者依合作合同的约定,承担风险和亏损。法人型合作企业以企业的所有财产对外承担有限责任,中外合作者以各自的投资或者提供的合作条件对外承担责任。非法人型合作企业,以中外合作者各自所有的或者经营管理的财产对外承担责任,合作各方负连带责任。

(三)合作企业外国合作者的投资回收

根据《中外合作经营企业法》及其实施细则的规定,中外合作者在合作企业合同中约定合作期限届满时,合作企业的全部固定资产无偿归中国合作者所有的,外国合作者在合作期限内可以申请以下方式先行收回其投资:(1)在按照投资或者提供合作条件进行分配的基础上,在合作企业合同中约定扩大外国合作者的收益分配比例;(2)经财政税务机关审查批准,外国合作者在合作企业缴纳所得税前回收投资;(3)经财政税务机关和审查批准机关批准的其他回收投资方式。

外国合作者在合作期限内先行回收投资,应符合下列法定条件:(1)中外合作者在合作企业合同中约定合作期满时,合作企业的全部固定资产归中国合作者所有;(2)对于税前回收投资的,必须向财政税务机关提出申请,并由财政税务机关依法审查批准;(3)中外合作者应当依照有关法律的规定和合作企业合同的约定,对合作企业的债务承担责任;(4)外国合作者提出先行回收投资的申请,应具体说明先行回收投资的总额、期限和方式,经财政税务机关审批同意后,报审批机关审批;(5)外国合作者应当在合作企业的亏损弥补之后,才能先行收回投资。

四、中外合作经营企业的组织机构

(一)组织形式

合作企业可以申请为具有法人资格的合作企业。具有法人资格的合作企业,其组织形式为有限责任公司。合作各方对合作企业的责任以各自认缴的出资额或者合作条件为限,合作企业以其全部资产对其债务承担责任。不具备法人资格的合作企业,合作各方的关系是一种合伙关系,合作各方依照民事法律的有关规定,承担民事责任。

(二)组织机构

合作企业在组织的设置上有较大的灵活性,同合营企业相比有较大的区别。

具备法人资格的合作企业,一般设立董事会;不具备法人资格的合作企业一般设立联合管理委员会。董事会或者联合管理委员会是合作企业的权力机构,依照合作企业合同或者章程的规定,决定合作企业的重大问题。

董事会或者联合管理委员会成员不得少于 3 人,其名额的分配由中外合作者参照其投资或者提供的合作条件协商确定。董事会董事或者联合管理委员会委员由各方自行委派或者撤换。董事会董事长、副董事长或者联合管理委员会主任、副主任的产生办法由合作企业章程规定;中外合作者一方担任董事长、主任的,副董事长、副主任由他方担任。董事或者委员的任期由合作企业章程规定,但是每届任期不得超过 3 年。董事或者委员任期届满,委派方继续委派的,可以连任。

董事会会议或者联合管理委员会会议每年至少召开 1 次,由董事长或者主任召集并主持。董事长或者主任因特殊情况不能履行职务时,由董事长或者主任指定副董事长、副主任或者其他董事、委员召集并主持。1/3 以上董事或者委员可以提议召开董事会会议或者联合管理委员会会议。董事会会议或联合管理委员会会议应当有 2/3 以上董事或者委员出席方可举行。不能出席董事会会议或者联合管理委员会会议的董事或者委员,应当书面委托他人代表其出席和表决。董事会会议或者联合管理委员会会议作出决议,须经全体董事或者委员的过半数通过。董事或者委员无正当理由不参加又不委托他人代表其参加董事会会议或联合管理委员会会议的，视为出席会议并在表决中弃权。会议的召开应提前10日通知全体董事或者委员。董事会或者联合管理委员会也可以用通讯的方式作出决议。

合作企业的重大事项由出席董事会会议或者联合管理委员会会议的董事或者委员一致通过，方可作出决议，具体事项有：合作企业章程的修改；合作企业注册资本的增加或者减少；合作企业的资产抵押；合作企业的解散；合作企业合并、分立和变更组织形式；合作各方约定由董事会会议或者联合管理委员会会议一致通过方可作出决议的其他事项。

合作企业经合作各方一致同意，可以设立统一的经营管理机构，也可以委托合作的一方或者合作者以外的第三人经营管理。委托经营管理必须经董事会或者联合管理委员会一致同意，并应当与被委托人签定委托经营管理合同。委托经营机构是合作企业的执行机构，而非权力机构。

五、中外合作经营企业的期限、终止和清算

（一）合作企业的期限

合作企业的期限由中外合作者协商确定，并在合作企业合同中明确。合作企业期限届满，合作各方协商同意要求延长合作期限的，应当在期限届满的180天前向审查批准机关提出申请，说明原合作企业合同的执行情况，延长合作期限的原因，同时报送合作各方就延长的期限内各方的权利义务等事项所达成的协议。审批机关应当自接到申请之日起30日内，决定批准或不批准。经批准延长合作期限的，合作企业凭批准文件向工商行政管理机关办理变更登记手续，延长的期限从期限届满后的第一天起计算。

合作企业合同约定外国合作者先行回收投资，并且投资已经回收完毕的，合作企业期限届满不再延长。但是，外国合作者增加投资的，经合作各方协商同意，可以向审查批准机关申请延长合作期限。

（二）合作企业的终止

根据《中外合作经营企业法》及其实施细则的规定，合作企业有下列情形之一的，应予终止：

1. 合作期限届满；

2. 合作企业发生严重亏损，或者因不可抗力遭受严重损失，无力继续经营；

3. 中外合作者一方或者数方不履行合作企业合同、章程规定的义务，致使合作企业无法继续经营；

4. 合作企业合同、章程中规定的其他解散原因已经出现；

5. 合作企业违反法律、行政法规，被依法责令关闭。

合作企业期满或者提前终止时，应当按照法定程序对资产和债权、债务进行清算。中外合作者应当按照合作企业合同的约定确定合作企业财产的归属。合作企业终止后，应当向工商管理机关和税务机关办理注销登记手续。

（三）合作企业的清算

合作企业的清算事宜，应依国家有关法律、行政法规及合作企业合同、章程的规定办理。

第四节　外资企业法

主要内容提示

1. 外资企业是指依照中华人民共和国法律的规定，在中国境内设立的，全部资本由外国投资者投资的企业。

2. 外资企业的设立必须符合法定的条件和程序。

3. 外资企业的解散清算应符合规定的情形和程序。

一、外资企业的概念

外资企业是指依照中华人民共和国法律的规定，在中国境内设立的，全部资本由外国投资者投资的企业，不包括外国的企业和其他经济组织在中国的分支机构。外资企业具有以下法律特征：

1. 外资企业是依照中国法律在中国境内设立的企业。这是外资企业区别于外国企业的基本特征。外资企业的设立必须依据中国法律，符合我国法律规定的条件，并按照法定的程序申请、审查批准，并由工商行政管理机关登记，企业的住所在中国境内。而外国企业则依照外国法律在外国登记，其住所也在外国。

2. 外资企业是独立的经济实体。外资企业的组织形式一般是有限责任公司，能够独立享有权利，承担责任。《外资企业法》规定，外资企业的组织形式为有限责任公司，经批准也可以为其他责任形式。外资企业为有限责任公司的，外国投资者对企业的责任以其认缴的出资额为限。这就有别于外国企业在中国境内设立的分支机构，外国企业在中国境内的分支机构并不享有法人资格，由其所属的外国企业对外承担责任。

二、外资企业的设立

（一）设立外资企业的条件

设立外资企业必须有利于中国国民经济的发展，能够取得显著的经济效益，并应当至少符合下列一项条件：

1. 采用先进技术和设备，从事新产品的开发，节约能源和原材料，实现产品升级换代，可以替代进口产品的；

2. 年出口产品的产值达到当年全部产品产值50%以上，实现外汇收支平衡或者节余的。

（二）审批机关

外资企业的审批机关为商务部或者国务院授权的地方人民政府。《外资企业法实施细则》规定，设立外资企业的申请，由商务部审查批准后，发给批准证书。设立外资企业的申请属于下列情形的，国务院授权省、自治区、直辖市和计划单列市、经济特区人民政府审查批准后，发放批准证书：1. 投资总额在国务院规定的投资审批权限以内的；2. 不需要国家调拨原材料，不影响能源、交通运输、外贸出口配额等全国综合平衡的。省、自治区、直辖市和计划单列市、经济特区人民政府在国务院授权范围内批准设立外资企业，应当在批准后15日内报商务部备案。

（三）设立外资企业的法定程序

设立外资企业的具体步骤是：

1. 外国投资者在提出设立外资企业的申请前，应向拟设立外资企业所在地的县级或者县级以上人民政府提交报告。报告内容包括：设立外资企业的宗旨；经营范围、规模；生产产品；使用的技术设备；产品在中国和国外市场的销售比例；用地面积及要求；需要用水、电、煤气或者其他能源的条件及数量；对公共设施的要求等。县级或者县级以上地方人民政府应当在收到外国投资者提交的报告之日起30日内以书面形式答复外国投资者。

2. 外国投资者应当通过拟设立外资企业所在地的县级或者县级以上人民政府向审批机关提出申请，并报送下列文件：(1)设立外资企业申请书；(2)可行性研究报告；(3)外资企业章程；(4)外资企业法定代表人（或者董事会人选）名单；(5)外国投资者的法律证明文件和资信证明文件；(6)拟设立外资企业所在地的县级或者县级以上地方人民政府的书面答复；(7)需要进口的物资清单；(8)其他需要报送的文件。

3. 审批机关在收到申请文件之日起90日内决定批准或者不批准。

4. 外国投资者在收到批准证书之日起30天内向工商行政管理机关申请登记，领取营业执照。外资企业的营业执照签发之日为该企业成立日期。

三、外资企业的出资

（一）出资方式

根据《外资企业法实施细则》规定，外国投资者可以用可自由兑换的外币出资，也可以用机器设备、工业产权、专有技术等作价出资。经审批机关批准，外国投资者也可以用其从中国境内举办的其他外商投资企业获得的人民币利润出资。

外国投资者以机器设备作价出资的，该机器设备必须符合要求：外资企业生产所必需的；中国不能生产，或者虽能生产，但在技术性能或者供应时间上不能保证需要的。该机器设备的作价不得高于同类机器设备当时的国际市场正常价格。对作价出资的机器设备，应当列出详细的作价出资清单，包括名称、种类、数量、作价等，作为设立外资企业申请书的附件一并报送审批机关。作价出资的机器设备运抵中国口岸时，外资企业应当报请中国的商检机构进行检验，由该商检机构出具检验报告。作价出资的机器设备的品种、质量和数量与外国投资者报送审批机关的作价出资清单所列出的机器设备的品种、质量和数量不符的，审批机关有权要求外国投资者限期改正。

外国投资者以工业产权、专有技术作价出资的，该工业产权、专有技术应当为外国投资者自己所有的；对作价出资的工业产权、专有技术，应当备有详细资料，包括所有权证书的复制件，有效状况及其技术性能、实用价值，作价的计算根据和标准等，作为设立外资企业申请书的附件一并报送审批机关。作价出资的工业产权、专有技术实施后，审批机关有权进行检查。该工业产权、专有技术与外国投资者原提供的资料不符的，审批机关有权要求外国投资者限期改正。

(二)缴付出资期限

《外资企业法实施细则》规定，外国投资者缴付出资的期限应当在设立外资企业申请书和外资企业章程中载明。

(三)投资变更

外资企业依法可以变更注册资本。《外资企业法实施细则》规定，外资企业在经营期内不得减少注册资本。但是，因投资总额和生产经营规模等发生变化，确需减少的，须经审批机关批准，并向原登记管理机构办理变更手续。

四、外资企业的组织机构和经营管理

(一)外资企业的组织形式

外资企业的组织形式为有限责任公司，经批准也可以为其他责任形式。外资企业为有限责任公司的，外国投资者以其认缴的出资额为限，外资企业以其全部资产对其债务承担责任。外资企业为其他责任形式，外国投资者对企业的责任适用有关法律和法规的规定。

(二)外资企业的组织机构

外资企业的组织机构可以由外国投资者根据企业不同的情况，本着精简、高效、科学合理的原则自行设置，中国政府不加干预。

外资企业根据其组织形式设立董事会并推举董事长，应同时向审批机关申报备案。董事长是企业的法定代表人。

(三)外资企业的经营管理

1. 生产经营管理。外资企业在制订生产经营计划、购买物资、销售产品等方面享有与中外合资经营企业大致相同的自主权。但是对外资企业在中国市场销售产品，应当依照经批准的销售比例进行。如果外资企业超过批准的销售比例在中国市场销售其产品，须经审批机关批准。

2. 劳动管理。外资企业在中国境内雇用职工，应当依照中国的法律、行政法规、劳动保险等事项。外资企业应负责职工的业务、技术培训，建立考核制度，使职工在生产、管理技能方面能够适应企业的生产与发展的需要。外资企业研究决定有关职工奖惩、工资制度、生活福利、劳动保护和保险问题时，工会代表有权列席会议。外资企业应当听取工会的意见，与工会充分合作。

3. 财务会计管理。外资企业应当执行国家统一的财务会计制度，并根据中国有关法律、法规和财务会计制度的规定，制定适合本企业的财务会计制度，报当地财政、税务机关备案。

五、外资企业的期限、终止和清算

(一)外资企业的期限

根据《外资企业法》及其实施细则的规定，外资企业的经营期限，根据不同行业和企业的具体情况，由外国投资者在设立外资企业的申请书中拟订，经审批机关批准。外资企业的经营期限，从其营业执照签发之日起计算。

(二)外资企业的终止

外资企业有下列情形之一的，应予以终止：

1. 经营期限届满；
2. 经营不善，严重亏损，外国投资者决定解散；
3. 因自然灾害、战争等不可抗力而遭受严重损失，无法继续经营；
4. 破产；
5. 违反中国法律、法规，危害社会公共利益依法撤销；
6. 外资企业章程规定的其他解散的事由已经出现。

(三)外资企业的清算

外资企业宣告终止时，应当进行清算。除企业破产或者撤销清算，应当按照中国有关法律规定进行清算外，外资企业的清算应由外资企业提出清算程序、原则和清算委员会人选，报审批机关审核后进行清算。清算委员会应当由外资企业的法定代表人、债权人以及有关主管机关的代表组成，并聘请中国的注册会计师、律师等参加。

外资企业清算结束，其资产净额和剩余财产超过注册资本的部分视同利润，应当依照中国税法缴纳所得税。同时，应当向工商行政管理机关办理注销登记手续，缴销营业执照。

自检自测题

一、不定项选择题

1. 中外合作经营企业的管理模式可以是(　　)。

A. 董事会管理制　　B. 联合管理制

C. 委托管理制　　D. 分别管理制

2. 企业法中规定的外商投资企业包括(　　)。

A. 跨国公司　　B. 中外合资经营企业

C. 中外合作经营企业　　D. 外资企业

3. 中外合作经营企业(　　)分配收益或者产品,分担风险和亏损。

A. 按合作企业的合同约定

B. 按合作双方的出资比例

C. 平均

D. 按合作双方职工的人数比例

4. 在中国境内设立的,全部资本由外国投资者投资的外资企业(　　)。

A. 凡符合中国法律关于法人条件规定的,依法取得中国法人资格

B. 都是中国法人

C. 都是外国法人

D. 是外国企业在中国境内设立的分支机构

5. 下列有关中外合资经营企业与中外合作经营企业的区别判断中错误的是(　　)。

A. 合资企业为股权式合营,合作企业为契约式合营

B. 合资企业均取得法人资格,合作企业都不取得法人资格

C. 合资企业均设立董事会,合作企业可以采取董事会以外的其他管理方式

D. 合资企业按比例税率交纳企业所得税,合作企业按累进税率交纳企业所得税

6. 中外合资经营企业的合营各方可以用(　　)出资。

A. 货币　　B. 实物　　C. 劳务　　D. 工业产权和专有技术

7. 中外合资经营企业的组织形式为(　　)。

A. 有限责任公司　　B. 两合公司　　C. 无限公司　　D. 股份有限公司

二、名词解释

外商投资企业　中外合资经营企业　中外合作经营企业　外资企业

三、问答题

1. 外商投资企业法调整的对象包括哪些内容?

2. 中外合资经营企业设立必须符合哪些条件?

3. 中外合资经营企业的出资有哪些法律规定?

4. 中外合资经营企业的解散清算有哪些主要内容?

四、案例分析题

中国甲有限责任公司与美国乙有限责任公司成立一家生产型的合资经营企业,由美方任董事长。中方以土地、厂房及原有设备作为投资,美方投资5万美元。共同经营5年后,由于经济效益不好,美方董事长未经中方同意,通过订立合同将企业承包给美国人丙经营,并声称每年给中方一定金额的承包费。以后3年,因承包费未能兑现,没有给中方分配利润,中方起诉。

请问:该案如何处理?

第八章　财政税收法

预习目标设定

1. 重点掌握财政和财政税收法的概念和特征、预算的概念、分税制、税法的概念、税法的构成要素、商品税、所得税和财产税的基本内容。

2. 学会运用财政税收法调整的对象、预算职权、税法的构成要素、税收征管制度等分析财政税收中的具体问题。

3. 一般了解预算体系、预算管理体制、违反税法的法律责任。

第一节　财政税收法概述

主要内容提示

1. 财政具有强制性、非营利性、永续性和量出为入性等特点，其基本职能包括收入分配、资源配置和保障稳定。

2. 财政税收法，是调整财政收支和财政税收管理活动中所发生的社会关系的法律规范的总称。

一、财政的概念和特征

所谓财政，是指国家为了满足实现自身职能的需要而凭借政治权力直接参与社会产品或国民收入的分配和再分配所形成的一种特殊分配关系。作为一种国家行为，它表现为国家旨在满足实现其职能的需要而取得、使用和管理资财的活动。

财政具有下述特征：

1. 强制性。即财政是国家凭借政治权力对社会产品或国民收入进行的强行分配，财政收入和财政支出都由国家单方决定并强制实施，无须国家财政机关与其相对人达成协议。

2. 非营利性。即财政虽然具有经济内容，但不具有营利目的，国家进行财政收支和管理活动，并不是为了营利，而是为了满足公共需要，向社会提供公共产品，给公众增加社会福利，保障经济与社会的正常运行和协调发展。

3. 永续性。即财政是国家一种永久连续性的活动，在国家存续期间，财政必然连续运行而不可能间断。

4. 量出为入性。即财政既然以满足实现国家职能的需要为目的，在财政收支关系上，就应当以支出决定收入，也就是根据一定时期内实现国家职能所需要的财政支出量来确定一定时期的财政收入量，从而做到财政收支平衡。

财政作为国家的宏观调控手段，一般具有下述三项基本职能：

1. 收入分配职能。即国家通过财政收支活动在全社会范围内分配社会产品或国民收入，调节各利益主体之间的物质利益关系，以实现社会分配的相对公平，这是财政的最基本职能。

2. 资源配置职能。即国家通过分配社会产品或国民收入，引导资源流向，形成和调整特定的资产结构和产业结构，以实现资源的有效配置。

3. 保障稳定职能。即国家运用财政手段为实现经济和社会稳定创造条件。在经济方面，有效地运用财政手段，有助于物价稳定、充分就业、国际收支平衡等经济稳定目标的实现，进而有助于促进经济增长；在社会方面，有效地运用财政手段有助于保障社会公平和基本人权，缓解社会矛盾，从而有助于保障社会稳定。

二、财政税收法的概念和体系

财政税收法，是调整财政收支和财政税收管理活动中所发生的社会关系的法律规范的总称。作为财政税收法调整对象的财政税收关系主要包括：

1. 财政收入关系

财政收入关系即国家筹集和取得财政资金的社会关系，具体表现为税务机关向纳税人征收税金的关系，以及财政机关向特定国家机关或社会组织收取规费收入、罚没收入或其他收入的关系，通过财政收入关系，形成国库财产。

2. 财政支出关系

财政支出关系即国家将财政资金分配给特定主体使用的社会关系，具体表现为财政机关向特定主体分配财政资金的关系，以及特定主体使用财政资金的关系。

3. 财政税收管理关系

财政税收管理关系即国家管理财政收支的社会关系。具体表现为财政税收管理组织关系、财政预算关系、财政收支管理关系和财政税收监督关系。

财政税收法体系，是由一国全部财政税收法律规范按照一定标准分类组合而形成的具有一定结构并和谐统一的有机整体。它主要由下述几个财政税收法部门所构成：

1. 财政管理体制法。它是设定财政管理体制的基本框架的法律部门，主要规定：中央和地方各级政府的财政分配权限划分；中央和地方各级财政职能部门的组织机构和权限；中央和地方各级财政职能部门与同级政府和相关行政部门的关系。

2. 预算法。它是调整关于财政收支计划的法律部门。主要规定：中央预算和地方预算的关系；预算内容的构成和依据；预算制定和执行的权限划分和程序。

3. 财政收入法。它是调整财政收入关系和财政收入管理关系的法律部门。财政收入的来源，最重要的是税收，税收法是其核心的内容。

4. 财政支出法。它是调整财政支出关系和财政支出管理关系的法律部门。主要规定：财政支出的范围和结构、财政支出过程的主要环节和程序、财政支出效果的考评和责任。

5. 财政监督法。它是调整国家对财政的监督管理关系的法律部门。主要规定财政监督机关的职权、监督的原则和方法、财政监督程序等内容。

第二节　预　算　法

主要内容提示

1. 预算法是调整国家财政管理活动中预算关系的法律规范的总称，其财政管理活动可分为预算准备、编制、审批、执行、调整、决算等阶段。

2. 分税制是在确定各级政府职能的基础上，按照税种划分和明确各级政府财政收支范围的制度，它构成财政管理体制的主干部分。

3. 我国《预算法》规定预算职权由中央和地方各级权力机关、政府及其财政职能部门和相关部门分工和共同行使。

一、预算与预算法的概念

预算或称国家预算，是指国家通过一定程序依法编制的，关于特定财政年度内财政收入及其平衡的具有法律效力的计划。它是国家基本财政计划，是实现国民经济和社会发展计划的主要财力保证。

预算法是调整国家财政管理活动中预算关系的法律规范的总称。所谓财政管理活动主要表现为国家有计划地筹集、安排、使用财政资金的活动过程，可分为预算准备、编制、审批、执行、调整、决算等阶段。为实现预算的规范化和法制化，国家制定一系列的关于预算的法律法规，其中于1995年1月1日起施行的《中华人民共和国预算法》是我国的预算基本法。此后，历经四次审议，第十二届全国人民代表大会常务委员会第十次会议在2014年8月31日表决通过了《全国人大常委会关于修改〈预算法〉的决定》，并决议于2015年1月1日起施行。

二、预算管理体制

预算管理体制是指国家处理中央与地方、地方各级政府之间的分配关系，确定各级预算的收支范围和管理权限的基本制度，涉及预算管理体制、税收管理体制、预算外资金管理体制等。从广义上来讲,预算管理体制就是财政管理体制。我国现行财政管理体制的建立和改革一直坚持“统一领导、分级管理”的原则。在此,结合我国目前的整体财政管理体制现状,主要介绍分税制、预算体系和预算职权的划分等内容:

(一)分税制

分税制是在确定各级政府职能的基础上,按照税种划分和明确各级政府财政收支范围的制度,它构成财政管理体制的主干部分。根据1993年国务院《关于实行分税制财政管理体制的决定》,分税制改革的原则是按照中央政府与地方政府的职权划分,合理确定各级财政支出范围,根据职权与财权相结合原则,将税种统一划分为中央税、地方税和中央地方共享税,并建立中央税收体系和地方税收体系,分设中央和地方两套税务机关分别征管,中央税和中央地方共享税由中央税务机关负责征收,共享税中的地方分享部分由中央税务机关直接划入地方金库,地方税由地方税务机关负责征收。其基本内容是:

1. 依据中央政府与地方政府的不同职能确定相应的财政支出

中央财政主要承担国家安全、外交和中央国家机关运转所需的经费,调整国家经济结构、协调地区发展、实行宏观调控所必要的支出,以及中央政府直接管理的事业发展支出。具体包括:国防费、武警经费、外交和援外支出、中央级行政管理费、中央统管的基建投资、中央直属企业的技术改造和新产品试制经费、地质勘探费、由中央财政安排的支农支出、由中央负担的国内外债务的还本付息支出,以及中央本级负担的公检法支出和文教卫科等各项事业费支出。

地方财政主要承担本地区行政机关运转所需支出以及本地区经济、事业发展所需支出。具体包括:地方行政管理费、公检法支出、部分武警经费、民兵事业费、地方统筹的基建投资、地方企业的技术改造和新产品试制经费、支农支出、城市维护和建设经费、地方文教卫科等各项事业费、价格补贴支出以及其他支出。

2. 依据中央政府与地方政府的不同职能及财政支出范围确定财政收入范围

为确保中央财政的宏观调控能力,将维护国家权益、实施宏观调控所需的税种划分为中央税;将同经济发展直接相关的主要税种划为中央地方共享税;将适合地方征管的税种划为地方税。

中央收入包括:关税以及海关代征的消费税和增值税,消费税,中央企业所得税,地方银行、外资银行和非银行金融企业所得税,铁道部门、各银行总行、各保险总公司等集中交纳的营业税、所得税、利润和城市维护建设税。

地方收入包括:地方企业所得税(地方银行、外资银行和非银行企业所得税除外),地方企业上交利润、个人所得税、城镇土地使用税、固定资产方向调节税、城市维护建设税(各银行总行、铁道部门、各保险总公司集中交纳的除外)、房产税、车船使用税、印花税、屠宰税、农牧业税、农业特产税、耕地占用税、契税、遗产和赠与税、土地增值税、国有土地有偿使用收入等。

中央与地方共享收入包括:增值税,中央分享75%,地方分享25%(2016年5月1日全面营改增之后中央50%,地方50%);资源税,按照不同资源品种划分,大部分资源税作为地方收入,海洋石油资源税作为中央收入;证券交易税(目前暂时征收证券交易印花税),中央、地方各分享50%。

3. 政府间财政转移支付制度。分税制在重新划分中央财政收入与地方财政收入的基础上,相应地调整政府间财政转移支付数量和形式,除保留原体制下中央财政对地方财政的定额补助、专项补助和地方上缴外,根据中央财政固定收入范围扩大、数量增加的新情况,着重建立中央财政对地方财政的税收返还制度。具体办法是,中央税收上缴完成后,通过中央财政支出,将一部分收入返还给地方使用。

(二)预算体系的组成

我国《预算法》规定,国家实行一级政府一级预算。据此,我国预算体系由中央预算、省级预算、市级预算、县级预算、乡级预算五级构成,中央预算以外的四级预算称为地方预算。全国预算由中央预算和地方预算组成。地方预算由各省、自治区、直辖市总预算组成。地方各级总预算由本级预算和汇总的下一级总预算组成;下一级只有本级预算的,下一级总预算即指下一级的本级预算。没有下一级预算的,总预算即指本级预算。

预算包括一般公共预算、政府性基金预算、国有资本经营预算、社会保险基金预算。

1. 一般公共预算是对以税收为主体的财政收入,安排用于保障和改善民生、推动经济社会发展、维护国家安全、维持国家机构正常运转等方面的收支预算。中央一般公共预算包括中央各部门(含直属单位,下同)的预算和中央对地方的税收返还、转移支付预算。中央一般公共预算收入包括中央本级收入和地方向中央的上解收入。中央一般公共预算支出包括中央本级支出、中央对地方的税收返还和转移支付。地方各级一般公共预算包括本级各部门(含直属单位,下同)的预算和税收返还、转移支付预算。地方各级一般公共预算收入包括地方本级收入、上级政府对本级政府的税收返还和转移支付、下级政府的上解收入。地方各级一般公共预算支出包括地方本级支出、对上级政府的上解支出、对下级政府的税收返还和转移支付。

2. 政府性基金预算是对依照法律、行政法规的规定在一定期限内向特定对象征收、收取或者以其他方式筹集的资金,专项用于特定公共事业发展的收支预算。政府性基金预算应当根据基金项目收入情况和实际支出需要,按基金项目编制,做到以收定支。

3. 国有资本经营预算是对国有资本收益作出支出安排的收支预算。国有资本经营预算应当按照收支平衡的原则编制,不列赤字,并安排资金调入一般公共预算。

4. 社会保险基金预算是对社会保险缴款、一般公共预算安排和其他方式筹集的资金,专项用于社会保险的收支预算。社会保险基金预算应当按照统筹层次和社会保险项目分别编制,做到收支平衡。

一般公共预算、政府性基金预算、国有资本经营预算、社会保险基金预算应当保持完整、独立。政府性基金预算、国有资本经营预算、社会保险基金预算应当与一般公共预算相衔接。

(三)预算职权的划分

预算职权,又称预算管理权,即国家机关依法享有的制定和实施预算的权力,亦即对财政收支实行计划管理的权力。根据我国《预算法》规定,预算职权由中央和地方各级权力机关、政府及其财政职能部门和相关部门分工和共同行使。

1. 各级权力机关的预算职权

全国人大的预算职权包括:审查中央和地方预算草案和预算执行情况报告;批准中央预算及其执行情况报告;改变或撤销全国人大常委会关于预算、决算的不适当的决议。

全国人大常委会的预算职权包括:监督中央和地方预算的执行;审查和批准中央预算调整方案和中央决算;撤销国务院、省级人大及其常委会制定的关于预算、决算的违法的规范性文件。

县级以上各级人大的预算职权包括:审查本级总预算草案及本级总预算执行情况的报告;批准本级预算和预算执行情况报告;改变或撤销本级人大常委会关于预算、决算的不适当的决议;撤销本级政府关于预算、决算的不适当的决定和命令。

县级以上地方各级人大常委会的预算职权包括:监督本级总预算的执行;审查和批准本级预算的调整方案和本级政府决算;撤销本级政府和下一级人大及常委会关于预算、决算的不适当的决定、命令和决议。

乡级人大的预算职权包括:审查和批准本级预算和预算执行情况报告;监督本级预算的执行;审查和批准本级预算的调整方案和本级决算;撤销本级政府关于预算、决算的不适当的决定和命令。

2. 各级政府的预算职权

国务院的预算职权包括:编制中央预算、决算草案和中央预算调整方案;向全国人大作关于中央和地方预算草案的报告;将各省级政府报送备案的预算汇总后报全国人大常委会备案,向全国人大及其常委会报告中央和地方预算执行情况;组织中央和地方预算的执行;决定中央预算预备费的动用;监督中央各部门和地方政府执行预算;改变或撤销中央各部门和地方政府关于预算、决定的不适当的决定和命令。

县级以上地方政府的预算职权包括:编制本级预算、决算草案和本级预算的调整方案;向本级人大作关于本级总预算草案的报告;将下一级政府报送备案的预算汇总后报本级人大常委会备案;向本级人大及其常委会报告本级总预算执行情况;组织本级总预算的执行;决定本级预算预备费用的动用;监督本级各部门和下级政府的预算执行;改变或撤销本级各部门和下级政府关于预算、决算的不适当的决定和命令。

乡级政府的预算职权包括:编制本级预算、决算草案和本级预算的调整方案;向本级人大报告本级预算草案和本级预算执行情况;组织本级预算的执行;决定本级预算预备费的动用。

3. 各级财政部门的预算职权

各级财政部门的预算职权是本级政府的预算职权的具体化。主要包括:具体编制本级预算、决算草案和本级预算的调整方案;具体组织本级总预算的执行;提出本级预算预备费动用方案;定期向本级政府和上一级财政部门报告本级总预算的执行情况。

三、预算程序的法律规定

(一)预算的编制

国务院应当及时下达关于编制下一年预算草案的通知。编制预算草案的具体事项由国务院财政部门部署。各级政府、各部门、各单位应当按照国务院规定的时间编制预算草案。

各级预算应当根据年度经济社会发展目标、国家宏观调控总体要求和跨年度预算平衡的需要,参考上一年预算执行情况、有关支出绩效评价结果和本年度收支预测,按照规定程序征求有关方面意见后,进行编制。各级政府依据法定权限作出决定或者制定行政措施,凡涉及增加或者减少财政收入或者支出的,应当在预算批准前提出并在预算草案中作出相应安排。各部门、各单位应当按照国务院财政部门制定的政府收支分类科目、预算支出标准和要求,以及绩效目标管理等预算编制规定,根据其依法履行职能和事业发展的需要以及存量资产情况,编制本部门、本单位预算草案。

省、自治区、直辖市政府应当按照国务院规定的时间,将本级总预算草案报国务院汇总。

各级预算收入的编制,应当与经济社会发展水平相适应,与财政政策相衔接。各级政府、各部门、各单位应当依照本法规定,将所有政府收入全部列入预算,不得隐瞒、少列。各级预算支出的编制,应当贯彻勤俭节约的原则,严格控制各部门、各单位的机关运行经费和楼堂馆所等基本建设支出。

(二)预算的审批

中央预算由全国人民代表大会审查和批准。国务院财政部门应当在每年全国人民代表大会会议举行的45日前,将中央预算草案的初步方案提交全国人民代表大会财政经济委员会进行初步审查。全国人民代表大会财政经济委员会向全国人民代表大会主席团提出关于中央和地方预算草案及中央和地方预算执行情况的审查结果报告。

地方各级预算由本级人民代表大会审查和批准。省、自治区、直辖市政府财政部门应当在本级人民代表大会会议举行的30日前,将本级预算草案的初步方案提交本级人民代表大会有关专门委员会进行初步审查。设区的市、自治州政府财政部门应当在本级人民代表大会会议举行的30日前,将本级预算草案的初步方案提交本级人民代表大会有关专门委员会进行初步审查,或者送交本级人民代表大会常务委员会有关工作机构征求意见。县、自治县、不设区的市、市辖区政府应当在本级人民代表大会会议举行的30日前,将本级预算草案的初步方案提交本级人民代表大会常务委员会进行初步审查。省、自治区、直辖市、设区的市、自治州人民代表大会有关专门委员会,县、自治县、不设区的市、市辖区人民代表大会常务委员会,向本级人民代表大会主席团提出关于总预算草案及上一年总预算执行情况的审查结果报告。县级以上地方各级政府将下一级政府依照前款规定报送备案的预算汇总后,报本级人民代表大会常务委员会备案。国务院将省、自治区、直辖市政府依照前款规定报送备案的预算汇总后,报全国人民代表大会常务委员会备案。

报送各级人民代表大会审查和批准的预算草案应当细化。本级一般公共预算支出,按其功能分类应当编列到项;按其经济性质分类,基本支出应当编列到款。本级政府性基金预算、国有资本经营预算、社会保险基金预算支出,按其功能分类应当编列到项。

各级预算经本级人民代表大会批准后,本级政府财政部门应当在20日内向本级各部门批复预算。各部门应当在接到本级政府财政部门批复的本部门预算后十五日内向所属各单位批复预算。

中央对地方的一般性转移支付应当在全国人民代表大会批准预算后三十日内正式下达。中央对地方的专项转移支付应当在全国人民代表大会批准预算后90日内正式下达。

省、自治区、直辖市政府接到中央一般性转移支付和专项转移支付后,应当在30日内正式下达到本行政区域县级以上各级政府。

县级以上地方各级预算安排对下级政府的一般性转移支付和专项转移支付,应当分别在本级人民代表大会批准预算后的30日和60日内正式下达。

对自然灾害等突发事件处理的转移支付,应当及时下达预算;对据实结算等特殊项目的转移支付,可以分期下达预算,或者先预付后结算。

县级以上各级政府财政部门应当将批复本级各部门的预算和批复下级政府的转移支付预算,抄送本级人民代表大会财政经济委员会、有关专门委员会和常务委员会有关工作机构。

(三)预算的执行

各级财政部门应当在本级政府领导下做好预算执行工作。其主要环节包括:

组织预算收入,及时、正确、足额地把应征的收入纳入国库;按照计划拨付资金,保证用款单位的资金需要。

在预算执行中,国库作为财政资金的出纳机构及时、准确地办理预算收入的收纳、划分、留解和预算支出的拨付。除经同级财政部门的许可,任何部门、单位和个人都无权动用或者以其他方式支配国库库款。

在预算的执行过程中,由于某些特殊情况的出现而需要增加支出或减少收入,使总支出超过总收入或者原举借债务的数额增加,可依法定程序对已批准的预算进行调整。预算调整方案由各级财政部门提出,经本级人大常委会审批,地方预算调整方案经批准后,须由本级政府报上级政府备案。

(四)预算的调整

经全国人民代表大会批准的中央预算和经地方各级人民代表大会批准的地方各级预算,在执行中出现下列情况之一的,应当进行预算调整:

1. 需要增加或者减少预算总支出的;

2. 需要调入预算稳定调节基金的;

3. 需要调减预算安排的重点支出数额的;

4. 需要增加举借债务数额的。

在预算执行中,各级政府对于必须进行的预算调整,应当编制预算调整方案。预算调整方案应当说明预算调整的理由、项目和数额。

在预算执行中,由于发生自然灾害等突发事件,必须及时增加预算支出的,应当先动支预备费;预备费不足支出的,各级政府可以先安排支出,属于预算调整的,列入预算调整方案。

中央预算的调整方案应当提请全国人民代表大会常务委员会审查和批准。县级以上地方各级预算的调整方案应当提请本级人民代表大会常务委员会审查和批准;乡、民族乡、镇预算的调整方案应当提请本级人民代表大会审查和批准。未经批准,不得调整预算。经批准的预算调整方案,各级政府应当严格执行。未经《预算法》规定的程序,各级政府不得作出预算调整的决定。地方各级预算的调整方案经批准后,由本级政府报上一级政府备案。

(五)决算

决算是全年预算执行的总结,全面反映预算年度预算收支的最终结果。在第一预算年度终了后,各级政府,各部门、各单位都要按国务院规定的时间编制决算草案。各部门对所属各单位的决算草案,应当审核并汇总编制本部门的决算草案,在规定期限内报本级财政部门审核。由各级财政部门汇总编制的决算草案,应当报送同级政府审定,审定后除乡级决算草案由本级人大审批外,其他均由本级人大常委会审批。决算批准后,各级财政部门要向本级各部门批复决算,地方各级政府还应当将决算报上级政府备案。

第三节 税 法

主要内容提示

1. 税法是调整税法主体在税收活动中发生的社会关系的法律规范的总称。税收关系经税法调整成为税收法律关系。税法构成要素主要包括八个方面。

2. 税收征管法律制度主要包括税务登记管理制度、账簿凭证管理制度、纳税申报管理制度、税款征收法律制度、涉税发票管理制度等。

3. 税收法律制度包括商品税、所得税、财产税法律制度。

4. 违反税法的法律责任主要有两种。纳税人偷税、欠税、抗税、骗税应承担相应的法律责任。

一、税法概述

(一)税法的概念和调整对象

税法是调整税法主体在税收活动中发生的社会关系的法律规范的总称。它在经济法的宏观调控中居于重要地位。

税收是国家为实现其公共职能而凭借其政治权力,依法强制、无偿地取得财政收入的一种活动或手段。可见,税收的征收主体是国家,征税的目的是提供公共物品、实现公共职能,其权力依据是国家的政治权力。税收的实现必须依法进行,而依法征税必须有确定的征收标准,同时又必然带有强制性。税收活动是国家取得财政收入的一种活动或手段,税收收入是财政收入的一种形式,国家取得税收收入是无偿的。

税法的调整对象是税法主体在税收活动中发生的社会关系,简称税收关系。

税收关系可以分两大类,即税收体制关系和税收征纳关系。前者是指各相关国家机关因税收方面的权限划分而发生的社会关系,实质上是一种权力分配关系;后者是指在税收征纳过程中发生的社会关系,主要体现为征纳双方之间的关系。此外,税收征纳关系还可进一步分为税收征纳实体关系和税收征纳程序关系。

(二)税法的构成要素

税法的构成要素,又称课税要素或课税要件,就是国家有效征税必须具备的条件。只有在符合课税要素的情况下,国家才可以征税。税法的构成要素包括:

1. 纳税主体,又称纳税人,是指依照税法规定直接负有纳税义务的自然人、法人和非法人组织。具体的纳税人由各税种分别确定。

2. 征税客体,又称征税对象或课税对象,是指征税的直接对象或称标的,说明对什么征税的问题。依征税对象性质不同可分为商品、所得和财产三大类,并构成税收征纳实体法的分类。

3. 税目与计税依据，是对征税对象在质与量方面的具体化。所谓税目，就是税法规定的征税的具体项目，它是征税对象在质方面的具体化；所谓计税依据，也称计税标准、计税基数，或简称税基，是指根据税法规定所确定的用以计算应纳税额的依据，亦即据以计算应纳税额的基数，它是征税对象在量方面的具体化。

4. 税率，是指应纳税额与计税基数之间的数量关系或比率。它是衡量税负高低的重要指标，是税法的核心要素。税率可分为：

(1) 比例税率。比例税率是指对同一征税对象，不论其数额大小，均按照同一比例计算应纳税额的税率。比例税率在商品税领域应用得比较普遍。

(2) 累进税率。累进税率是指随着征税对象的数额由低到高逐级累进，适用的税率也随之逐级提高的税率。即按征税对象数额的大小划分若干等级，每级由低到高规定相应的税率，征税对象数额越大，适用的税率越高，反之则相反。累进税率一般适用于对所得征税。累进税率又分为全额累进税率和超额累进税率。全额累进税率是指对征税对象的全部数额都按照与之相对应的该等级税率征税，超额累进税率是指对不同等级的征税对象的数额，分别按照与之相对应的等级的税率来计税，然后再累加计算总税额。

(3) 定额税率。定额税率是指按征税对象的一定计量单位直接规定的固定的税额，因而也称固定税额。定额税率不受价格变动影响，便于从量计征，多适用于从量税。

5. 纳税环节，是指在商品流转过程中应当缴纳税款的环节，亦即在对商品流转额的征税中征几道税的问题。

6. 纳税期限，也称纳税时间，是指在纳税义务发生后，纳税人依法缴纳税款的期限。纳税期限可分为纳税计算期和税款缴库期两类，它关系纳税义务的实际履行。

7. 纳税地点，是指纳税人依据税法规定向征税机关申报纳税的具体地点。一般说来，税法规定的纳税地点有：机构所在地、经济活动发生地、财产所在地、报关地等。

8. 税收特别措施，包括税收优惠措施和税收重课措施两类。税收优惠措施是以减轻纳税人的税负为主要内容，并往往与一定的经济政策有关，因而也称税收诱因措施，主要是指税收减免、税收抵免、亏损结转、出口退税等。税收重课措施是以加重税负为内容的税收特别措施，如税款的加成、加倍征收等。

此外，还有纳税手续、计税方法、处罚程序等。

二、税收法律制度

(一) 流转税法律制度

流转税，又称流通税，指以纳税人商品生产、流通环节的流转额或者数量以及非商品交易的营业额为征税对象的一类税收。流转税是商品生产和商品交换的产物,各种流转税(如增值税、消费税、营业税、关税等)是政府财政收入的重要来源。

流转税的主要特点是:第一,以商品生产、交换和提供商业性劳务为征税前提,征税范围较为广泛,既包括第一产业和第二产业的产品销售收入,也包括第三产业的营业收入;既对国内商品征税,也对进出口的商品征税,税源比较充足。第二,以商品、劳务的销售额和营业收入作为计税依据,一般不受生产、经营成本和费用变化的影响,可以保证国家能够及时、稳定、可靠地取得财政收入。第三,一般具有间接税的性质,特别是在从价征税的情况下,税收与价格密切相关,便于国家通过征税体现产业政策和消费政策。第四,同有些税类相比,流转税在计算征收上较为简便易行,也容易为纳税人所接受。

我国现行的流转税主要有增值税、消费税、营业税、关税等。

1.增值税

增值税是以商品价值中的增值额作为课税对象的一种流转税。增值税始于法国,后来在西欧和北欧各国迅速推广,现在已成为许多发达国家和发展中国家广泛采用的一个国际性税种。

增值税的纳税主体是指在中华人民共和国境内销售货物或者加工、修理修配劳务、销售服务、无形资产、不动产以及进口货物的单位和个人。构成增值税的纳税人应具备两项条件:一是有销售货物或者提供加工、修理修配劳务、销售服务、无形资产、不动产以及进口货物的交易行为;二是上述交易行为发生在中华人民共和国境内。我国采取属地税收管辖权原则确定增值税的纳税义务人。

我国《增值税暂行条例》规定的征税范围是:“在中华人民共和国境内销售货物或者加工、修理修配劳务、销售服务、无形资产、不动产以及进口货物。”销售货物是指有偿转让货物的所有权。销售货物构成增值税的征税范围,应当同时具备三项条件:第一,所转让的货物是有形动产,包括电力、热力、气体,转让无形资产和不动产不属于增值税的征税范围;第二,必须是有偿转让,即一方通过转让货物从购买方取得货币、实物或其他经济利益;第三,所销售的货物的起运地或所在地必须在中国境内。加工是指接受委托加工应征增值税的货物,即委托方提供原材料,受托方按照委托方的要求制造货物并收取加工费。修理修配是指接受委托对损伤和丧失功能的应征增值税的货物进行修复,使其恢复原状和功能。提供加工、修理修配劳务必须是有偿的,才负有缴纳增值税的义务,但不包括单位和个体经营者聘用的员工为本单位或雇主提供的加工、修理修配劳务并由受托方将该项发票转交给委托方。销售服务,是指提供交通运输服务、邮政服务、电信服务、建筑服务、金融服务、现代服务、生活服务等。2017年“营改增”后现代服务特指围绕制造业、文化产业、现代物流产业等提供技术性、知识性服务的业务活动。包括研发和技术服务、信息技术服务、文化创意服务、物流辅助服务、租赁服务、鉴证咨询服务、广播影视服务、商务辅助服务和其他现代服务等。销售无形资产,是指转让无形资产所有权或者使用权的业务活动。无形资产,是指不具实物形态,但能带来经济利益的资产,包括技术、商标、著作权、商誉、自然资源使用权和其他权益性无形资产。销售不动产,是指转让不动产所有权的业务活动。不动产,是指不能移动或者移动后会引起性质、形状改变的财产,包括建筑物、构筑物等。进口货物是指货物从国外进入中华人民共和国境内。进口货物,无论是否转移货物的所有权,也无论是否有偿,均应当征收增值税。

增值税的计税依据是纳税人的销售额。销售额是指纳税人销售货物或应税劳务向购买方收取的全部价款和价外费用。由于增值税属于价外税,以不含税的销售额为计税依据,如果销售额含有增值税进项税额,必须按下列公式换算成不含税销售额,换算公式为:

销售额 = 含税销售额 ÷ (1 + 税率)

根据《中华人民共和国增值税暂行条例》第 2 条的规定:"增值税税率:

(一)纳税人销售货物、劳务、有形动产租赁服务或者进口货物,除本条第二项、第四项、第五项另有规定外,税率为 17%。

(二)纳税人销售交通运输、邮政、基础电信、建筑、不动产租赁服务,销售不动产,转让土地使用权,销售或者进口下列货物,税率为 11%:

1. 粮食等农产品、食用植物油、食用盐;

2. 自来水、暖气、冷气、热水、煤气、石油液化气、天然气、二甲醚、沼气、居民用煤炭制品;

3. 图书、报纸、杂志、音像制品、电子出版物;

4. 饲料、化肥、农药、农机、农膜;

5. 国务院规定的其他货物。

(三)纳税人销售服务、无形资产,除本条第一项、第二项、第五项另有规定外,税率为 6%。

(四)纳税人出口货物,税率为零;但是,国务院另有规定的除外。

(五)境内单位和个人跨境销售国务院规定范围内的服务、无形资产,税率为零。

税率的调整,由国务院决定。"

2. 消费税

消费税是对特定消费品和消费行为在特定环节征收的一种间接税。消费税通常用来调节或引导社会消费行为,是建立在对消费品普遍征收增值税之后的额外税种。

消费税的纳税主体是指在中华人民共和国境内生产、委托加工和进口法定的消费品的单位及个人。

我国《消费税暂行条例》规定的征收范围有两种情况：一种是由征收产品税改征增值税后税负大幅度下降的产品；另一种是需进行特殊税收调节的消费品。

消费税法采用从价定率和从量定额的办法征税，按不同消费品分别采用比例税率和定额税率。对黄酒、啤酒、成品油实行定额税率；对卷烟、粮食白酒和薯类白酒实行定额与比例的复式税率；对其他应税消费品实行比例税率。

从价计税时，应纳税额 = 应税消费品销售额 × 适用税率。

从量计税时，应纳税额 = 应税消费品销售数量 × 适用税额标准。

3. 关税

关税是对进出境的货物或物品由海关负责征收的一种流转税。狭义的关税仅指在海关税则中规定的对进出境货品征收的税，不包括由海关代征的进口环节国内税，如我国海关代征的进口环节增值税、消费税等。

关税的纳税主体是根据关税法的规定，负有缴纳关税义务的单位和个人。关税法规定，进口货物的收货人、出口货物的发货人是关税的纳税人，接受委托办理有关进出口货物手续的代理人负有代纳关税义务。

进口税税率有比例税率和定额税率之分。就比例税率而言，又有优惠税率、普通税率、暂定税率等形式。出口税率按不同商品实行差别比例税率。

关税的完税价格是指为计算应纳关税税额而由海关审核确定的进出口货物的价格。进口货物，以海关审定的成交价格为基础的到岸价格作为完税价格。出口货物，应当以海关审定的货物售于境外的离岸价格，扣除出口关税后，作为完税价格。

（二）所得税法律制度

所得税，又称收益税，是以所得为征税对象并由获取所得的主体缴纳的一类税的总称。所得税作为一个税类，主要具有以下特点：一是征税对象是所得，计税依据是纯所得额。作为所得税征税对象的所得，主要有四类：经营所得、劳务所得、投资所得、资本利得。二是计税依据的确定较为复杂。所得税的计税依据是纯所得额，即从总所得额中减去各种法定扣除项目后的余额。三是比例税率与累进税率并用。所得税以量能课税为原则，因而在适用比例税率的同时，尤其在个人所得税等领域亦适用累进税率。四是所得税是直接税。其税负由纳税人直接承担，税负不易转嫁。五是在税款缴纳上实行总分结合。所得税一般先分期预缴，到年终再清算。

我国现行所得税包括企业所得税和个人所得税两种。

1. 企业所得税

企业所得税是对一国境内所有企业在一定期间内的生产经营所得和其他所得等收入，将法定的生产成本、费用和损失等扣除后的余额征收的一种税。

我国《企业所得税法》规定的纳税主体是在中华人民共和国境内的企业和其

他取得收入的组织。企业分为居民企业和非居民企业。个人独资企业和合伙企业缴纳个人所得税,不是企业所得税的纳税人。企业所得税的征税对象指企业的生产经营所得、其他所得和清算所得。

企业所得税的基本税率为25%,适用于居民企业和在中国境内设有机构、场所且所得与机构、场所有关联的非居民企业;两档优惠税率分别为20%和15%,适用于符合条件的小型微利企业和国家重点扶持的高新技术企业。对在中国境内未设立机构、场所的,或者虽设立机构、场所但取得的所得与其所设机构、场所没有实际联系的非居民企业,减按20%的税率计税。

企业应纳税额等于应纳税所得额乘以适用税率,计算公式为:

企业应纳税额 = 应纳税所得额 × 适用税率 - 减免税额 - 抵免税额

根据计算公式可看出,企业应纳税额的多少,主要取决于应纳税所得额和适用税率两个因素。在实际工作中,应纳税所得额的计算一般有两种方法:一种是直接计算法,即企业每一纳税年度的收入总额减除不征税收入、免税收入、各项扣除以及允许弥补的以前年度亏损后的余额为应纳税所得额。另一种是间接计算法,即在会计利润总额的基础上加或减按照税法规定调整的项目金额后,即为应纳税所得额。

企业取得的下列所得已在境外缴纳的所得税税额,可以从其当期应纳税额中抵免,抵免限额为该项所得依照本法规定计算的应纳税额;超过抵免限额的部分,可以在以后5个年度内,用每年度抵免限额抵免当年应抵税额后的余额进行抵补。

除税收法律、行政法规另有规定外,企业以企业登记注册地为纳税地点;但登记注册地在境外的,以实际管理机构所在地为纳税地点。企业注册登记地,是指企业依照国家有关规定登记注册的住所地。

企业在中国境内设立不具有法人资格的营业机构的,应当汇总计算并缴纳企业所得税。企业汇总计算并缴纳企业所得税时,应当统一核算应纳税所得额,具体办法由国务院财政、税务主管部门制定。

企业所得税按年计征,分月或者分季预缴,年终汇算清缴,多退少补。自年度终了之日起5个月内,向税务机关报送年度企业所得税纳税申报表,并汇算清缴,结清应缴应退税款。

按月或者按季预缴的,应当自月份或者季度终了之日起15日内,向税务机关报送预缴企业所得税纳税申报表,预缴税款。

2. 个人所得税

个人所得税是对在中国境内有住所,或者无住所而在中国境内居住满1年的个人,从中国境内和境外取得的所得,以及对在中国境内无住所又不居住或者无住所而在境内居住不满一年的个人,从中国境内取得的所得征收的一种税。

根据我国《个人所得税法》的规定,个人所得税的纳税主体主要有三类:(1)在中国境内有住所，从中国境内或者境外取得所得的个人；(2)在中国无住所但是居住满一年从中国境内或者境外取得所得的个人；(3)在中国境内无住所又不居住或者无住所而在境内居住不满一年但从中国境内取得所得的个人。

由于我国《个人所得税法》采用分类所得税制，明确列举了11项应纳税个人所得：工资、薪金所得；个体工商户的生产、经营所得；对企事业单位的承包经营、承租经营所得；劳务报酬所得；稿酬所得；特许权使用费所得；利息、股息、红利所得；财产租赁所得；财产转让所得；偶然所得；其他所得。

个人所得税率是个人所得税税额与应纳税所得额之间的比例。工资、薪金所得，适用7级超额累进税率；个体工商户的生产、经营所得和对企事业单位的承包经营、承租经营所得，适用5级超额累进税率；劳务报酬所得、稿酬所得等适用20%的比例税率。

个人所得税根据我国的实际情况，本着有利于防止税款流失和便于征管的原则，实行分项扣除、分项定率、分项征收的计征办法。

(三)财产行为税法律制度

财产行为税是以纳税人拥有的财产数量或财产价值为征税对象或为了实现某种特定的目的，以纳税人的某些特定行为为征税对象的税种。

目前，我国财产行为税主要有房产税、城镇土地使用税、车辆购置税、契税等。

1. 房产税

房产税是以房屋为征税对象，以房屋的评估价值为计说依据，向房屋的所有人或使用人征收的一种财产税。

各国房产税按其课征标准的不同，大致可分为财产房屋税、收益房屋税、所得房屋税和消费房屋税四种类型。我国房产税以在境内拥有房屋产权的单位和个人为纳税义务人。

现行房产税以房屋的余值或租金收入为计税依据。前者的税率为1.2%，后者的税率为12%。房产税的应纳税额，按照计税依据和适用税率计算，具体计算公式为：

应纳税额＝房产余值(或租金收入)×适用税率

房产税的开征是我国经济社会发展中持续讨论的焦点，但是因为涉及的现实问题和制度障碍非常多，所以国务院对房产税的开征一直持谨慎态度。从2011年房产税在个别城市试点开始，对存量房全面开征房产税似乎已成大势。但具体到房产税相关的立法根据、适用范围、纳税主体等都未定型，还需时间总体把握。

2. 城镇土地使用税

城镇土地使用税是对在我国境内使用土地资源的单位和个人，就其实际占用的土地面积定额征收的一种税。

除农业用地外，凡是中华人民共和国境内的土地，都属于城镇土地使用税的征税范围。城镇土地使用税的纳税人为在我国境内拥有土地使用税征税范围内的土地使用权的单位和个人。

城镇土地使用税以纳税人实际占用的应税土地面积为计税依据,依照规定的税额计算征收。

土地使用税采用幅度定额税率。以每平方米为计税单位,按大、中、小城市和县城、建制镇、工矿区及农村分别确定幅度差别税额。

3. 车辆购置税

车辆购置税是对在我国境内购置应税车辆的单位和个人,按其购置车辆价格的一定比例所征收的一种税。

在中华人民共和国境内购置应税车辆的,应当缴纳车辆购置税。所谓“购置”包括购买、进口、自产、受赠、获奖或者以其他方式取得自用应税车辆的行为。所谓“应税车辆”包括汽车、摩托车、电车、挂车、农用运输车。纳税主体为在中华人民共和国境内购置应税车辆的单位和个人。

车辆购置税以纳税人所购置的价格为计税依据,实行从价定率征收,税率为10%。

4. 契税

契税是指在土地使用权、房屋所有权的权属转移或变动订立契约时,向产权承受人征收的一种税。

根据《契税暂行条例》的规定,我国现行契税的征收范围具体包括:国有土地使用权出让;土地使用权转让;房屋买卖、赠与或交换。契税的纳税主体是在中国境内转移土地和房屋权属过程中的产权承受单位和个人,具体指国有土地使用权出让或者土地使用权转让中的受让人、房屋的买主、房屋赠与承受人、房屋交换的双方。

契税的征税对象是发生使用权转移的土地和发生所有权转移的房屋。根据《契税暂行条例》的规定,其计税依据的确定分三种情况:第一种,国有土地使用权出让、土地使用权出售、房屋买卖,以成交价格为计税依据;第二种,土地使用权赠与、房屋赠与,其计税依据由征收机关参照当地土地使用权出售、房屋买卖的市场价格确定;第三种,土地使用权交换、房屋交换,其计税依据为所交换的土地使用权、房屋的价差。

契税采用幅度比例税率。暂行条例规定的税率幅度为3%~5%。各地具体适用的税率,由各省、自治区、直辖市人民政府在上述幅度内根据本地实际情况确定,并报财政部和国家税务总局备案。

契税的应纳税额依计税依据和适用税率计算。计算公式如下:

应纳税额=计税依据×税率

具体又有以下几种情况:

(1)土地使用权出让、土地使用权出售。应纳税额 = 成交价格 × 税率。

(2)土地使用权赠与。应纳税额 = 该土地使用权的市场价格 × 税率。

(3)土地使用权交换。应纳税额 = 成交价格 × 税率。

(4)房屋买卖。应纳税额 = 成交价格 × 税率。

(5)房屋赠与。应纳税额 = 该房屋的市场价格 × 税率。

(6)房屋交换。应纳税额 = 所交换房屋价格的差额 × 税率。

5. 印花税

印花税是对经济活动和经济交往中书立、领受具有法律效力的凭证的行为所征收的一种税。因采用在应税凭证上粘贴印花税票作为完税的标志而得名。

《印花税暂行条例》采用列举的方式规定了印花税的征税范围。具体包括:合同或者具有合同性质的凭证;产权转移书据;营业账簿;权利许可证照和经财政部确定征税的其他凭证。

印花税的纳税主体为在我国境内书立、领受应税凭证的单位和个人。具体包括国内各类企业、事业、机关、团体、部队以及中外合资企业、中外合作企业、外资企业、外国公司(企业)和其他经济组织及其在华机构等单位和个人。

印花税采用列举法并根据凭证的不同种类共设置了 13 个税目。

印花税有比例税率和定额税率两种形式。各类经济合同及合同性质的凭证、记载资金的账簿和产权转移书据等适用比例税率;其他营业账簿、权利许可证照等适用定额税率。对同一凭证,因载有两个或者两个以上经济事项而适用不同税目税率,如果分别记载金额的,应分别计算应纳税额,相加后按合计税额贴花;如果未分别记载金额的,按税率高的计税贴花。

根据税法规定,适用比例税率的应税凭证,以凭证所载金额为印花税的计税依据。按金额比例贴花的应税凭证,未注明金额的,应按照凭证所载数量和物价部门规定的价格计算确定计税金额;物价部门没有规定价格的,应按照凭证书立时的市场价格计算确定计税金额,然后再按照规定的适用税率计算应纳税额。适用定额税率的应税凭证,以应税凭证的件数为计税依据,按件定额贴花 5 元。

三、税收征管法律制度

税收征管法律制度是有关税收征纳及其管理方面的诸多法律规范的有机结合。它与税收体制法律制度密切相关,主要包括税务登记管理制度、账簿凭证管理制度、纳税申报管理制度、税款征收法律制度、涉税发票管理制度、税务检查法律制度、海关监督管理制度等。

(一)税收征管法律制度概述

税收征管体制的核心内容是在相关的国家机关之间进行税收征管权的分割与配置。依法享有税收征管权的国家机关为征管机关。通常为税务机关、海关、财政机关等。我国的税收征管体制以分税制为核心内容。分税制是指按事权划分中央与地方的财政支出,依据事权与财权相结合的原则,按税种划分中央与地方收入的制度。

我国的税收征管体制是依据统一政策和分级管理相结合的原则,对税收立法权高度集中,以保持法制和税制的统一,同时对税收实行分级征管,以体现分级管理的精神。

为确立和完善我国的税收征管法律制度,1993 年的《税收征管法》在 2001 年修订后,又分别于 2013 年和 2015 年进行了两次修订。我国税收征管法主要规定了三大方面的制度,即税务管理制度、税款征收制度和税务检查制度。

(二)税务登记制度

依据我国《税收征管法》的规定,从事生产、经营的纳税人必须在法定期限内依法办理税务登记。税务登记是整个税收征管的首要环节。税务登记包括三类,即设立税务登记、变更税务登记和注销税务登记。

税收征管法规定,从事生产、经营的纳税人应当自领取营业执照之日起 30 日内,持有关证件向税务机关申报办理税务登记,经税务机关审核合格的,发给税务登记证。设立税务登记后,税务登记内容发生变化,应当自工商行政管理机关办理变更登记之日起 30 日内,持有关证件向原税务登记机关办理变更税务登记。纳税人发生解散、破产、撤销、吊销营业执照以及其他情形、依法终止纳税义务的,应自宣告终止之日或执照被吊销之日起 15 日内向原税务机关办理注销税务登记。

(三)账簿、凭证管理制度

账簿、凭证管理是直接影响到税收征纳的一种基础性管理。由于账簿、凭证所反映出的纳税人的纳税能力会直接影响到计税基数的确定,从而会影响到应纳税额的计算,因而账簿、凭证所反映的会计信息必须真实、准确、可靠。按规定,从事生产经营的纳税人,应当自领取营业执照之日起 15 日内按照国务院财政、税务主管部门的规定设置账簿,并根据合法有效的凭证记账和进行核算。除纳税人外,扣缴义务人应当自法律、法规规定的扣缴义务发生之日起 10 日内按照所代扣、代缴的税种,分别设置代扣代缴、代收代缴税款账簿。对账簿、凭证依法进行使用和保管。

(四)纳税申报管理制度

纳税申报是在纳税义务发生后,纳税人按期向征税机关申报与纳税有关的各类事项的一种制度。纳税人进行纳税申报的主要内容包括:1. 税种、税目;2. 应纳税项目;3. 适用税率或者单位税额;4. 计税依据;5. 扣除项目及标准;6. 应纳税额;7. 税款所属期限。

纳税申报有先缴后报、预储报缴、支票报缴、现金报缴等方式。

(五)税款征收法律制度

税款征收是指征税机关依法将纳税人的应纳税款征收入库的各类活动的总

称。税款征收是整个税收征管的中心环节,是纳税人依法履行纳税义务和征税机关依法将税款征收入库的最重要阶段。纳税主体一般应根据具体情况,到下列地点的征税机关申报纳税:纳税人所在地、商品销售地、劳务发生地或营业地、财产所在地、报关地等。

对纳税人税款征收方式主要有:查账征收、查定征收、查验征收、定期定额征收、代扣代缴、代收代缴、委托征收、自核自缴等方式。税款征收的管理形式可以采取住厂管理、行业管理、分片管理、巡回管理等。

根据我国税收征管法的规定,税务机关有根据认为从事生产、经营的纳税人有逃避纳税义务行为的,可以在规定的纳税期限之前,责令限期缴纳应纳税款;在限期内发现有明显的转移、隐匿其应纳税的商品、货物以及其他财产或者应纳税的收入的迹象的,税务机关可以责成纳税人提供纳税担保,以保证其履行纳税义务。

我国税收征管法还对征税期限与纳税期限、税收减免与退税、文书送达制度等作了具体规定。

(六)涉税发票管理制度

所谓发票,是指在购销商品、提供或者接受服务以及从事其他经营活动中,开具、收取的收付款凭证。发票是记载相关主体经济往来的商事凭证,它能够证明相关主体之间的款项收付和资金流向,因而它不仅是会计核算的原始凭证,而且也是征税机关进行税款征收和税务检查的重要依据,所以应加强发票管理。

涉税发票管理制度包括印制与领购制度、开具与保管制度、发票的检查制度。同时还包括对违反发票管理规定的行为的处罚等。

(七)税务检查制度

税务检查是指征税机关根据税法及其他有关法律的规定而对纳税主体履行情况进行检验、核查的活动。税务检查制度是整个税收征管制度的重要组成部分。纳税人、扣缴义务人必须接受税务机关进行的税务检查,如实反映情况,提供有关资料,不得拒绝、隐瞒。税务人员进行税务检查时,必须出示税务检查证。

(八)海关监督管理制度

海关是重要的征税机关,在具体的职能和适用的程序上与税务机关有所不同。海关的主要任务是:依法监管进出境的运输工具、货物、行李物品、邮递物品和其他物品,征收关税和其他税费,查缉走私,并编制海关统计报表和办理其他海关业务。其中,监管、征税、缉私这三项职能是非常重要的。为保障海关职能实现,《海关法》对海关的监督管理权力、报关纳税管理制度、进出境物品的申报监管制度等内容作了相应的规定。

四、违反税法的法律责任

(一)纳税人违反税务管理规定的法律责任

纳税人违反具体的税务管理制度即应承担相应的法律责任。具体包括:

1. 未按照规定的期限申报办理税务登记、变更或者注销登记;

2. 未按照规定设置、保管账簿或者保管记账凭证和有关资料;

3. 未按照规定将财务会计制度或者财务、会计处理办法报送税务机关备查。

4. 未按照规定将其全部银行账号向税务机关报告的;

5. 未按照规定安装、使用税控装置,或者损毁或者擅自改动税控装置的。

只要具备上述其中的一种行为,税务机关即有权责令其限期改正,可处以2000元以下的罚款;情节严重的,处以2000元以上10000元以下的罚款。纳税人未按照规定使用税务登记证件,或者转借、涂改、损毁、买卖、伪造税务登记证件的,亦依照上述规定处理。此外,纳税人不办理税务登记的,由税务机关责令限期改正;逾期不改正的,经税务机关提请,由工商行政管理机关吊销其营业执照。

(二)纳税人违反税款征收规定的法律责任

1. 偷税行为的法律责任

偷税是指纳税人采取伪造、变造、隐匿、擅自销毁账簿、记账凭证,在账簿上多列支出或者不列、少列收入或者经税务机关通知申报而拒不申报或者进行虚假的纳税申报,不缴或者少缴应纳税款的行为。对纳税人偷税的,由税务机关追缴其不缴或者少缴的税款、滞纳金,并处不缴或者少缴的税款百分之五十以上五倍以下的罚款;构成犯罪的,依法追究刑事责任。扣缴义务人采取伪造 、变造、隐匿、擅自销毁账簿、记账凭证,或者在账簿上多列支出或者不列、少列收入等手段,不缴或者少缴已扣、已收税款,由税务机关追缴其不缴或者少缴的税款、滞纳金,并处不缴或者少缴的税款百分之五十以上五倍以下的罚款;构成犯罪的,依法追究刑事责任。

2. 欠税行为的法律责任

欠税是指纳税人在纳税期限届满后,仍未缴或少缴应纳税款的行为。对于欠税行为,征税机关一般是责令其限期缴纳并加收滞纳金;逾期仍未缴纳的,征税机关可通过强制执行措施等迫使其缴纳那些未缴或少缴的税款。但是,欠税人如果采取转移、隐匿财产等手段,妨碍税务机关追缴欠缴的税款的,由税务机关追缴欠缴的税款、滞纳金,并处欠缴税款百分之五十以上五倍以下的罚款;构成犯罪的,依法追究刑事责任。

3. 抗税行为的法律责任

抗税是指以暴力、威胁方法拒不缴纳税款的行为。(1)抗税行为情节轻微,未构成犯罪的,由税务机关追缴其拒缴的税款滞纳金,并处以拒缴税款1倍以上5倍以下的罚款。(2)抗税行为构成犯罪的,除由税务机关追缴其拒缴的税款外,处3年以下有期徒刑或者拘役,并处拒缴税款1倍以上5倍以下的罚金;情节严重的,处3年以上7年以下有期徒刑,并处拒缴税款1倍以上5倍以下的罚金。

自检自测题

一、不定项选择题

1. 我国《预算法》规定，国家实行(　　)。

A. 一级政府一级预算　　B. 两级政府一级预算

C. 统一预算　　D. 一级政府两级预算

2. 我国增值税采用(　　)。

A. 比例税率　　B. 累进税率　　C. 计价税率　　D. 定额税率

3. 根据我国个人所得税法的规定，稿酬所得适用比例税率，税率为(　　)。

A. 10%　　B. 15%　　C. 20%　　D. 25%

4. 个人所得税实行(　　)的税率。

A. 超额累进税率　　B. 比例税率

C. 全额累进税率　　D. 超额累进税率与比例税率相结合

5. 税收具有下列特征，即(　　)。

A. 强制性　　B. 公平性　　C. 无偿性　　D. 固定性

6. 以下属于流转税的有(　　)。

A. 增值税　　B. 营业税　　C. 印花税　　D. 个人所得税

7. 以下属于财产行为税的有(　　)。

A. 企业所得税　　B. 关税　　C. 房产税　　D. 车辆购置税

二、名词解释

财政　预算　分税制　税法　税率　个人所得税　增值税　消费税　营业税　企业所得税个人所得税　契税

三、问答题

1. 财政具有哪些主要特征和基本职能？

2. 财政税收法调整的对象包括哪些？

3. 分税制包括哪些内容？

4. 税法的构成要素有哪些？

5. 流转税的概念和主要特点有哪些？

6. 所得税的概念和主要特点有哪些？

7. 我国税法规定的税收征管法律制度主要有哪些？

第九章　金　融　法

预习目标设定

1. 重点掌握金融法的概念、中国人民银行的法律地位、人民币的发行、商业银行的适用范围和设立条件、商业银行的接管和终止、证券的发行和上市、票据的概念和特征、票据行为、保险法特征和基本原则、保险合同。

2. 学会运用中国人民银行的业务、金融监管、商业银行的经营原则、禁止的证券交易行为、汇票本票支票的具体规定、保险当事人的权利义务等基本理论,分析相关的金融法问题。

3. 一般了解金融立法体系、中国人民银行和商业银行的组织机构和职责、证券和证券法的基本概念、票据的种类和权利、保险组织。

第一节　金融法概述

主要内容提示

1. 金融法是调整货币资金融通和信用活动中所发生的金融关系的法律规范的总称。

2. 我国金融的立法体系发展主要经历了三个阶段。

一、金融与金融法

金融,即资金的借贷和流通,是指在中央银行控制和影响下的货币流通和信用活动的总称。它是以银行信用为枢纽,各经济主体通过具体的信用形式和中介机构融通货币资金的一种特殊的商事活动。其具体内容包括:货币的发行、流通与回笼,货币的借贷,外汇、金银的买卖,各种有价证券的发行与买卖,票据贴现,信托,保险等。随着经济的发展,金融市场的全球化、金融工具的多样化和技术手段的现代化,亟须完善的金融法制加以规范和监管。

金融法是调整货币资金融通和信用活动中所发生的金融关系的法律规范的总

称。金融法的调整对象是金融业务和金融管理活动中形成的各种经济关系。主要包括:国家对金融活动的宏观调控关系、中央银行与各金融机构的关系、银行与财政的关系、金融机构与客户之间的关系以及金融机构之间的关系。

二、我国的金融体系和金融立法

我国的金融体系发展主要经历了:大一统的中央银行制度(1949～1979年),混合制的中央银行体系(1979～1983年)和单一式中央银行体系(1984年至今)三个阶段,基本完成了从计划经济时代"大一统"的金融体系向社会主义市场经济下现代金融体系的转变。

随着金融体制改革的深化和完善,我国的金融立法也得以更新和加强。以1995年先后出台的四大金融法律《中国人民银行法》《商业银行法》《保险法》《票据法》为标志,初步构建了金融立法体系的框架。

三、我国金融法的基本内容

根据金融法的调整对象,我国金融法主要包括以下内容:

1. 金融机构组织法。金融机构是金融活动的主体,是金融关系的参加者。调整金融关系,首先要确认金融机构的法律地位,明确金融机构的性质、任务、职权、业务范围、机构设置等。金融机构组织法作为金融法体系的组成部分,就是规范上述金融机构本身的组织体系关系的金融法律规范的总称。以金融机构的不同性质和业务范围为标准,金融机构组织法又可以划分为中央银行法(在我国即为中国人民银行法)、商业银行法、政策性银行法、非银行金融机构组织法和外资金融机构组织管理法等。

2. 银行经营法。银行经营法是指调整银行业务关系的金融法律规范的总称,是金融法最基本的内容。因此,《中国人民银行法》《商业银行法》和其他银行法、银行条例中的有关规范银行业务的金融法律规范,都是银行经营法的内容。

3. 外汇管理法。外汇管理法是指调整外汇管理关系和外汇流通关系的金融法律规范之总称。它要规定外汇收支、外汇兑换和外汇进出国境等制度。

4. 票据法。票据法是指调整票据管理和票据流通关系的金融法律规范之总称。我国1995年5月10日颁布的《中华人民共和国票据法》集中规定了票据的种类、签发、转让和票据当事人的权利、义务等内容,它是我国票据法律规范的主要渊源。

5. 证券法。证券法是指调整证券管理关系和证券业务关系的金融法律规范的总称。证券法主要规定证券发行、证券交易、证券商经营方面的内容。证券融资是金融业的重要组成部分,证券法是金融法的有机组成部分。

6. 信托法。信托法是指调整信托关系的金融法律规范的总称。它主要规定两个方面的内容:一是规定信托财产的范围,信托关系主体的权利、义务;二是规定信托机构的设立、运作的程序等。现在信托业已发展成为与银行业、保险业相当的现代金融体系中的三大支柱之一,以信托业为规范内容的信托法当然是金融法体系中的重要组成部分。

7. 保险法。保险法是指调整在保险活动中形成的社会关系的金融法律规范的总称。保险法一般要规定保险合同、保险公司、保险经营、保险业监管、保险代理人和保险经纪人等内容。1995 年 6 月 30 日,我国颁布了《中华人民共和国保险法》。这是集中规范保险活动,调整保险关系的金融法律规范的主要表现形式。

8. 金融监管法。金融监管法是调整金融业监督管理关系的法律规范系统。2004 年 2 月 1 日起施行的《银行业监督管理法》,连同《证券法》《保险法》《信托法》《证券投资基金法》《外汇管理条例》等规定的证券、保险、信托、基金、外汇流通监管内容等构成了我国金融监管的法律体系。

由此可见,金融法的体系比较庞大,内容比较复杂。本书仅就中央银行法、商业银行法、证券法、票据法、保险法加以阐述。

第二节　中国人民银行法

主要内容提示

1. 中央银行法是确立中央银行的性质职能、法律地位、货币政策目标、业务活动范围有关内容的法律。

2. 中国人民银行是我国的中央银行。其具体职责有 11 个方面。

3. 中国人民银行的业务包括金融业务和禁止性业务。其金融监管的内容主要有预防性监管和保护性监管。

一、银行法与中央银行法

银行法是调整银行和非银行金融机构在进行组织管理和开展业务活动中产生的各种社会关系的法律规范的总称,属于金融法组织机构法的组成部分。

从各国银行制度和银行立法的状况来看,银行法的体系基本上是由中央银行法、普通银行法、非银行金融机构法和涉外银行法组成。世界上第一部银行法是 1844 年英国的《英格兰银行条例》。我国的银行立法始于清光绪 30 年(公元 1904 年)的《试行银行章程》。

中央银行法是确立中央银行的性质、职能、法律地位、货币政策目标、管理体制、业务活动范围以及与其他银行金融机构、政府财政关系等有关内容的法律。1986 年 1 月 7 日国务院颁布的《银行管理暂行条例》,从法律上确认了中国人民银行的中央银行地位。1995 年 3 月 18 日第八届全国人民代表大会第三次会议通过的《中国人民银行法》是我国的中央银行法,2003 年 12 月 27 日第十届全国人民代表大会常务委员会第六次会议进行了修正。

二、中国人民银行的法律地位和职责

中国人民银行是我国的中央银行。它既是国家机关，又是特殊的金融机构，并相对独立于政府。《中国人民银行法》第 2 条、第 6 条分别规定“中国人民银行是中华人民共和国的中央银行。中国人民银行在国务院领导下，制定和执行货币政策，防范和化解金融风险，维护金融稳定”。“中国人民银行应当向全国人民代表大会常务委员会提出有关货币政策情况和金融业运行情况的工作报告。”该法第 7 条还进一步规定：“中国人民银行在国条院领导下依法独立执行货币政策，履行职责，开展业务，不受地方政府、各级政府部门、社会团体和个人的干涉。”中国人民银行的全部资本由国家出资，属于国家所有。

根据《中国人民银行法》的规定，中国人民银行的具体职责包括：

1. 发布与履行其职责有关的命令和规章；
2. 依法制定和执行货币政策；
3. 发行人民币，管理人民币流通；
4. 监督管理银行间同业拆借市场和银行间债券市场；
5. 实施外汇管理，监督管理银行间外汇市场；
6. 监督管理黄金市场；
7. 持有、管理、经营国家外汇储备、黄金储备；
8. 经理国库；
9. 维护支付、清算系统的正常运行；
10. 指导、部署金融业反洗钱工作，负责反洗钱的资金监测；
11. 负责金融业的统计、调查、分析和预测；
12. 作为国家的中央银行，从事有关的国际金融活动；
13. 国务院规定的其他职责。

三、中国人民银行的组织机构

中国人民银行设行长一人，副行长若干人。其中，行长的人选，根据国务院总理的提名，由全国人民代表大会决定；在全国人民代表大会闭会期间，由全国人民代表大会常务委员会决定，由中华人民共和国主席任免。副行长由国务院总理任免。中国人民银行实行行长负责制。

中国人民银行设立货币政策委员会，该委员会由国务院各有关职能部门领导组成。它是中国人民银行制定货币政策的咨询议事机构，其作用有助于国家货币政策的正确制定。

中国人民银行总行设在北京。根据履行职责的需要，内设职能司(厅)等部门，并在全国设立跨省、自治区、直辖市分支机构。中国人民银行分支机构是中国人民银行总行的派出机构，由中国人民银行对其实行集中统一领导和管理，中国人民银行的分支机构根据中国人民银行的授权,维护本辖区的金融稳定,承办有关业务。

四、中国人民银行的货币政策和人民币发行

《中国人民银行法》第3条明确规定:“货币政策目标是保持货币币值的稳定,并以此促进经济增长。”货币政策工具是中央银行实现其货币政策目标的政策手段。我国《中国人民银行法》对中国人民银行执行货币政策可以运用的货币政策工具规定为以下几种:(1)要求金融机构按照规定的比例交存存款准备金;(2)确定中央银行基准利率;(3)为在中国人民银行开立账户的金融机构办理再贴现;(4)向商业银行提供贷款;(5)在公开市场上买卖国债和其他政府债券及外汇;(6)国务院规定的其他货币政策工具。

人民币是我国唯一的合法货币,在我国境内的一切货币支付、计价、结算、记账、核算等,都必须以人民币为本位。人民币主币的单位为元,辅币的单位为角和分。人民币主币和辅币均具有无限清偿能力,任何单位和个人不得拒收。

人民币的发行是指中国人民银行向流通领域投放现金的行为。我国的人民币发行权属于国务院。人民币的发行机关是中国人民银行总行。中国人民银行系统内设立货币发行库。发行库是人民银行保管国家发行基金的金库,是办理货币发行的具体机构。发行基金是国家存放在发行库的货币,是国家适应市场需要的货币准备基金。

银行通过现金出纳实现人民币的流通管理,各级人民银行是现金管理的主管机关。禁止任何单位和个人非法印制发售代币券,以代替人民币在市场上流通;禁止在宣传品、出版物和其他商品上非法使用人民币图样;禁止伪造、变造人民币;残缺、污损的人民币,应按照中国人民银行的规定兑换,并由中国人民银行负责收回和销毁。

五、中国人民银行的业务

中国人民银行的业务是中央银行职能的体现,其业务不以营利为目的,是中央银行对于金融业务活动的管理与控制手段。根据《中国人民银行法》的规定,中国人民银行办理的金融业务主要有:

(一)货币发行。中国人民银行作为中央银行,拥有人民币发行的独占权。货币发行是其主要的业务。

(二)经理国库。依照《中国人民银行法》和《国家金库条例》规定,国库是负责办理国家预算资金的收入和支出的出纳机关,经理国库是中国人民银行的一项重要职责。

(三)集中存款准备金。吸收超额准备金是中国人民银行对货币供应量和信用规模控制的重要手段之一。超额准备金是金融机构超过中央银行确定的存款准备金而交存中央银行的资金。将存款准备金集中管理,有利于加强中央银行的宏观金融调控能力。

（四）清算资金。中国人民银行通过组织金融机构相互之间的清算系统，为金融机构提供清算服务，可以有效地掌握金融机构的资金流向，进行及时的监控。

（五）再贴现。中国人民银行通过为在人民银行开立账户的金融机构办理再贴现，利用再贴现的杠杆作用，来调节金融市场的资金需求。再贴现既是其运用的货币政策工具，也是资金业务之一。

（六）再贷款。中国人民银行再贷款对象仅限于全国性的商业银行。中国人民银行通过对商业银行办理再贷款业务，既可以调节货币供应总量，又可以通过规定再贷款条件，引导资金流向，从而影响产业结构的调整和社会经济的发展。

（七）持有和经营国家黄金储备、外汇储备。黄金储备和外汇储备是一国政府所持有的用以国际最后支付的国际储备资产，人民银行可以在公开市场上买卖外汇。持有和经营国家黄金外汇储备，是中国人民银行的重要资金运用业务。

（八）证券买卖。中国人民银行买卖证券的种类，仅限于国债和其他政府债券。人民银行通过在公开市场上买卖证券，可以直接调节货币供应量。但由于我国证券市场发展尚不成熟，中央银行买卖证券还难以达到直接调控的目标。因此在证券买卖方面的资金运用还有待进一步加强。

（九）其他业务。主要指国际金融业务中的资金运用、国际金融机构的负债、代理兑付国债和其他政府债券的基金等。

除上述业务外，《中国人民银行法》还对中国人民银行的禁止性业务作了明确规定：

（一）不得对政府财政透支，以保证中央银行正确、有效地贯彻执行货币政策。

（二）不得直接认购、包销国债和其他政府债券，以保证中央银行的资金正确运用。

（三）不得向地方政府、各级政府部门提供贷款，以保证中央银行职能的发挥。

（四）不得向非银行金融机构以及其他单位和个人提供贷款，但国务院决定中国人民银行可以向特定的非银行金融机构提供贷款的除外，以保证中央银行集中精力，更好地履行中央银行的职能和职责。

（五）不得向任何单位和个人提供担保，以保证中央银行有限资金的正确运用，减少不必要的风险。

六、中国人民银行的金融监督管理

我国的金融监督体制特点是以中央银行的监管为主，内部监督和外部监督相结合，一般监督和专门监督相结合。中国人民银行是国务院的金融管理职能部门，也是国家最高监管机关。其对金融业的监管是全国监管，它包括对银行业、信托业以及其他金融机构的监管。中国人民银行对金融业监管的目的，是为了维护金融业合法、稳健地运行。

中国人民银行依法享有金融行政管理权,主要包括:规章和命令的发布权;金融机构的设置及其业务范围的审批权;信息获取权;稽核权;行政处罚权。

中国人民银行金融监管的内容主要包括预防性监管和保护性监管。预防性监管是中央银行为了维护金融机构的合法稳健经营,消除或降低风险,防范信用危机而事先采用的一系列措施,包括:设立审批管理、业务范围管理、资本充足管理、风险管理。其中风险管理,又包括流动性风险管理、贷款集中风险管理、对关系人贷款的管理、国家风险管理、外汇风险管理。保护性监管是在金融机构已经或将要出现信用危机时所采取的补救性的监管措施,包括对金融机构的紧急援助制度、存款保险制度等。

第三节 商业银行法

主要内容提示

1. 商业银行是指依法设立的企业法人。其组织形式主要有两种:有限责任公司和股份有限公司。

2. 商业银行的设立要符合五个方面的条件,其组织机构适用《公司法》的规定。

3. 中国人民银行在商业银行已经或可能发生信用危机,严重影响存款人利益时,可以实行接管。商业银行因解散、被撤销和破产而终止。

4. 商业银行的经营业务以及商业银行贷款应遵守的资产负债比例管理规定。

一、商业银行与商业银行法

商业银行是指依照《中华人民共和国商业银行法》(以下简称《商业银行法》)和《公司法》设立的吸收公众存款、发放贷款、办理结算等业务的企业法人。它是一种经营货币和资金的金融企业,其组织形式主要有两种:有限责任公司和股份有限公司。商业银行具有独立的民事权利能力和民事行为能力,依法自主经营、自负盈亏,以其全部的法人财产独立承担民事责任。

商业银行与其他银行相比较,具有以下特征:

1. 资金来源以吸收存款为主,故被称为“存款银行”;

2. 业务范围十分广泛,基本不受专业分工的限制,故被称为“百货公司式的银行”;

3. 强调以利润最大化为其经营目标。

我国主要的商业银行为:中国工商银行、中国银行、中国农业银行、中国建设银行等国有商业银行,以及交通银行、中国投资银行、中信实业银行、中国光大银行、华夏银行、广东发展银行、深圳发展银行、招商银行、上海浦东发展银行和福建兴业银行等。

商业银行法是指调整商业银行的组织管理关系和业务经营关系的法律规范的总称。1995年5月10日由第八届全国人大常委会第十三次会议通过的《商业银行法》是我国商业银行法律体系中的基本法律，该法根据2003年12月27日第十届全国人大常委会第六次会议《关于修改〈中华人民共和国商业银行法〉的决定》第一次修正。根据2015年8月29日第十二届全国人民代表大会常务委员会第十六次会议《关于修改〈中华人民共和国商业银行法〉的决定》第二次修正。《商业银行法》除适用于商业银行外，还适用于下列银行和金融机构：

（一）适用于外资商业银行、中外合资商业银行、外国商业银行，但法律、行政法规另有规定的，适用其规定；

（二）适用于城市信用合作社、农村信用社办理存款、贷款和结算等业务；

（三）适用于邮政企业办理商业银行的有关业务。

我国《商业银行法》的主要内容包括：商业银行的设立和组织机构、对存款人的保护、贷款和其他业务的基本原则、财务会计、监督管理、接管和终止以及法律责任等。

二、商业银行的设立和组织机构

（一）商业银行的设立

商业银行的设立需经中国人民银行审查批准。未经中国人民银行批准，任何单位和个人不得从事吸收公众存款等商业银行业务，任何单位不得在名称中使用"银行"字样。同时，商业银行的设立必须具备法律规定的以下条件：

1. 有符合《商业银行法》和《公司法》规定的章程。

2. 有符合规定的注册资本。依照《商业银行法》规定，设立全国性商业银行的注册资本最低限额为10亿元人民币，城市商业银行为1亿元，农村商业银行为5000万元。注册资本应当是实缴资本。

3. 有具备任职专业知识和业务工作经验的董事、高级管理人员。

4. 有健全的组织机构和管理制度。

5. 有符合要求的营业场所、安全防范措施和与业务有关的其他设施。

（二）商业银行的组织机构

根据《商业银行法》第17条的规定，商业银行的组织机构适用《公司法》的规定。

1. 股东会或股东大会。股东会或股东大会是采用公司形式的商业银行的权力机构，但依我国《公司法》规定：国有独资公司不设股东会。

2. 董事会。商业银行均设董事会，它是股东会的执行机构。董事会一般设董事长（兼行长）一人，是商业银行的法定代表人。

3. 监事会。监事会是对商业银行的业务活动进行监督和检查的常设机构，由股东代表和适当比例的职工代表组成。根据国务院2000年3月5日发布的《国有重点金融机构监事会暂行条例》的规定，国有重点金融机构包括商业银行，其监事会由国务院派出，对国务院负责，代表国家对国有商业银行的资产质量及国有资产保值增值状况实施监督。

4. 行长。行长是负责银行具体业务和行政工作的高级职员，是辅助董事会等机关进行工作的银行行政总负责人。

5. 分支机构。商业银行的分支机构是商业银行的组成部分，不具备法人资格，在总行授权范围内依法开展业务，其民事责任由总行承担，商业银行对其分支机构实行统一核算，统一调度资金、分级管理的财务制度。商业银行在中华人民共和国境内设立分支机构，应当按照规定拨付与其经营规模相适应的营运资金额。拨付各分支机构营运资金额的总和，不得超过总行资本金总额的百分之六十。

三、商业银行的变更、接管和终止

（一）商业银行的变更

商业银行的变更包括商业银行的事项变更和主体变更。

所谓事项变更是指商业银行在某些重大事项上有所变动。《商业银行法》第24条规定，下列事项变更，应经国务院银行业监督管理机构批准：变更名称；变更注册资本；变更总行或分行所在地；调整业务范围；变更持有资本总额或股份总额5%以上的股东；修改章程；国务院银行业监督管理机构规定的其他事项变更。更换董事、高级管理人员时，应报经国务院银行业监督管理机构审查其任职条件。

所谓主体变更是指商业银行的分立与合并。《商业银行法》第25条规定，商业银行的分立、合并，适用《公司法》的规定，并经国务院银行业监督管理机构审查批准。

（二）商业银行的接管

接管是指国务院银行业监督管理机构在商业银行已经或可能发生信用危机，严重影响存款人利益时，对该银行采取的整顿和改组等措施。接管的目的是保护存款人的利益，恢复商业银行的正常经营能力。因此《商业银行法》第64条明确规定，被接管的商业银行的债权债务关系不因接管而变化。

1. 接管事由。《商业银行法》第64条规定了有下列情形之一的商业银行，人民银行可以对其实行接管：(1)已经发生信用危机，严重影响存款人的利益；(2)可能发生信用危机，严重影响存款人的利益。

2. 接管程序。(1)接管决定。接管由国务院银行业监督管理机构以书面形式作出决定，接管决定应载明以下内容：被接管商业银行的名称；接管理由；接管组织；接管期限。对于接管决定国务院银行业监督管理机构应予公告。(2)接管的执行。接管由国务院银行业监督管理机构组织实施，也可以授权给分支机构实施接管。从接管决定实施之日起，被接管商业银行不再行使其经营管理权，其经营管理权由行使接管权的组织代为行使。(3)接管期限。接管期限由国务院银行业监督管理机构确定,但最长不得超过2年(含延期)。

3.接管终止。根据我国《商业银行法》的规定,有下列情形之一的,接管终止:(1)接管决定规定的期限届满或国务院银行业监督管理机构决定的接管延期届满;(2)接管期限届满前,该商业银行已经恢复正常经营能力;(3)接管期限届满前,该商业银行被合并或被依法宣告破产。

(三)商业银行的终止

商业银行的终止是指商业银行因出现解散、被撤销和被宣告破产等法律规定的情形,消灭其法律主体资格的法律行为。商业银行终止的原因有三种:

1.因解散而终止。商业银行主要因分立、合并和公司章程规定的解散事由出现而解散。解散由银行股东会决议通过,但商业银行应向国务院银行业监督管理机构提出申请,并附解散的理由和支付存款的本金和利息等债务清偿计划。经国务院银行业监督管理机构批准后解散。

2.因被撤销而终止。商业银行违反法律规定进行经营活动,国务院银行业监督管理机构有权吊销其经营许可证,撤销违法经营的商业银行。《商业银行法》第74条明确规定了国务院银行业监督管理机构可吊销商业银行经营许可证的8种情形。此外,《商业银行法》第23条规定,商业银行自取得营业执照之日起无正当理由超过6个月未开业的或开业后自行停业连续6个月以上的,由国务院银行业监督管理机构吊销其经营许可证。

3.因破产而终止。商业银行因不能支付到期债务,可以经国务院银行业监督管理机构同意后,由人民法院依法宣告破产。商业银行的破产条件主要有:不能支付到期债务,经营状况持续恶化;债权人或银行自己申请;经国务院银行业监督管理机构同意。

商业银行终止的法律后果和清算因其终止事由的不同而各有差异:

①因解散而终止。商业银行解散后法人资格消灭;进入清算程序;履行公告和登记手续。

②因被撤销而终止。商业银行被撤销后,由国务院银行业监督管理机构及时组织成立清算组进行清算。

③因破产而终止。商业银行须经国务院银行业监督管理机构同意后,人民法院才能依法宣告其破产,并由人民法院组织国务院银行业监督管理机构等有关部门和有关人员成立清算组进行清算。

四、商业银行的经营原则和业务

(一)商业银行的经营原则

《商业银行法》除了以具体条款规定商业银行的行为准则外,还列举了以下主要经营原则:

1. 守法经营的原则;

2. 效益性、安全性和流动性原则;

3. 自主经营、自担风险、自负盈亏、自我约束的原则;

4. 保护存款人合法权益的原则;

5. 平等、自愿、公平和诚实信用的原则;

6. 公平竞争的原则。

(二)商业银行的业务

《商业银行法》从两个方面对商业银行的业务范围作了规定,一是可以经营的业务,二是禁止经营的业务。

1. 商业银行可以经营的业务包括:吸收公众存款;发放短期、中期、长期贷款;办理国内外结算;办理票据贴现;发行金融债券;代理发行、代理兑付、承销政府债券;买卖政府债券;从事同业拆借;买卖和代理买卖外汇;提供信用证服务及担保;代理收付款项及代理保险业务;提供保管箱服务;经国务院银行业监督管理机构批准的其他业务。

2. 禁止商业银行经营的业务包括:信托投资业务;股票业务;投资于非自用不动产;向非银行金融机构投资;向企业投资。应当注意的是,商业银行仅在我国境内不得从事上述五类业务,而在境外从事上述业务,《商业银行法》未予禁止。

五、商业银行的监督管理

对商业银行的监督管理,从各国银行的管理体制上看,一般分为中央银行等机关的国家监管和商业银行的内部监管。

我国《商业银行法》第10条规定:“商业银行依法接受国务院银行业监督管理机构的监督管理。”国务院银行业监督管理机构对商业银行的监督管理职权主要包括:规章和命令发布权、审批权、信息获取权、稽核检查权和接管权。其中报表稽核和现场检查是国务院银行业监督管理机构对商业银行进行日常监督管理的基本手段。

《商业银行法》对商业银行内部控制制度的要求,主要体现在建章立制、内部稽核检查和财会制度管理等方面。《商业银行法》第59条规定:“商业银行应当按照有关规定,制定本行的业务规则,建立、健全本行的风险管理和内部控制制度。”第60条规定:“商业银行应当建立、健全本行对存款、贷款、结算、呆账等各项情况的稽核、检查制度。商业银行对分支机构应当进行经常性稽核和检查监督。”

同时,我国《商业银行法》还规定,商业银行贷款,应当遵守下列资产负债比例管理规定:

1. 资本充足率不得低于8%;

2. 流动性资产余额与流动性负债余额的比例不得低于25%;

3. 对同一借款人的贷款余额与商业银行资本余额的比例不得超过10%;

4. 国务院银行业监督管理机构对资产负债比例管理的其他规定。

第四节　证　券　法

主要内容提示

证券法是调整在证券发行、证券交易和证券管理活动中产生的社会关系的法律规范的总称。其主要内容包括:证券发行、证券上市、信息公开和上市公司收购等制度。

一、证券、证券市场与证券法

证券是债务人为了证明一定的财产或给特定的财产设定特定的权利,依照证券法及有关法律规定的程序明确给债权人的书面凭证或者电子数据凭证。它是以书面形式或电子记账的形式表现特定的民事权利的凭证,包括股票、债券、投资基金权利凭证、期货权利凭证等。广义的证券还包括票据、提单、仓单等。

证券市场是由证券的发行与交易而形成的买卖关系的总和。它是资金配置的重要途径,主要由发行人、投资者、金融工具(证券)、交易所、中介机构及监管机构、自律组织等要素构成。证券市场又分为:1. 证券发行市场(即一级市场),表现为股票、政府债券和公司债券以包销、认购或拍卖招标等方式交易的市场;2. 证券流通市场(即二级市场),是指已发行的证券进行买卖、转让和流通的市场。

证券法是调整在证券发行、证券交易和证券管理活动中产生的社会关系的法律规范的总称。我国《证券法》制定的目的是规范证券发行和交易行为,保护投资者的合法权益,维护和促进社会主义市场经济的发展。第九届全国人大常委会第六次会议于 1998 年 12 月 29 日通过的《中华人民共和国证券法》,是我国证券法律体系的主要单行法,该法在 2004 年 8 月 28 日第十届全国人民代表大会常务委员会第十一次会议修正和 2005 年 10 月 27 日第十届全国人民代表大会常务委员会第十八次会议修订,2013 年 6 月 29 日第十二届全国人民代表大会常务委员会第三次会议第二次修正,2014 年 8 月 31 日第十二届全国人民代表大会常务委员会第十次会议进行了第三次修正。自 2006 年 1 月 1 日起施行。除《证券法》外,我国还有一些与证券相关的法律及行政法规。

二、证券的发行

证券发行是指依照《证券法》和《公司法》的规定,证券发行人以筹集资金为目的,在证券发行市场向投资人出售证券的行为。

证券发行可按不同的标准进行分类,主要有:

(一)按证券的发行是否通过承销机构分为直接发行和间接发行。直接发行是指发行人不通过证券承销机构的中介而直接与证券购买人签订购买合同;间接发行是指发行人不直接与购买人发生关系,而委托证券承销机构代理发行证券。

(二)按发行对象不同可分为私募发行与公募发行。私募发行是以特定的投资者为募集对象的发行,而公募发行则是发行人按同一条件向不特定投资者广泛募集资金的行为。

(三)依发行价格不同可分为平价发行、溢价发行和折价发行。平价发行是指发行人以票面金额作为发行价格。溢价发行是指高于票面面额的价格发行。折价发行是指以低于票面面额的价格发行。

从各国立法和实践来看,证券发行均需经国家有关部门审核,但审核体制存在两种模式:一种是注册制,是指证券发行人在发行证券之前,必须按照法律规定向证券管理机构申请注册,并将其所有的有关资料公开,发行人只要符合该要求,证券主管机关即予以登记,发行人即可公开发行证券;另一种是核准制,我国现行的证券发行管理基本属于核准制,但同时也强调信息的公开性。

三、证券的交易

证券交易当事人买卖的股票或者公司债券,必须是依法发行并交付的股票或公司债券。非依法定程序发行的股票或公司债券,不得买卖。依法发行的股票或公司债券,法律对其转让期限有限制性规定的,在限定的期限内,不得买卖。经依法批准的上市公司股票和公司债券,应当在证券交易所挂牌交易,其他依法可转让的非上市公司股票和公司债券,应当在依法设立的非集中竞价方式的证券交易场所进行交易。证券交易所上市交易的证券通过集中竞价方式确定证券交易价格,该价格按同一时间价格优先和同一价格时间优先的原则确定。

(一)证券上市

证券上市是指发行公司与证券交易所之间订立上市契约,使发行公司能将其发行的有价证券,在证券交易所的集中交易市场买卖,而证券交易所得向发行公司收取上市费用的法律行为。

股份有限公司申请其股票上市交易,应当符合下列条件:

1. 股票经国务院证券监督管理机构核准已公开发行;

2. 公司股本总额不少于人民币 3000 万元;

3. 公开发行的股份达到公司股份总数的 25% 以上;公司股本总额超过人民币 4 亿元的,公开发行股份的比例为 10% 以上;

4. 公司最近三年无重大违法行为,财务会计报告无虚假记载。

公司债券上市应当符合下列条件:

1. 公司债券的期限为 1 年以上;

2. 公司债券实际发行额不少于人民币 5000 万元;

3. 公司申请其债券上市时仍符合法定的公司债券发行条件。

证券上市后,原本符合上市条件的证券可能因其发行主体的变化和交易过程中发生的变化，而不再符合上市条件，由证券交易所或监管部门采取暂停或终止其上市的措施，以保护公众利益和证券市场的正常秩序。

(二)信息公开制度

信息公开制度，是指证券监管要求证券发行公司在证券发行和上市交易的全过程中，依法以一定的方式向社会公众公开与该公司证券有关的一切真实信息，以便投资者能够获取该真实信息而作出证券投资判断的证券监管制度。

信息公开的标准包括：真实性，即发行者公开的信息资料应当准确、真实，不得有虚假的记载、误导或欺诈；充分性，即上市公司提供给投资人判断证券投资价值的相关资料，必须全面，不得故意隐瞒或有重大遗漏；及时性，即上市公司向投资大众公开的信息应当具备最新性，不得滞后。

信息公开的内容包括：发行信息公开内容和持续信息公开内容。发行信息公开的基本内容是招股说明书，同时包括证券上市时必须公布的上市公告书、上市核准文件等。持续信息公开的基本内容包括定期报告和临时报告。定期报告，即股票或公司债券上市交易的公司的每一会计年度的中期报告和年度报告；临时报告，即当发生可能对上市公司证券交易产生较大影响而投资者尚未得知的重大事件时，上市公司应立即公布该重大事件的情况报告。

(三)上市公司收购

上市公司收购是指投资者依法收购上市公司已发行股份以达到对该公司控股或合并目的的行为。

根据我国《证券法》第 85 条的规定："投资者可以采取要约收购、协议收购及其他合法方式收购上市公司。"

1. 要约收购方式，即收购者依法通过向上市公司股东发出收购要约的方式进行的收购。

根据我国《证券法》的规定：通过证券交易所的证券交易，投资者持有或者通过协议、其他安排与他人共同持有一个上市公司已发行的股份达到 5% 时，应当在该事实发生之日起 3 日内，向国务院证券监督管理机构、证券交易所作出书面报告，通知该上市公司，并予公告；在上述期限内，不得再行买卖该上市公司的股票。

投资者持有或者通过协议、其他安排与他人共同持有一个上市公司已发行的股份达到 5% 后，其所持该上市公司已发行的股份比例每增加或者减少 5%，都应当按照规定进行报告和公告。在报告期限内和作出报告、公告后 2 日内，不得再行买卖该上市公司的股票。

通过证券交易所的证券交易，投资者持有或者通过协议、其他安排与他人共同持有一个上市公司已发行的股份达到 30% 时，继续进行收购的，应当依法向该上市公司所有股东发出收购上市公司全部或者部分股份的要约。

收购上市公司部分股份的收购要约应当约定，被收购公司股东承诺出售的股份数额超过预定收购的股份数额的,收购人按比例进行收购。

采取要约收购方式的,收购人在收购期限内,不得卖出被收购公司的股票,也不得采取要约规定以外的形式和超出要约的条件买入被收购公司的股票。

2. 协议收购方式,即依法同目标公司股东以协议方式转让股权进行上市公司收购。

根据我国《证券法》的规定:采取协议收购方式的,收购人可以依照法律、行政法规的规定同被收购公司的股东以协议方式进行股份转让。

以协议方式收购上市公司时,达成协议后,收购人必须在三日内将该收购协议向国务院证券监督管理机构及证券交易所作出书面报告,并予公告。在公告前不得履行收购协议。

上市公司被收购后往往导致公司控制权转移,因此多数国家公司法规定,占公司一定比例的股东可以要求召开临时股东会,提出改组董事会、修改公司章程的议案。我国《证券法》还规定:收购期限届满,被收购公司股权分布不符合上市条件的,该上市公司的股票应当由证券交易所依法终止上市交易;其余仍持有被收购公司股票的股东,有权向收购人以收购要约的同等条件出售其股票,收购人应当收购。收购行为完成后,被收购公司不再具备股份有限公司条件的,应当依法变更企业形式。在上市公司收购中,收购人持有的被收购的上市公司的股票,在收购行为完成后的 12 个月内不得转让。

(四)禁止证券交易行为

根据《证券法》的规定,禁止证券交易行为主要有:

1. 内幕交易行为,是指知悉内幕信息的知情人员或者非法获取内幕信息的其他人员违反法律规定,泄露内幕信息,根据内幕信息买卖证券或建议他人买卖证券的行为。

2. 操纵证券市场行为,是指单位或个人以获取利益或减少损失为目的,滥用职权影响证券市场价格,制造证券市场假象,诱导或者致使投资者在不了解事实真相的情况下作出证券投资决定,扰乱证券市场秩序的行为。

3. 虚假陈述行为,是指任何单位或者个人对证券发行、交易及其相关活动的事实、性质、前景、法律等事项作出不实、严重误导或者含有重大遗漏的和其他任何形式的虚假陈述或诱导,致使投资者在不了解事实真相的情况下作出证券投资决定的行为。

4. 证券欺诈行为,是指在证券交易中,禁止证券公司及其从业人员从事损害客户利益的欺诈行为。如违背客户的委托为其买卖证券;私自买卖客户账户上的证券等行为。

第五节　票　据　法

主要内容提示

1. 票据是指汇票、本票和支票，它是完全有价证券、债权证券、无因证券、要式证券、文义证券和流通证券。

2. 票据行为包括出票、背书、承兑、保证和付款等行为。

3. 票据权利包括付款请求权和追索权。

一、票据和票据法

(一)票据的概念、特征和种类

票据有广义和狭义两种含义。广义的票据是指代表一定财产权利的有价证券，如股票、债券、仓单、保单、汇票、本票、支票等。而狭义的票据一般仅指汇票、本票和支票。依照我国《票据法》的定义，票据是指出票人签发的，约定由出票人自己或委托第三人，于见票时或者指定日期，无条件支付一定金额给收款人或持票人的一种要式有价证券。

票据具有以下特征：

1. 票据是一种完全有价证券。所谓完全有价证券，是指权利的产生以依法制作并交付证券为必要条件、权利的移转以交付证券为必要条件、权利的行使以出示证券为必要条件的有价证券。票据是一种有价证券，代表一定的财产权利。并且票据权利的产生、移转和行使都以票据的存在和交付为其必要条件，因此它是一种完全有价证券。

2. 票据是一种债权证券。票据所代表的财产权利性质上属于债权，只发生在特定的权利人和义务人之间，权利人权利的实现必须以义务人实施特定的行为为必要的前提。

3. 票据是一种无因证券。票据的设立或转让是基于一定的原因关系产生的，但票据一经设立，票据持有人在移转或者主张票据权利时，可以不必明示其取得票据的原因，即不再受原因关系的制约，这就是票据的无因性。

4. 票据是一种要式证券。票据有严格的形式性要求，各种票据行为都必须严格按照票据法上所规定的应记载的事项和方式做成，具备法定要式，才发生法律效力。否则票据行为无效。故称其为要式证券。

5. 票据是一种文义证券。票据上的权利和义务必须以精确的文字来表达。一切票据行为的意思表示，均须依照票据上记载的文义为准，不得以票据以外的任何事由加以变更或补充。因此称其为文义证券。

6. 票据是一种流通证券。票据可以背书或交付转让于他人,具有流通性,所以票据是流通证券。一般来说,无记名票据,仅依交付就可转让;记名票据,必须经背书才能交付转让。

关于票据的种类,各国法律规定有所不同。世界上多数国家的票据法及国际票据公约都将票据规定为汇票、本票、支票三类。但英国 1882 年《汇票法》和《美国统一商法典》则把支票纳入汇票的范畴,在汇票法中加以规定。法国票据法只规定了汇票、本票两种,认为支票不包括在票据内,另由单行法规予以规定。我国票据法规定的票据包括汇票、本票和支票三种。

(二)票据法的概念和特征

票据法是调整票据在签发和流通过程中所发生的票据关系的法律规范的总称。其主要特征为:

1. 票据法是强行法。票据当事人应严格遵守票据法的规定,规范自己的票据行为,并不得以自己的意思表示来自行决定或作出解释。强行法的一个基本特征就是当事人只有适用的义务,原则上没有选择或变更适用的权利。

2. 票据法是技术法。票据法具有很强的技术操作性,许多技术性规范一般人往往难以理解和操作,必须专门熟练掌握票据法的基本内容和各项技术性规定,才能运用自如。

3. 票据法具有国际性。在国际经贸往来中,票据作为支付手段和信用工具,得到广泛的流通使用。票据法的许多技术性规范和基本原则通用性很强,成为国际上通用程度最高的一种法律。

二、票据行为

(一)票据行为的概念和特征

票据行为是产生、变更、消灭票据上权利义务关系的法律行为。票据行为适用票据法规范,一般包括出票、背书、承兑、保证、付款等行为。

其法律特征主要表现为:

1. 票据行为具有要式性。票据行为是一种严格的书面行为,只有依据票据法的规定,在规定部位记载某一行为的全部要件,该行为才能产生法律效力,否则就会影响票据行为的效力。

2. 票据行为具有无因性。票据行为都是基于一定的客观情况而发生的,这种引起票据行为发生的客观情况被称为票据行为的原因关系。在票据法上,票据行为的效力与其原因关系是分离的。票据行为只要要件具备,便产生法律效力不再受原因关系存废变更的影响。这就是票据行为的无因性。

3. 票据行为具有独立性。在同一票据上,常有若干票据行为存在。依票据法规定,票据行为之间互不依赖,分别独立。某一行为无效,不影响其他行为的效力。

(二)票据行为的种类

票据行为可分为主票据行为和从票据行为。

1. 主票据行为

主票据行为又称基本票据行为,是各种票据所共有的,制作票据的原始行为。因此主票据行为就是指出票行为。它包括签发票据和交付票据两个行为。出票是创设票据权利的行为,是从票据行为有效成立的前提。

2. 从票据行为又称附属票据行为,是依附主票据行为而产生的票据行为。

主要包括:(1)背书。背书是指在票据背面或者粘单上记载有关事项并签章的票据行为。(2)提示。提示是持票人为了取得票款而向付款人出示票据、主张请求权的票据行为。(3)承兑。承兑是指汇票付款人承诺在汇票到期日支付汇票金额的票据行为。(4)保证。保证是指票据债务人以外的第三人,以担保票据债务的履行为目的,而在票据上所为的一种附属票据行为。(5)付款。付款是付款人依据票据所记载的金额支付票款,以消灭票据关系的行为。(6)追索。追索是指持票人在遭到拒付时,依法请求出票人、背书人以及汇票的其他债务人偿还票据金额、利息和其他费用的行为。

三、票据权利

(一)票据权利的概念和种类

票据权利是指持票人向票据债务人请求支付票据金额的权利。票据权利是为直接达到支付票据金额而设立的,必须依据票据才能行使,它是票据所固有权利。

票据权利包括付款请求权和追索权。付款请求权是指持票人于票据到期日或于见票时提示票据,请求付款人、承兑人、本票出票人和代理付款人以一定方式支付票面金额的权利。追索权又称偿还请求权,是指出现法定事由时,持票人请求包括出票人在内的前手债务人偿还票款的权利。付款请求权又称票据的第一次请求权,而追索权一般是在付款请求权无法实现时,才能行使的权利,所以称为票据的第二次请求权。

(二)票据权利的取得、行使和保全

1. 票据权利的取得。持票人只有依据一定的法律事实,采取合法的方式才能取得票据权利。票据权利的取得包括原始取得和继受取得。

①原始取得,即票据权利原本不存在,因某些合法方式,致使持票人在取得票据的同时享有票据权利。其具体方式表现为:因出票而使持票人取得票据权利;因主观善意从无权利人处受让票据而使持票人取得票据权利。

②继受取得,即在票据权利已合法存在的情况下,根据一定的合法方式,如背书、继承等,从票据合法持有人那里取得票据,从而享有票据权利。

2. 票据权利的行使和保全。

票据权利的行使是指持票人请求票据债务人履行其债务的行为。票据权利行使的基本方法为提示，即持票人向票据债务人出示票据并请求其履行债务的行为。

我国票据法规定，票据权利在下列期限内不行使而消灭：(1)持票人对票据的出票人和承兑人的权利，自票据到期日起2年；见票即付的汇票、本票、自出票日起2年；(2)持票人对支票出票人的权利，自出票日起6个月；(3)持票人对前手的追索权，自被拒绝承兑或被拒绝付款之日起6个月；(4)持票人对前手的再追索权，自清偿日或被提起诉讼之日起3个月。

票据权利的保全是指持票人为防止其票据权利的丧失，而依法所作出的行为。票据权利行使的同时也就是在保全票据权利。我国《票据法》规定，保全票据权利，应当在票据当事人的营业场所和营业时间内进行，票据当事人无营业场所的，应在其住所进行。

四、汇票、本票、支票

(一) 汇票

汇票是指出票人签发的，委托付款人在见票时或者在指定日期无条件支付确定的金额给收款人或者持票人的票据。汇票分银行汇票和商业汇票。汇票主要包括以下内容：

1. 出票。出票时汇票必须记载下列事项：表明“汇票”字样、无条件支付的委托、确定的金额、付款人名称、收款人名称、出票日期、出票人签章，缺一则汇票无效。

汇票的付款日期，可以选择下列形式之一记载：见票即付，定日付款，出票后定期付款，见票后定期付款。若汇票上未记载付款日期的，为见票即付。

出票人签发汇票后，即承担保证该汇票承兑和付款的责任。

2. 背书。持票人可通过背书将汇票权利授予他人行使，但出票人在汇票上记载“不得转让”字样的，汇票不得转让。

以背书转让的汇票，背书应当连续，即在票据转让中，转让汇票的背书人与受让汇票的被背书人在汇票上的签章依次前后衔接。

背书人背书转让汇票后，即成为票据债务人，负有担保承兑与担保付款的责任。

3. 承兑。定日付款或者出票后定期付款的汇票，持票人应当自出票日起1个月内向付款人提示承兑；见票即付的汇票无须提示承兑。

付款人对向其提示承兑的汇票，应当自收到提示承兑的汇票之日起3日内承兑或拒绝承兑；承兑不得附条件，承兑附有条件的，视为拒绝承兑。

付款人承兑汇票的，应当在汇票正面记载“承兑”字样和承兑日期并签章；见票后定期付款的汇票，应当在承兑时记载付款日期。

4. 保证。被保证的汇票，保证人应当与被保证人对持票人承担连带责任。保证必须依票据法规定的事项记载于票据上，才能生效。票据保证具有独立性，即使被保证人的债务因实质上的原因而无效,保证人也要承担票据责任。

5. 付款。付款人依法足额付款后,全体汇票债务人的责任解除,票据关系消灭。

6. 追索。汇票到期日被拒绝付款的,持票人可以对背书人、出票人以及汇票的其他债务人行使追索权。汇票到期日前,有以下情形之一的,持票人也可以行使追索权:汇票被拒绝承兑的;承兑人或付款人死亡、逃匿的;承兑人或付款人被依法宣告破产的或因违法被责令终止业务活动的。

汇票的出票人、背书人、承兑人和保证人对持票人承担连带责任,持票人可以不按汇票债务人的先后顺序,对其中任何一人、数人或全部行使追索权。被追索人清偿债务后,与持票人享有同一权利。

(二)本票

本票是出票人签发的,承诺自己在见票时无条件支付确定的金额给收款人或持票人的票据。本票分为银行本票和商业本票。

我国票据法中的本票是指银行本票。

银行本票的出票人在资格上有严格的限制,其资格由中国人民银行审定。银行本票仅限于见票即付,属于即期本票,且本票自出票日起,付款期限最长不得超过2个月。

本票的出票行为、背书、保证、付款行为和追索权的行使,除有特别规定外,均适用有关汇票的规定。

(三)支票

支票是出票人签发的,委托办理支票存款业务的银行或者其他金融机构在见票时无条件支付确定的金额给收款人或者持票人的票据。

支票可以支取现金,也可以转账。用于转账时,应当在支票下面注明;未注明的,可用于支取现金。

现金支票专门用于支取现金,不能用于转账。转账支票专门用于转账,不得支取现金。

支票限于见票即付,不得另行记载付款日期,如记载,则该记载无效。支票持票人应自出票日起10日内提示付款,异地使用的支票,可由国务院银行业监督管理机构另行规定提示付款期限。

出票人签发的支票金额超过其付款时在付款人处实有的存款金额的,为空头支票。我国法律禁止签发空头支票。

支票的背书、付款、追索权的行使适用汇票的有关规定。

第六节　保　险　法

主要内容提示

1. 保险法是调整商业保险关系的法律规范的总称,具有社会性、技术性、强制性和国际性的特征,保险法基本原则包括最大诚信、保险利益、补偿、近因四项。

2. 保险合同的主体有保险人、被保险人、投保人、受益人等。保险当事人的权利义务。

一、保险法概述

(一)保险法的概念

保险法有广义和狭义两种理解。狭义的保险法是指以保险关系为调整对象的法律规范的总称。这里的保险关系仅指商业保险关系。广义的保险法是指以保险关系为调整对象的一切法律规范的总称,包括商业保险法和社会保险法。本节所述保险法是指狭义保险法,即商业保险法。1995年6月30日,第八届全国人民代表大会常务委员会第十四次会议通过了《中华人民共和国保险法》(以下简称《保险法》),这是中国的保险基本法。采用了国际上一些国家和地区集保险业法和保险合同法为一体的立法体例,是一部较为完整、系统的保险法律。2002年,根据中国加入世贸组织的承诺,根据2002年10月28日第九届全国人民代表大会常务委员会第三十次会议《关于修改〈中华人民共和国保险法〉的决定》,《保险法》做了首次修改,并于2003年1月1日起实施。后来,分别在2009年、2014年、2015年进行了三次修订。

保险法主要由以下三个方面内容构成:

1. 保险业法。它是关于保险业的组织及监督管理的法律规范。

2. 保险合同法。它是保险法的主要内容,规定保险双方当事人之间的权利义务关系。

3. 保险特别法。它是指保险普通法以外,在其他法律、行政法规中有关保险法律关系的法律规范。

(二)保险法的特征

作为商法的保险法从其自身出发具有以下特征:

1. 社会性。保险是通过多数人的努力,把不幸集中于少数人的危险通过危险分担法则分散给社会大众,从而使危险弱化。因此各国多从保护社会公共利益的角度立法,充分体现了保险法的社会性。

2. 技术性。保险是以数理计算为基础形成的经济补偿,因此保险法中较多技术性规定。如保险金额的确定,保险费率的计算等。

3. 强制性。保险法的社会性,决定了保险法在具体内容上有许多的强制性规范。如保险人不得放弃收取保险费的权利;对某些特殊主体,法律采取强制保险方式等。

4. 国际性。随着保险业务的拓展和再保险的兴起,保险法规范呈现统一化和国际化趋向,以利于不同国家保险当事人之间保险争议的处理。

(三)保险法的基本原则

1. 最大诚信原则

这是任何商事活动中,当事人都应当遵守的原则。但在保险关系中,对当事人的诚信程度要求远远高于其他商事活动,主要体现在两个方面:

(1)告知。在订立保险合同时,投保人必须将有关保险标的的重要情况如实向保险人作出陈述;而保险人应将保险条款告知投保人。

(2)保证。保险人和投保人在保险合同中约定担保对某一事项的作为或者不作为,或担保某一事项的真实性。

2. 保险利益原则

保险利益是指投保人或者被保险人对保险标的具有的法律上承认的利益。我国《保险法》规定,构成人身保险上的保险利益应具备三个条件:(1)必须经保险人同意;(2)必须是合法利益。并规定投保人对下列人员具有保险利益:本人;配偶、子女、父母;前项以外与投保人有扶养、赡养或者扶养关系的家庭其他成员、近亲属;与投保人有劳动关系的劳动者。(3)人身保险的投保人在保险合同订立时,对被保险人应当具有保险利益。

构成财产保险上的保险利益,我国《保险法》未予明确规定,但一般应具备如下条件:(1)必须是属于经济上的利益;(2)必须是为法律所认可的利益;(3)必须是可以确定的利益。(4)财产保险的被保险人在保险事故发生时,对保险标的应当具有保险利益。

保险利益原则确立的意义在于可以防止将保险作为赌博的工具,防止道德危险的发生,并可以限制保险补偿的程度。

3. 补偿原则

补偿原则是指当保险事故发生而使被保险人遭受损失时,保险人在其责任范围内对被保险人所受实际损失进行赔偿。也即保险标的有损失时才补偿,没有损失就不补偿,补偿是以实际损失为限。

由补偿原则,又派生出代位求偿制度、重复保险制度和委付制度等。补偿原则只适用于财产保险,不适用于人身保险。

4. 近因原则

近因是指造成保险标的损害的,起决定性作用的原因。即保险人按照约定的保险责任范围承担责任时,要求保险人所承保危险的发生与保险标的的损害之间必须存在因果关系。因果关系是近因原则的重要体现,只有近因属于保险责任,赔偿人才赔付保险金。

二、保险合同

(一) 保险合同的概念和特征

保险合同是投保人与保险人约定保险权利义务关系的协议。其主要特征表现为:

1. 保险合同是一种射幸合同。射幸合同是指当事人一方付出的代价所获得的只是一个机会,可能因此而获利,也可能无利可获。由于保险合同约定的保险事故是一种不确定的事件,它是否发生、何时发生以及发生后保险标的遭受损失的程度如何,都带有偶然性。因此在保险合同中,被保险人支付保险费的义务是确定的,而保险人是否必须履行或如何履行其补偿义务则带有不确定的性质。

2. 保险合同是一种要式合同。凡要求具备特定形式和履行一定手续的合同,称为要式合同。实践中,由于保险合同的格式化,使得投保方式一般都必须采用书面形式,保险人的承诺也当然地表现为书面形式,体现出保险合同是一种要式合同。

3. 保险合同是一种附合合同。保险合同的内容,通常由保险人一方制订,投保人只能对此作取或舍的决定,即要么接受对方提出的条件,要么不签订合同。由于保险合同具有附合性,所以当对保险合同有关条款解释产生争议时,一般应作有利于投保方的解释。

4. 保险合同是一种最大诚信合同。我国《民法总则》第 7 条规定:"民事主体从事民事活动,应当遵循诚信原则,秉持诚实,恪守承诺。"我国《保险法》第 5 条也规定:"保险活动当事人行使权利、履行义务应当遵循诚实信用原则。"在保险活动中,保险人是否决定承保以及怎样确定保险费率,全凭投保人诚实地告知。所以最大诚信原则是保险合同订立和履行及保险活动正常开展的必要前提。

(二)保险合同的主体

1. 保险合同的当事人

(1)保险人

保险人又称承保人,是指经营保险业务,与投保人订立保险合同,收取保险费,并在保险事故发生或约定的保险期限届满时承担赔偿责任或给付保险金义务的人。

(2)投保人

投保人也称要保人,是指与保险人订立保险合同,并有缴付保险费义务的人。投保人应具备两个条件:一是具有权利能力和行为能力;二是对保险标的具有保险利益。

2. 保险合同的关系人

(1)被保险人

被保险人是指财产或者人身受保险合同保障享有保险金请求权的人。一般来说,财产保险的被保险人资格并无严格的限制。而人身保险的被保险人只能是自然人。同时我国《保险法》规定,投保人不得为没有行为能力人投保以死亡为给付保险金条件的人身保险,但父母为其未成年子女投保的除外。为了保护被保险人的利益,我国《保险法》规定以死亡为给付保险金条件的合同,未经被保险人同意并认可保险金额的,合同无效。这能有效防范人身保险合同中的道德风险。

(2)受益人

受益人是指在人身保险合同中由被保险人或投保人指定的享有保险金请求权的人。受益人资格一般没有任何限制。但是我国《保险法》出于预防道德风险的考虑,在投保人为与其有劳动关系的劳动者投保人身保险的情况下,投保人不得指定被保险人及其近亲属以外的人为受益人。这种特殊的制度安排避免了“矿难骗保”等类似案件的发生。当然受益人根据被保险人的指定而享有的保险金请求权只是一种期待权,这种权利的实现以被保险人死亡时受益人仍生活为前提条件。

3. 保险合同的辅助人

(1)保险代理人

保险代理人是指根据保险代理合同或保险的人授权书,向保险人收取代理手续费,并在保险人授权的范围内代其办理保险业务的人。保险代理人实质上是保险业的一种,在保险性质允许的范围内有代理经营业务的权限。依据保险代理人的代理权限,可将保险代理人分为总代理人、营业代理人和特约代理人。

(2)保险经纪人

保险经纪人是指基于被保险人的利益,代其与保险人洽订保险合同,并向保险人收取佣金的人。保险经纪人的任务是代被保险人向保险人洽订合同,而不是代订保险合同。因此其行为或主张不能约束保险人。

(三)保险合同当事人的权利和义务

1. 保险人的义务

(1)保险金的给付义务。保险事故发生后,保险人应向被保险人或受益人给付保险金额。给付保险金,是保险人最基本的义务。保险人履行义务的方式通常限于金钱给付,但如果合同另有约定,也可按约定的方式履行。

(2)危险担保责任。保险人的危险担保责任在保险条款中称为责任范围。一般包括基本责任,即保险人依据事先制定的保险条款对被保险人所承担保险危险的基本内容;附加责任,即保险人在承担主险的基本责任之外,就被保险人加保的附加风险所承担的赔偿责任;特约责任即根据被保险人的特殊需要,经双方协商约定,在保险责任范围外另行增加的承保责任。

2. 投保人的义务

(1)交纳保险费的义务。这是投保人转嫁危险、获得保险保障应支付的代价,是投保人最基本和主要的义务。投保人在保险合同成立后,应当按照合同约定的金额、时间、地点或方式来交付保险费,否则就构成违约。

(2)如实告知的义务。即投保人在订立保险合同时,应当将保险标的的重要事项如实地向保险人声明、申报、陈述。如有故意隐瞒等虚假行为,保险人有权解除合同。

(3)危险增加的通知义务。即投保人在出现订立合同时双方所未曾估计到的危险增加时应及时通知保险人。如投保人未尽到义务,则因增加危险发生保险事故或致损失的扩大部分保险人对此不承担保险责任。如投保人履行通知义务后,保险人不作任何表示,应视为默认,不得再主张增加保险费或解除保险合同。

(4)危险事故的通知义务。我国《保险法》第21条规定:“投保人、被保险人或者受益人知道保险事故发生后,应当及时通知保险人故意或者因重大过失未及时通知,致使保险事故的性质、原因、损失程度等难以确定的,保险人对无法确定的部分,不承担赔偿或者给付保险金的责任,但保险人通过其他途径已经及时知道或者应当及时知道保险事故发生的除外。”

(5)维护保险标的安全和施救的义务。我国《保险法》第51条规定:“被保险人应当遵守国家有关消防、安全、生产操作、劳动保护等方面的规定,维护保险标的安全。”同时还要求被保险人在保险事故发生时,应当采取各项合理的施救措施,防止或减少损失。如果投保方或被保险方没有采取施救措施,保险方对因此而扩大的损失,有权拒绝赔偿。

三、保险组织

1. 保险公司

保险公司是指依照《保险法》和《公司法》设立的,经营保险业务,收取保险费,在约定的保险事故发生时,向约定的对象偿付保险金的公司法人。

2. 保险公司的设立

(1)保险公司的设立条件

我国《保险法》第68条规定:“设立保险公司应当具备下列条件:

(一)主要股东具有持续盈利能力,信誉良好,最近三年内无重大违法违规记录,净资产不低于人民币二亿元;

(二)有符合本法和《中华人民共和国公司法》规定的章程;

(三)有符合本法规定的注册资本;

(四)有具备任职专业知识和业务工作经验的董事、监事和高级管理人员;

(五)有健全的组织机构和管理制度;

(六)有符合要求的营业场所和与经营业务有关的其他设施;

(七)法律、行政法规和国务院保险监督管理机构规定的其他条件。”

(2)保险公司的设立程序

根据《保险法》规定,保险公司的设立必须经过以下程序:向国务院保险监督管理机构批准申请,由批准部门颁发经营保险业务许可证;向工商行政管理机关办理公司设立登记;领取营业执照并开始营业。

3. 保险公司的经营限制

保险公司的经营活动与社会公共利益和安全密切相关,因此法律对其经营活动有一定的限制。主要体现在以下两下方面:

(1)禁止兼业。保险属保险业所专营的业务,其他行业不得兼营保险业务。并且只有在获得保险公司的营业执照后才可经营保险业务。

(2)禁止兼营。保险公司应当在国务院保险监督管理机构依法批准的业务范围内从事保险经营活动。保险公司不能同时兼营财产保险业务和人身保险业务。保险公司只能在核定的营业范围内开展保险业务,不得从事营业范围以外的其他保险业务。但是,经营财产保险业务的保险公司经国务院保险监督管理机构批准,可以经营短期健康保险业务和意外伤害保险业务。

(3)保险金额的限制。《保险法》规定,保险公司对每一危险单位,即对一次保险事故可能造成的最大损失范围所承担的责任,不得超过其实有资本金加公积金总和的百分之十;超过的部分应当办理再保险。

自检自测题

一、不定项选择题

1. 我国的中国人民银行的法律性质是(　　)。

A. 国家机关　　B. 企业法人

C. 事业单位　　D. 其他组织

2. 依据《商业银行法》规定,设立(　　)的注册资本最低限额为10亿元人民币。

A. 城市合作商业银行　　B. 农村合作商业银行

C. 商业银行　　D. 中国人民银行

3. 我国《证券法》调整的证券有以下类型(　　)。

A. 股票　　B. 债券

C. 投资基金券　　D. 提单

4. 我国票据法所称票据是指(　　)。

A. 汇票　　B. 股票

C. 本票　　D. 支票

5. 保险合同是一种(　　)。

A. 非要式合同　　B. 射幸合同

C. 附合合同　　D. 最大诚信合同

6. 根据《保险法》规定，设立保险公司，其注册资本最低限额为人民币（　　）亿元。

A. 1　　B. 2

C. 3　　D. 4

7. 股份有限公司申请其股票上市交易，公司股本总额不低于（　　）人民币。

A. 1000 万元　　B. 3000 万元

C. 5000 万元　　D. 1 亿元

二、名词解释

金融　中央银行法　商业银行　证券　信息公开制度　汇票　本票　支票　保险利益　保险合同　保险代理人

三、问答题

1. 中国人民银行的业务包括哪些内容？

2. 中国人民银行的金融监管权有哪些？

3. 商业银行设立需具备哪些条件？

4. 股票上市的条件有哪些？

5. 请说出几种主要的票据行为。

6. 保险合同的主体有哪些？各有什么样的权利和义务？

7. 我国保险法的基本原则有哪些？

四、案例分析题

甲公司有一座仓库，董事会责成经理对仓库投保火灾险。公司经理在向保险公司陈述时称仓库堆放金属零件和少量的润滑油，没有其他易燃易爆物品。保险公司以该仓库处在居民区，周围的火源比较多，为安全起见，反复声明易燃易爆物品与仓库安全的意义。但甲公司经理称没有问题。保险公司遂与甲公司订立了仓库火灾保险合同。在合同生效的第二个月，保险公司发现该仓库里又堆放了 2 吨香蕉水，香蕉水属于高度危险物品，保险公司当即要求甲公司将香蕉水立即转移出去，但甲公司表示没有其他仓库存放，拒绝转移香蕉水。

请问：

(1) 甲公司投保时的陈述是否符合保险法的规定？

(2) 保险公司在订立保险合同时的说明有何意义？

(3) 甲公司在仓库里堆放香蕉水属于保险法规定的何种行为？

第十章 劳 动 法

预习目标设定

1. 重点掌握劳动合同制度和劳动基准制度。

2. 学会运用《劳动法》和《劳动合同法》来处理现实中的劳动争议。

3. 一般了解《劳动法》的概念、调整对象、劳动法律关系等问题。

第一节 劳动法概述

主要内容提示

1. 劳动法是调整劳动关系以及与劳动关系密切相联系的其他关系的法律规范的总称。

2. 劳动法的调整对象是劳动关系和与劳动关系密切相联系的其他社会关系。

3. 劳动法律关系，是指劳动者与用人单位之间，在实现劳动过程中依据劳动法律规范而形成的劳动权利与劳动义务关系。

一、劳动法的概念

劳动法是调整劳动关系以及与劳动关系密切相联系的其他关系的法律规范的总称。

狭义的劳动法专指1995年《中华人民共和国劳动法》（以下简称《劳动法》），广义的劳动法除《劳动法》外，还包括宪法、法律、行政法规、地方性法规中有关劳动问题的规定。如2008年《中华人民共和国劳动合同法》（以下简称《劳动合同法》）、《中华人民共和国劳动争议调解仲裁法》（以下简称《劳动争议调解仲裁法》）、《企业劳动争议处理条例》等。

二、劳动法的调整对象

劳动法的调整对象是劳动关系和与劳动关系密切相联系的其他社会关系。

(一)劳动关系

劳动关系是劳动者在实现集体劳动过程中与所在单位行政或业主之间发生的关系。我国劳动法调整的劳动关系的范围体现在《劳动法》和《劳动合同法》中。

1.《劳动法》调整的劳动关系的范围:各类企业的劳动关系和个体经济组织中形成的劳动关系;国家机关、事业组织、社会团体通过与劳动者签订劳动合同建立的劳动关系;依照《劳动法》的规定,国家机关、事业组织、社会团体中的非合同劳动关系(现行的干部人事制度下的劳动关系),农村集体经济组织的劳动关系,以及现役军人、家庭保姆、自然人用工等劳动关系,不属于劳动法的调整范围。

2.《劳动合同法》调整的劳动关系范围扩展到:部分事业单位的劳动关系;社会团体的劳动关系;民办非企业单位与其劳动者的劳动关系;劳动力派遣、非全日制用工形成的部分类型的非标准劳动关系;用人单位不合格的劳动关系、劳动者不合格的劳动关系;部分退休人员重新受聘的劳动关系;部分个人承包经营中的劳动关系。

劳动关系具有以下特征:

1. 劳动关系的当事人是特定的,一方是劳动者,另一方是用人单位。在我国劳动者包括在法定劳动年龄内具有劳动能力的我国公民、外国人、无国籍人。在我国用人单位包括依法成立的企业、个体经济组织、国家机关、事业组织、社会团体。

2. 劳动关系是在实现劳动过程中发生的社会关系。

3. 劳动关系具有人身、财产关系的属性。这一属性也决定了用人单位对劳动力的使用、管理,直接关系劳动者的人身,关系其健康和生命,关系其劳动能力、劳动人格、尊严的维护,关系其工资等物质权利的保护;这种人身属性也决定了劳动者必须亲自履行劳动义务,并应遵守用人单位的内部劳动规则,按照劳动力使用者的要求进行劳动。

劳动关系具有财产关系的属性,是指劳动者有偿提供劳动力,用人单位向劳动者支付劳动报酬,由此缔结的社会关系具有财产关系的性质。

4. 劳动关系具有平等、从属关系的属性。一般而言,劳动者处于相对弱势。同时劳动关系具有从属性,劳动关系一经确立,劳动者成为用人单位的职工,与用人单位存在身份、组织和经济上的从属关系,用人单位控制和管理劳动者,双方形成管理与被管理、支配与被支配的关系。

(二)与劳动有关的其他社会关系

劳动法还调整与劳动关系有密切联系的社会关系。它主要包括以下几个方面:(1)管理方面发生的关系;(2)执行社会保险方面发生的关系;(3)处理劳动争议方面发生的关系;(4)监督劳动法执行方面发生的关系;(5)工会组织与企业、机关行政之间的关系。

三、劳动法律关系

劳动法律关系，是指劳动者与用人单位之间，在实现劳动过程中依据劳动法律规范而形成的劳动权利与劳动义务关系。

1. 劳动法律关系的主体，是指参与劳动法律关系享受劳动权利和承担劳动义务的当事人，包括劳动者和用人单位。劳动者，指达到法定年龄、具有劳动能力，以从事某种社会劳动获取收入为主要生活来源的自然人。我国劳动法将就业年龄规定为16周岁，禁止招用未满16周岁的未成年人；某些特殊职业如文艺、体育和特种工艺单位确需招用未满16周岁的人时，须报县以上劳动行政部门批准。用人单位，是指依法招用和管理劳动者，并按法律规定或合同约定向劳动者提供劳动条件，劳动保护和支付劳动报酬的劳动组织。我国现阶段的用人单位包括企业、事业单位、国家机关、社会团体和个体经济组织，其中企业和个体经济组织是劳动法律关系的主要主体。

2. 劳动法律关系的内容。包括劳动者的基本权利和用人单位的用人权。劳动者的基本权利包括：劳动者享有平等就业和选择职业的权利、取得劳动报酬的权利、休息休假的权利、获得劳动安全卫生保护的权利、接受职业技能培训的权利、享受社会保险和福利的权利、提请劳动争议处理的权利以及法律规定的其他劳动权利。

3. 劳动法律关系的客体，是指劳动法律关系中主体的劳动权利和劳动义务所共同指向的对象，具体表现为一定的劳动行为和财物。

第二节 劳动合同制度

主要内容提示

1. 劳动合同是劳动者与用人单位确立劳动关系、明确双方权利和义务的协议。

2. 我国《劳动合同法》规定，建立劳动关系，应当订立书面劳动合同，包括固定期限劳动合同、无固定期限劳动合同和以完成一定工作任务为期限的劳动合同。

3. 我国《劳动合同法》规定，用人单位与劳动者协商一致，可以解除劳动合同。在特定情形下，劳动者或用人单位也可以单方面解除劳动合同，但可能需要进行经济补偿或赔偿。

4. 符合法定情形，劳动合同终止。

一、劳动合同的概念、种类

劳动合同是劳动者与用人单位确立劳动关系、明确双方权利和义务的协议。

劳动合同按照其表现是否为常态,可以分为一般的劳动合同和特殊的劳动合同。一般的劳动合同是指劳动者和用人单位之间在正常情况下,按照一般的劳动时间和劳动条件所达成的双方权利义务关系的协议,它是通常情形下的劳动合同。特殊劳动合同是指在非正常情况下,依照劳动合同法的特别规定而订立的劳动合同,它形成的条件和一般的劳动合同不同,特殊的劳动合同包括两种:劳务派遣合同和非全日制劳动合同。

1. 劳务派遣合同是指劳务派遣单位(用人单位)和派遣劳动者签订劳动合同后,将派遣劳动者派遣至劳务派遣接受单位(用工单位),在劳务派遣关系中,受派遣劳动者和劳务派遣单位签订劳动合同,劳务派遣单位和实际用工单位签订劳务派遣协议。

2. 非全日制劳动合同是指劳动者和用人单位签订的,以小时计酬为主,劳动者在同一用人单位一般平均每日工作时间不超过四小时,每周工作时间累计不超过二十四小时的特殊形式的劳动合同。

二、劳动合同的订立

1. 劳动合同的形式

我国《劳动合同法》规定,建立劳动关系,应当订立书面劳动合同。已建立劳动关系,未同时订立书面劳动合同的,应当自用工之日起 1 个月内订立书面劳动合同。

用人单位自用工之日起超过 1 个月不满 1 年未与劳动者订立书面劳动合同的,应当依照《劳动合同法》第 82 条的规定向劳动者每月支付两倍的工资,并与劳动者补订书面劳动合同;劳动者不与用人单位订立书面劳动合同的,用人单位应当书面通知劳动者终止劳动关系,并依照《劳动合同法》第 47 条的规定支付经济补偿。

用人单位自用工之日起满一年未与劳动者订立书面劳动合同的,自用工之日起满 1 个月的次日至满 1 年的前 1 日应当依照《劳动合同法》第 82 条的规定向劳动者每月支付两倍的工资,并视为自用工之日起满 1 年的当日已经与劳动者订立无固定期限劳动合同,应当立即与劳动者补订书面劳动合同。

2. 劳动合同的期限

劳动合同的期限可以分为三类:固定期限劳动合同、无固定期限劳动合同和以完成一定工作任务为期限的劳动合同。

应当订立无固定期限劳动合同的情形有:(1)劳动者在该用人单位连续工作满 10 年的;(2)用人单位初次实行劳动合同制度或者国有企业改制重新订立劳动合同时,劳动者在该用人单位连续工作满 10 年且距法定退休年龄不足 10 年的;(3)连续订立二次固定期限劳动合同,且劳动者没有《劳动合同法》第 39 条和第 40 条第 1 项、第 2 项规定的情形,续订劳动合同的;(4)用人单位自用工之日起满 1 年不与劳动者订立书面劳动合同的,视为用人单位与劳动者已订立无固定期限劳动合同。

3. 劳动合同试用期制度

(1) 劳动合同期限 3 个月以上不满 1 年的,试用期不得超过 1 个月;劳动合同期限 1 年以上不满 3 年的,试用期不得超过 2 个月;3 年以上固定期限和无固定期限的劳动合同,试用期不得超过 6 个月。

(2) 同一用人单位与同一劳动者只能约定一次试用期。

(3) 以完成一定工作任务为期限的劳动合同或者劳动合同期限不满 3 个月的,不得约定试用期。

(4) 试用期包含在劳动合同期限内。劳动合同仅约定试用期的,试用期不成立,该期限为劳动合同期限。

(5) 劳动者在试用期的工资不得低于本单位相同岗位最低档工资或者劳动合同约定工资的 80%,并不得低于用人单位所在地的最低工资标准。

4. 保密条款和竞业限制法律制度

用人单位可以与劳动者约定保密条款,具体约定要考虑劳动者所从事的工作的内容的性质和具体情况,由用人单位和劳动者通过协商来确定。

我国法律规定的竞业禁止可以分为两种:法定的竞业禁止和约定的竞业禁止。对负有保密义务的劳动者,用人单位可以在劳动合同或者保密协议中与劳动者约定竞业限制条款,并约定在解除或者终止劳动合同后,在竞业限制期限内按月给予劳动者经济补偿。劳动者违反竞业限制约定的,应当按照约定向用人单位支付违约金。《劳动合同法》第 24 条规定,竞业限制的人员限于用人单位的高级管理人员、高级技术人员和其他负有保密义务的人员。竞业限制的范围、地域、期限由用人单位与劳动者约定,竞业限制的约定不得违反法律、法规的规定。竞业限制期限不得超过 2 年。

5. 违约金制度

除《劳动合同法》第 22 条和第 23 条规定的情形外,用人单位不得与劳动者约定由劳动者承担的违约金。

(1) 培训服务期约定违约金。用人单位为劳动者提供专项培训费用,对其进行专业技术培训的,可以与该劳动者订立协议,约定服务期。劳动者违反服务期约定的,应当按照约定向用人单位支付违约金。违约金的数额不得超过用人单位提供的培训费用。用人单位要求劳动者支付的违约金不得超过服务期尚未履行部分所应分摊的培训费用。用人单位与劳动者约定服务期的,不影响按照正常的工资调整机制提高劳动者在服务期期间的劳动报酬。

(2) 在竞业限制约定中约定违约金。用人单位与劳动者可以在劳动合同中约定保守用人单位的商业秘密和与知识产权相关的保密事项。对负有保密义务的劳动者,用人单位可以在劳动合同或者保密协议中与劳动者约定竞业限制条款,并约定在解除或者终止劳动合同后,在竞业限制期限内按月给予劳动者经济补偿。劳动者违反竞业限制约定的,应当按照约定向用人单位支付违约金。

6. 劳动合同的无效

劳动合同的无效是指劳动合同因缺乏法律规定的条件而不具备约束力。我国《劳动合同法》第 26 条规定,下列劳动合同无效或者部分无效:(1)以欺诈、胁迫的手段或者乘人之危,使对方在违背真实意思的情况下订立或者变更劳动合同的;(2)用人单位免除自己的法定责任、排除劳动者权利的;(3)违反法律、行政法规强制性规定的。

三、劳动合同的解除

(一)劳动者和用人单位协商解除

我国《劳动合同法》第 36 条规定,用人单位与劳动者协商一致,可以解除劳动合同。立法对这种解除方式一般不规定条件,只要求解除合同的合意在内容、形式、程序上合法即可。

(二) 劳动者单方面解除劳动合同

1. 劳动者提前通知解除(预告解除)

试用期间劳动者对劳动合同的解除,只要提前 3 日通知用人单位,就可以解除劳动合同。正式合同期内劳动者对劳动合同的解除提前 30 日以书面形式通知用人单位,可以解除劳动合同。

2. 劳动者随时解除(即时解除)

随时解除是指劳动者在法律规定的条件下,不提前通知用人单位就可以单方面解除劳动合同,终止劳动合同的法定约束力。用人单位有下列情形之一的,劳动者可以解除劳动合同:

(1)未按照劳动合同约定提供劳动保护或者劳动条件的;

(2)未及时足额支付劳动报酬的;

(3)未依法为劳动者缴纳社会保费的;

(4)用人单位的规章制度违反法律、法规的规定,损害劳动者合法权益的;

(5)因用人单位过错致使劳动合同无效的;

(6)用人单位以暴力、威胁或者非法限制人身自由的手段强迫劳动者劳动的;

(7)用人单位违章指挥、强令冒险作业危及劳动者人身安全的。

在上述情形下,劳动者可以立即解除劳动合同,无须事先告知用人单位。

(三)用人单位单方面解除劳动合同

1. 用人单位的"过失性解除"

劳动者有下列情形之一的,用人单位可以随时解除劳动合同:在试用期间被证明不符合录用条件的;严重违反用人单位的规章制度的;严重失职,营私舞弊,给用人单位造成重大损害的;劳动者同时与其他用人单位建立劳动关系,对完成本单位的工作任务造成严重影响，或者经用人单位提出，拒不改正的；因《劳动合同法》第26条第1款第(1)项规定的情形致使劳动合同无效的；被依法追究刑事责任的。

2. 用人单位的“无过失性解除”

有下列情形之一的，用人单位可以解除劳动合同，但是应当提前30日以书面形式通知劳动者本人：劳动者患病或者非因工负伤，在规定的医疗期满后不能从事原工作，也不能从事由用人单位另行安排的工作的；劳动者不能胜任工作，经过培训或者调整工作岗位，仍不能胜任工作的；劳动合同订立时所依据的客观情况发生重大变化，致使劳动合同无法履行，经用人单位与劳动者协商，未能就变更劳动合同内容达成协议的。

3. 用人单位的经济性裁员

大规模的经济性裁员是指用人单位，需要裁减人员20人以上或者裁减不足20人但占企业职工总数10%以上的情况，符合这种情况的，裁员需要按照下列程序进行：用人单位提前30日向工会或者全体职工说明情况，听取工会或者职工意见；用人单位将裁减人员方案经向劳动行政部门报告，可以裁减人员。

用人单位裁减人员时，应当优先留用下列人员：

(1)与本单位订立较长期限的固定期限劳动合同的；

(2)与本单位订立无固定期限劳动合同的；

(3)家庭无其他就业人员，有需要扶养的老人或者未成年人的。

用人单位依照第1款规定裁减人员，在6个月内重新招用人员的，应当通知被裁减的人员，并在同等条件下优先招用被裁减的人员。

4. 对用人单位劳动合同解除权的法定限制

劳动者有下列情形之一的，用人单位不得进行经济性裁员和“无过失性解除”：从事接触职业病危害作业的劳动者未进行离岗前职业健康检查，或者疑似职业病病人在诊断或者医学观察期间的；在本单位患职业病或者因工负伤并被确认丧失或者部分丧失劳动能力的；患病或者非因工负伤，在规定的医疗期内的；女职工在孕期、产期、哺乳期的；在本单位连续工作满15年，且距法定退休年龄不足5年的；法律、行政法规规定的其他情形。

(四)解除劳动合同的经济补偿和赔偿

有下列情形之一的，用人单位应当向劳动者支付经济补偿：

(1)劳动者依照《劳动合同法》第38条规定解除劳动合同的；(2)用人单位依照《劳动合同法》第36条规定向劳动者提出解除劳动合同并与劳动者协商一致解除劳动合同的；(3)用人单位依照《劳动合同法》第40条规定解除劳动合同的；(4)用人单位依照《劳动合同法》第41条第1款规定解除劳动合同的；(5)除用人单位维持或者提高劳动合同约定条件续定劳动合同，劳动者不同意续定的情形外，依照《劳动合同法》第44条第(1)项规定终止固定期限劳动合同的；(6)依照《劳动合同法》第 44 条第(4)项、第(5)项规定终止劳动合同的;(7)法律、行政法规规定的其他情形。

经济补偿按劳动者在本单位工作的年限,每满 1 年支付 1 个月工资的标准向劳动者支付。6 个月以上不满 1 年的,按 1 年计算;不满 6 个月的,向劳动者支付半个月工资的经济补偿。劳动者月工资高于用人单位所在直辖市、设区的市级人民政府公布的本地区上年度职工月平均工资 3 倍的,向其支付经济补偿的标准按职工月平均工资 3 倍的数额支付,向其支付经济补偿的年限最高不超过 12 年。月工资是指劳动者在劳动合同解除或者终止前 12 个月的平均工资。

用人单位违反劳动合同法规定的条件解除或者终止劳动合同,劳动者享有选择权,可以要求用人单位继续履行劳动合同,如果用人单位能够履行的,应当继续履行;如果劳动者不要求继续履行劳动合同或者劳动合同不能继续履行的,用人单位应当依照《劳动合同法》第 87 条规定支付赔偿金,即应当依照《劳动合同法》第 47 条规定的经济补偿标准的两倍向劳动者支付赔偿金。

四、劳动合同的终止

劳动合同终止的条件不能约定,只能法定。依照《劳动合同法》第 44 条的规定,有下列情形之一的,劳动合同终止:劳动合同期满的;劳动者开始依法享受基本养老保险待遇的;劳动者死亡,或者被人民法院宣告死亡或者宣告失踪的;用人单位被依法宣告破产的;用人单位被吊销营业执照、责令关闭、撤销或者用人单位决定提前解散的;法律、行政法规规定的其他情形。

第三节　劳动基准制度

主要内容提示

1. 工资是用人单位支付给劳动者的劳动报酬,一般包括计时工资、计件工资、奖金、津贴和补贴、延长工作时间的工资报酬以及特殊情况下支付的工资等。

2. 工作时间包括每日工作的小时数,每周工作的天数和小时数;休息休假时间包括每天休息的时数,每周休息的天数,公休节假日休息、工作间隙休息、带薪休假等。

3. 劳动法对妇女劳动者和未成年劳动者给予特殊保护。

一、工资法律制度

(一)概述

工资是用人单位支付给劳动者的劳动报酬,是劳动关系中财产属性的重要表现,是劳动者实现生存权的基本途径。

工资一般包括计时工资、计件工资、奖金、津贴和补贴、延长工作时间的工资报酬以及特殊情况下支付的工资等。工资是劳动者劳动收入的主要组成部分。劳动者的以下劳动收入不属于工资范围：(1)单位支付给劳动者个人的社会保险福利费用，如丧葬抚恤救济费、生活困难补助费、计划生育补贴等；(2)劳动保护方面的费用，如用人单位支付给劳动者的工作服、解毒剂、清凉饮料费用等；(3)按规定未列入工资总额的各种劳动报酬及其他劳动收入，如根据国家规定发放的创造发明奖、国家星火奖、自然科学奖、科学技术进步奖、合理化建议和技术改进奖、中华技能大奖等，以及稿费、讲课费、翻译费等。

(二)特殊情况下的工资种类

特殊情况下的工资是指依照法律、法规规定或劳动合同约定在特殊时间内或者特殊工作情况下支付给劳动者的工资。我国现行的特殊情况下的工资，主要有以下几种：

1. 加班加点工资。加班是指在法定节日、公休假日从事工作。加点是指在一个工作日内延长工作时间。根据《劳动法》第44条的规定，有下列情形之一的，用人单位应当按照下列标准支付高于劳动者正常工作时间工资的工资报酬：(1)安排劳动者延长工作时间的，支付不低于工资的150%的工资报酬；(2)休息日安排劳动者工作又不能安排补休的，支付不低于工资的200%的工资报酬；(3)法定休假日安排劳动者工作的，支付不低于工资的300%的工资报酬。

2. 休假期间的工资。劳动者的休假期间包括年休假、探亲假、婚丧假和事假等。其中前三项均属于带薪休假，因此，在休假期间，用人单位应按劳动合同约定的标准支付劳动者工资。劳动者请事假，一般不发给工资，但学徒工请事假的，生活费照发。劳动者旷工，停发工资，并按规定给予相应的处罚。

3. 停工、停产期间的工资。非因劳动者原因造成单位停工、停产在一个工资支付周期内的，用人单位应按劳动合同规定的标准支付劳动者工资。超过一个工资支付周期的，若劳动者提供了正常劳动，则支付给劳动者的劳动报酬不得低于当地的最低工资标准；若劳动者没有提供正常劳动，应按国家有关规定办理。

4. 依法参加社会活动期间的工资。劳动者在法定工作时间依法参加社会活动期间，用人单位应视同其提供了正常劳动而支付工资。

二、工作时间和休息休假法律制度

(一)工作时间

工作时间又称劳动时间，是指法律规定的劳动者在一昼夜和一周内从事劳动的时间。它包括每日工作的小时数，每周工作的天数和小时数。

工作时间的种类包括：

1. 标准工作时间，又称标准工时，是指法律规定的在一般情况下普遍适用的，按照正常作息办法安排的工作日和工作周的工时制度。我国的标准工时为劳动者每日工作 8 小时,每周工作 40 小时,在 1 周(7 日)内工作 5 天。实行计件工作的劳动者,用人单位应当根据每日工作 8 小时、每周工作 40 小时的工时制度,合理确定其劳动定额和计件报酬标准。

2. 缩短工作时间,是指法律规定的在特殊情况下劳动者的工作时间长度少于标准工作时间的工时制度。即每日工作少于 8 小时。缩短工作日适用于:

(1)从事矿山井下、高山、有毒有害、特别繁重或过度紧张等作业的劳动者;

(2)从事夜班工作的劳动者;

(3)哺乳期内的女职工。

3. 延长工作时间,是指超过标准工作日的工作时间,即日工作时间超过 8 小时,每周工作时间超过 40 小时。延长工作时间必须符合法律、法规的规定。

4. 不定时工作时间和综合计算工作时间。不定时工作时间,又称不定时工作制,是指无固定工作时数限制的工时制度。适用于工作性质和职责范围不受固定工作时间限制的劳动者,如企业中的高级管理人员、外勤人员、推销人员、部分值班人员,从事交通运输的工作人员以及其他因生产特点、工作特殊需要或职责范围的关系,适合实行不定时工作制的职工等。综合计算工作时间,又称综合计算工时工作制,是指以一定时间为周期,集中安排并综合计算工作时间和休息时间的工时制度。即分别以周、月、季、年为周期综合计算工作时间,但其平均日工作时间和平均周工作时间应与法定标准工作时间基本相同。对符合下列条件之一的职工,可以实行综合计算工作日:

(1)交通、铁路、邮电、水运、航空、渔业等行业中因工作性质特殊,需连续作业的职工;

(2)地质及资源勘探、建筑、制盐、制糖、旅游等受季节和自然条件限制的行业的部分职工;

(3)其他适合实行综合计算工时工作制的职工。

实行不定时工作制和综合计算工时工作制的企业,应根据劳动法的有关规定,与工会和劳动者协商,履行审批手续,在保障职工身体健康并充分听取职工意见的基础上,采用集中工作、集中休息、轮流调休、弹性工作时间等适当方式,确保职工的休息休假权利和生产、工作任务的完成。对于实行不定时工作制的劳动者,企业应根据标准工时制度合理确定劳动者的劳动定额或其他考核标准,以便安排劳动者休息。其工资由企业按照本单位的工资制度和工资分配办法,根据劳动者的实际工作时间和完成劳动定额情况计发。对于符合带薪年休假条件的劳动者,企业可安排其享受带薪年休假。实行综合计算工时工作制的企业,在综合计算周期内,某一具体日(或周)的实际工作时间可以超过 8 小时(或 40 小时),但综合计算周期内的总实际工作时间不应超过总法定标准工作时间,超过部分应视为延长工作时间,并按《劳动法》第 44 条第(1)项的规定支付工资报酬,其中法定休假日安排劳动者工作的,按《劳动法》第44条第(3)项的规定支付工资报酬。而且,延长工作时间的小时数平均每月不得超过36小时。

(二)休息休假

休息休假时间,是指劳动者在工作时间以外,依照法律、法规规定不从事劳动,由个人自行支配的时间。休息休假时间是相对工作时间而言的,它是劳动者实现休息权利的重要保障条件。休息休假时间包括每天休息的时数,每周休息的天数,公休节假日休息、工作间隙休息、带薪休假等。

我国的休息休假可分为以下几种:

1. 休息时间的种类

(1)日休息时间

日休息时间,是指劳动者在一昼夜内,除工作时间以外,由自己支配的时间。《劳动法》规定:"国家实行劳动者每日工作不超过8小时,平均每周不超过44小时的工时制度。"《国务院关于职工工作时间的规定》规定:"职工每日工作8小时。"每天工作不超过8小时,就是说在1天24小时内,除了最多8小时以外,其余16个小时均属于劳动者休息时间,由劳动者个人进行支配。

(2) 工作间歇休息

每个工作日内,为了减少劳动者的疲劳和紧张状态,给予劳动者必要的休息和用餐时间即午休时间。一般为一小时,不得少于半小时。实行轮班制的单位,在调换班次时,不得使劳动者连续工作两班。

2. 休假时间的种类

(1)每周公休假日

按照国家规定,一般每周工作5天,劳动者可享有2天的公休假日。特殊行业,如供电、供水等可从实际情况出发,依法安排休息日。

(2)每年法定节假日

国家法律法规统一规定的,用以纪念、庆祝活动的休息时间。

(3)职工探亲假

职工探亲,是指与父母与配偶分居两地的职工,每年在一定时期内,回家团聚的假期。另外根据实际需要给予路程假。

(4)年休假

年休假是指职工每年在一定时期内享有保留工作和工资的连续休息的时间。

三、职业安全卫生法律制度

1. 为保护女职工的身体健康,法律规定禁止安排女职工从事矿山井下作业、国家规定的第四级体力劳动强度的劳动和其他禁忌从事的劳动;不得安排女职工在经期从事高处、高温、低温、冷水作业和国家规定的第三级体力劳动强度的劳动;不得安排女职工在怀孕期间从事国家规定的第三级体力劳动强度的劳动;对怀孕7

个月以上的女职工,不得安排其延长工作时间和夜班劳动;女职工生育享受不少于90天的产假;不得安排女职工在哺乳未满1周岁的婴儿期间从事国家规定的第三级体力劳动强度的劳动和哺乳期禁忌从事的其他劳动,不得安排其延长工作时间和夜班劳动。

2. 未成年工的特殊劳动保护。未成年上是指年满16周岁未满18周岁的劳动者。对未成年工特殊劳动保护的措施主要有:

(1)上岗前培训。未成年工上岗,用人单位应对其进行有关的职业安全卫生教育、培训。

(2)禁止安排未成年工从事有害健康的工作。用人单位不得安排未成年工从事矿山井下、有毒有害、国家规定的第四级体力劳动强度和其他禁忌从事的劳动。

(3)提供适合未成年工身体发育的生产工具等。

(4)对未成年工定期进行健康检查。

第四节　劳动争议的处理

主要内容提示

1. 劳动争议是指劳动者与用人单位之间所生之争议及用人单位或用人单位团体与工会之间围绕权利、义务以及相关利益所生的争议。

2. 除《劳动争议调解仲裁法》另有规定的外,仲裁是法定的必经程序。

3. 劳动争议处理中的诉讼程序不是必经程序,只有劳动争议当事人一方或双方均不服劳动争议仲裁委员会作出的仲裁裁决,在裁决作出15日内向人民法院提起诉讼,该程序才可能启动。

一、概述

劳动争议是指劳动者与用人单位之间所生之争议及用人单位或用人单位团体与工会之间围绕权利、义务以及相关利益所生的争议。

劳动争议处理机构是指受理劳动争议案件的组织机构。根据《劳动争议调解仲裁法》等的规定,有权处理劳动争议的机构包括调解组织、劳动争议仲裁委员会、人民法院、劳动行政主管部门。

发生劳动争议时,劳动者可以与用人单位协商,也可以请工会或者第三方共同与用人单位协商,达成和解协议。发生劳动争议,当事人不愿协商、协商不成或者达成和解协议后不履行的,可以向调解组织申请调解;不愿调解、调解不成或者达成调解协议后不履行的,可以向劳动争议仲裁委员会申请仲裁;对仲裁裁决不服的,除本法另有规定的外,可以向人民法院提起诉讼。本章重点介绍劳动争议仲裁与诉讼。

二、劳动仲裁程序

除《劳动争议调解仲裁法》另有规定的外，仲裁是法定的必经程序，劳动争议案件，必须经过仲裁委员会仲裁，否则，人民法院将不予以受理。也就是说，我国处理劳动争议采取"仲裁前置"的原则。劳动争议仲裁的提起，可以分为两种情况：(1)调解组织到期未调解成功的劳动争议，在法定期内，当事人可以申请仲裁；(2)当事人可以直接向仲裁委员会申请仲裁。即劳动争议双方任何一方当事人，可以不经过调解组织的调解；也可以在劳动争议仲裁委员会调解建议下不愿调解，进入仲裁程序。

1. 申请

劳动争议仲裁委员会负责管辖本区域内发生的劳动争议。劳动争议由劳动合同履行地或者用人单位所在地的劳动争议仲裁委员会管辖。双方当事人分别向劳动合同履行地和用人单位所在地的劳动争议仲裁委员会申请仲裁的，由劳动合同履行地的劳动争议仲裁委员会管辖。

根据《劳动争议调解仲裁法》的规定，劳动争议申请仲裁的时效期间为 1 年。发生劳动争议的职工一方在 10 人以上，并有共同理由的，可以推举代表参加仲裁活动。代表人数由仲裁委员会确定。

2. 受理

劳动争议仲裁委员会收到仲裁申请之日起 5 日内，认为符合受理条件的，应当受理，并通知申请人；认为不符合受理条件的，应当书面通知申请人不予受理，并说明理由。对劳动争议仲裁委员会不予受理或者逾期未作出决定的，申请人可以就该劳动争议事项向人民法院提起诉讼。

3. 开庭和裁决

除《劳动争议调解仲裁法》另有规定的外，仲裁裁决为终局裁决，裁决书自作出之日起发生法律效力，劳动者对上述仲裁裁决不服的，可以自收到仲裁裁决书之日起 15 日内向人民法院提起诉讼。当事人对上述规定以外的其他劳动争议案件的仲裁裁决不服的，可以自收到仲裁裁决书之日起 15 日内向人民法院提起诉讼；期满不起诉的，裁决书发生法律效力。当事人对发生法律效力的调解书、裁决书，应当依照规定的期限履行。一方当事人逾期不履行的，另一方当事人可以依照民事诉讼法的有关规定向人民法院申请执行。受理申请的人民法院应当依法执行。

三、劳动争议中的诉讼程序

劳动争议处理中的诉讼程序不是必经程序，只有劳动争议当事人一方或双方均不服劳动争议仲裁委员会作出的仲裁裁决，在裁决作出 15 日内向人民法院提起诉讼，该程序才可能启动。除法律另有规定外，劳动争议仲裁程序是诉讼程序的前置和必经程序。

1．劳动争议案件的受理

法院审理劳动争议案件的条件是：(1)起诉人必须是劳动争议的当事人。当事人因故不能亲自起诉的，可以委托代理人起诉。(2)必须是不服劳动争议仲裁委员会仲裁而向法院起诉，未经仲裁程序不得直接向法院起诉。(3)必须有明确的被告、具体的诉讼请求和事实根据。原告、被告仍为仲裁当事人，不得将仲裁委员会作为被告向法院起诉。(4)提起诉讼的时间，必须是在法律规定的期限内，即收到仲裁裁决书之日起15日内起诉，超过15日，人民法院不予受理。(5)属于人民法院受理劳动争议的范围。起诉必须向有管辖权的法院提出。

2．劳动争议案件举证责任

一般而言，劳动争议案件中举证责任的分配适用《民事诉讼法》规定。但根据劳动争议关系的特点，因用人单位作出的开除、除名、辞退、解除劳动合同、减少劳动报酬、计算劳动者工作年限等决定而发生的争议“由用人单位负担举证责任”，适用举证责任倒置。但是这里仅规定了六种情况由用人单位承担举证责任，且“开除、除名、辞退、解除劳动合同”实际上是一回事。

自检自测题

一、不定项选择题

1．下列争议适用《劳动法》的是(　　)。

A．李某雇佣赵某照顾自己患病的母亲，李某与赵某就报酬发生争议

B．大学生刘某利用暑假时间到某公司勤工俭学，刘某就工资问题与公司发生争议

C．某企业工会主席与该企业就年休假问题发生争议

D．某公司股东与该公司就年终分红问题发生争议

2．以下哪些情形，用人单位可以与劳动者约定由劳动者承担违约金？(　　)

A．培训服务期约定违约金

B．在竞业限制约定中约定违约金

C．加班加点中约定违约金

D．在合同解除条款中约定违约金

3．关于竞业限制的表述正确的是(　　)。

A．在竞业限制期限内按月给予劳动者经济补偿。劳动者违反竞业限制约定的，应当按照约定向用人单位支付违约金

B．竞业限制的人员限于用人单位的高级管理人员、高级技术人员和其他负有保密义务的人员

C．竞业限制期限，不得超过一年

D. 竞业期内不可以就业

4. 关于劳动合同试用期，下列说法正确的是(　　)。

A. 劳动合同期限3个月以上不满1年的，试用期不得超过1个月

B. 同一用人单位与同一劳动者可以约定两次试用期

C. 试用期不包含在劳动合同期限内

D. 劳动者在试用期的工资不得低于本单位相同岗位最低档工资或者劳动合同约定工资的80%，并不得低于用人单位所在地的最低工资标准

5. 以下哪些情形，劳动者可以解除劳动合同？(　　)

A. 未按照劳动合同约定提供劳动保护或者劳动条件的

B. 未及时足额支付劳动报酬的

C. 未依法为劳动者缴纳社会保费的

D. 用人单位以暴力、威胁或者非法限制人身自由的手段强迫劳动者劳动的

二、名词解释

劳动法　劳动合同　劳务派遣合同　非全日制劳动合同　劳动争议

三、问答题

1. 我国《劳动合同法》对试用期作了哪些规定？

2. 我国《劳动合同法》规定，哪些情形下，用人单位应当向劳动者支付经济补偿？

3. 我国劳动法对特殊情形下的工资作了哪些规定？

4. 发生劳动争议时，如何解决？

四、案例分析题

A公司招用李某为总工程师并签有5年期劳动合同，其间，李某又兼职与B公司建立了劳动关系。A公司了解这一情况后也没有任何反应，以为只要不影响本公司工作也就听其自然了。有一天，B公司因产品质量问题要李某去帮忙，而就在李某去帮忙的这几天，刚好A公司产品质量也发生了问题，A公司跟李某多次联系均联系不上，由此造成A公司产品大量报废和严重的经济损失。鉴于此，A公司提出与李某提前解除劳动合同，并要求李某承担A公司的经济损失，同时要求B公司承担连带赔偿责任。李某对此不服，反诉A公司违反劳动合同，要求A公司承担违约责任。

请分析：

(1)A公司能否单方面解除劳动合同？

(2)B公司应当承担连带赔偿责任吗？

第十一章 竞 争 法

预习目标设定

1. 重点掌握竞争的概念和特征、不正当竞争行为的概念和特征、不正当竞争行为的具体表现形式、我国《反垄断法》规定的垄断行为的种类。

2. 学会运用《反不正当竞争法》《反垄断法》的相关内容解决现实问题。

3. 一般了解竞争法的概念以及各种立法体例、我国反不正当竞争法的基本原则、反垄断法的监督管理、违反《反不正当竞争法》的法律责任、违反《反垄断法》的法律责任。

第一节 竞争法概述

主要内容提示

1. 竞争是指商品经营者之间在市场交易活动中，为了求得最佳生存环境，谋取最大经济效益而进行的各种商业活动。

2. 竞争法是调整市场经济领域内的市场竞争关系和市场竞争管理关系的法律规范的总和，以反不正当竞争法和反垄断法为其核心内容。

一、竞争概念和特征

竞争存在于整个人类社会的发展过程中，在市场经济中，竞争是最基本的运行机制。它是保证正常的经济秩序，保持市场活力，促进经济发展的重要因素。所以，也可以说竞争是市场经济的灵魂。在异常激烈的市场竞争中，经营者为了争夺市场，排挤竞争对手，不得不采取各种手段改善经营管理，提高产品和服务质量，提高劳动生产率，以树立企业的良好信誉，使企业在残酷的市场竞争中立于不败之地；并使企业在新一轮的市场竞争中进一步增强竞争能力，促进市场竞争的良性循环；通过竞争的优胜劣汰，使资源集中流向有较强实力的竞争一方，或者是有较好效益的生产与流通环节，实现资源的优化配置。

法律意义上的竞争,不是一般意义上的竞争,而是指经济领域内的商品(包括服务)经营者之间的竞争。具体说,所谓竞争是指商品经营者之间在市场交易活动中,为了求得最佳生存环境,谋取最大经济效益而进行的各种商业活动。它具有以下特征:

1. 参与竞争的主体是经营者,包括从事商品的经营者和服务的经营者。一般来说,竞争往往发生在所从事行业相近或者相同,且在经济利益上有利害关系的两个以上的经营者之间。

2. 竞争的目的是占领市场,排挤竞争对手,使自己在市场交易中保持有利地位并不断增强自身实力。

3. 竞争的行为表现方式多种多样,可以是改进经营管理、加大广告宣传力度、降低产品生产成本;也可以是提高产品质量、提供优质服务、降低商品和服务价格等。

4. 竞争的结果是优胜劣汰。竞争使拥有雄厚实力的经营者在相近或者相同行业中脱颖而出,赢得消费者,并最终占领市场;而在竞争中处于劣势的经营者,受到竞争对手的强力排挤,逐渐失去消费者,并最终被淘汰出市场竞争领域。

在市场竞争中,经营者必须遵守自愿、平等、公平、诚实信用原则以及公认的商业道德,这种竞争是正当的;如果经营者违反上述原则和商业道德,损害其他经营者的合法权益,扰乱社会经济秩序,那是不正当竞争行为。正当的竞争可以激活市场,赋予市场以活力;不正当竞争或因竞争而造成的生产和资本的过度集中所引发的垄断,就会排除竞争、窒息竞争,遏止竞争机制功能的正常发挥,影响市场经济秩序的正常运转。所以,对不正当竞争行为和垄断行为,世界各国都制定有关竞争立法予以限制。

二、竞争法的概念

对于竞争法的称谓,各国称呼各不相同,如美国叫反托拉斯法,英国和我国的台湾地区叫公平交易法,日本叫不正当竞争防止法、禁止垄断法,德国叫卡特尔法、禁止限制竞争法,等等。尽管所用名称不同,但各国的竞争法内容一般包括反不正当竞争法和反垄断法这两部分内容。我国已于 1993 年制定了《反不正当竞争法》,由于立法时典型意义上的经济性垄断行为并不突出,单独制定《反垄断法》所需要的特定条件尚不成熟,但又考虑到由于计划经济影响所造成的严重的部门垄断和地区垄断,所以把部分垄断行为纳入了不正当竞争的范围。此后为了健全全国统一、开放、竞争、有序的市场体系,制止垄断行为,维护公平竞争,保护消费者利益,我国在 2007 年 8 月 30 日第十届全国人民代表大会常务委员会第二十九次会议通过《中华人民共和国反垄断法》(以下简称《反垄断法》),该法于 2008 年 8 月 1 日起施行。1993 年的《反不正当竞争法》也于 2017 年 11 月 4 日,由第十二届全国人民代表大会常务委员会第三十次会议进行修订,自 2018 年 1 月 1 日起施行。

竞争法是调整市场经济领域内的市场竞争关系和市场竞争管理关系的法律规范的总和,以反不正当竞争法和反垄断法为其核心内容。

市场竞争关系是一种横向的竞争关系,即经营者之间在市场交易中所形成的竞争关系,它包括经营者之间基于正当竞争所形成的竞争关系和基于违反市场交易规则和商业道德而形成的反竞争关系。竞争法对市场竞争关系的调整主要是通过法律为公平、公正竞争创造优良条件,通过法律明确保护正当竞争行为、禁止不正当竞争行为和非法垄断行为,等等。市场竞争管理关系是一种纵向的竞争关系,即国家基于保护公平竞争的监督管理职能而与经营者之间形成的竞争关系。竞争法对市场竞争管理关系的调整主要是通过法律确立竞争监督管理体制,明确监督管理部门的职责权限,确定监督管理程序及违反竞争法的法律责任等。

三、各国竞争法的立法体例

由于社会制度、法律文化传统和立法时代背景的不同,世界各国对竞争立法体例的选择存在较大的差异,主要有三种体例:第一种是制定一部统一的竞争法典,将同属于竞争法调整范畴的反不正当竞争行为和反垄断行为纳入一部法律之中进行统一调整,如韩国的《限制垄断及公平交易法》、匈牙利的《反不正当竞争法》等;第二种体例是将反不正当竞争行为和反垄断行为分别立法,调整反不正当竞争行为的法律是反不正当竞争法,调整反垄断行为的法律为反垄断法,如日本的《不正当竞争防止法》《关于禁止私人垄断和确保公平交易法》;第三种体例是制定一系列单行法,美国就是采用这种独特的立法体例,制定了一系列以保护正当、公平竞争关系为内容的多个单行法,主要有《保护贸易和商业不受非法限制与垄断之害法》(即《谢尔曼法》)、《克莱顿法》、《联邦贸易委员会法》等。我国已经制定了《反不正当竞争法》和《反垄断法》两部单行法律,所以我国的竞争立法体例属于第二种。

第二节　反不正当竞争法

主要内容提示

1. 反不正当竞争法,是指调整在维护公平竞争、制止不正当竞争行为过程中所发生的经济关系的法律规范的总和。它具有三个明显的特点。

2. 不正当竞争行为,是指经营者违反《反不正当竞争法》规定,损害其他经营者的合法权益,扰乱社会经济秩序的行为。其具体的表现形式有11种。

一、《反不正当竞争法》的立法宗旨和市场交易规则

1993年9月2日,第八届全国人民代表大会常务委员会第三次会议审议并通过了《中华人民共和国反不正当竞争法》(以下简称《反不正当竞争法》),并于同年12月1日起施行。2017年11月4日第十二届全国人民代表大会常务委员会第三十次会议修订,自2018年1月1日起施行。《反不正当竞争法》第1条就明确规定:"为促进社会主义市场经济健康发展,鼓励和保护公平竞争,制止不正当竞争行为,保护经营者和消费者的合法权益,制定本法。"由此可见,我国《反不正当竞争法》的立法宗旨在于通过制止不正当竞争行为,鼓励和保护公平交易和公平竞争,并进而保护其他经营者和消费者的合法权益不受侵害,最终促进社会主义市场经济的健康发展。

为了规范市场机制,保护公平、公正的市场竞争,我国《反不正当竞争法》第2条规定了市场交易规则,从原则上界定正当竞争行为与不正当竞争行为的界限。遵循这些交易规则的行为属于正当竞争,反之即为不正当竞争。当然,这只是较为原则性的规定,该法第二章对我国社会经济生活中比较典型的突出的不正当竞争行为,专章作了列举式的规定,但这并不等于不正当竞争行为仅指所列举的几项。所以,为了正确理解和适用法律,该法第2条又作了原则性的规定,如经营者的某些市场交易行为虽然难以被确认为该法所列举的不正当竞争行为之一,但它只要违反了第2条的市场交易规则,损害了其他经营者或者消费者的合法权益,扰乱了社会经济秩序,就可以认定其竞争行为的违法性,即属于不正当竞争行为。根据该法规定,市场交易规则包括:遵循自愿、平等、公平、诚实信用原则,遵守法律和商业道德。

二、反不正当竞争法的概念

反不正当竞争法,是指调整在维护公平竞争、制止不正当竞争行为过程中所发生的经济关系的法律规范的总和。从狭义上看,我国的反不正当竞争法是指《反不正当竞争法》;广义上看,反不正当竞争法除了《反不正当竞争法》外,还包括产品质量法、食品卫生法、广告法、商标法、专利法、计量法、标准化法、公司法、消费者权益保护法、价格法等法律法规以及我国参加的国际条约中有关反不正当竞争的规定。在此,仅指狭义的反不正当竞争法。

我国2018年1月1日开始施行的《反不正当竞争法》较之1993年的《反不正当竞争法》有很大的改动。1993年《反不正当竞争法》是在当时特定的历史条件下催生的一部具有中国特色的规制市场公平竞争的竞争法。经过二十多年的发展,中国经济社会发生了巨大变化,原有的立法基础也已发生巨大改变。迫切需要立法层面对经济发展中的新问题和新趋势作出回应。立足于我国的市场经济发展水平和立法的实际需要,并借鉴国际通行的市场交易规则,也为了理顺反不正当竞争法与其他法律的关系,避免法律之间的交叉重叠,2018年新的《反不正当竞争法》正式出台。2018年《反不正当竞争法》共32条,完整保留原条款的仅3条,删除12条,修改19条,新增10条。由此可见,2018年的《反不正当竞争法》完全是一部新法。删除的法条集中在“排除、限制竞争行为”的条款,将包括公用事业单位排除竞争、行政垄断、企业以排挤竞争者为目的的低价倾销、捆绑销售以及串通投标等行为交由《反垄断法》或者其他法律规制。对虚假宣传、混淆行为等的规制在《广告法》《商标法》等其他法律中已作规定的,在2018年《反不正当竞争法》中就不再作规定,转而关注涉及互联网、电子商务的虚假宣传和混淆行为。考虑到互联网技术及商业模式的迅速发展,2018年《反不正当竞争法》以概况列举的形式对互联网相关的不正当竞争行为进行了规制,还增加了兜底条款以适应未来实践发展的变化。

2018年《反不正当竞争法》和《反垄断法》共同构建了我国当前完整的竞争法体系,为规制市场公平竞争,促进市场经济健康发展提供了有力保障。

三、不正当竞争行为

(一)不正当竞争行为的概念及特征

不正当竞争行为,是指经营者在生产经营活动中违反《反不正当竞争法》规定,损害其他经营者或者消费者的合法权益的行为。它具有以下基本特征:

1. 主体的特殊性。不正当竞争行为的主体是经营者,根据《反不正当竞争法》第2条第2款的规定,经营者是指从事商品生产、经营或者提供服务的自然人。非经营者一般来说不能成为不正当竞争行为的主体。此外,这里的经营包括生产和流通两个领域的经济活动。

2. 行为的违法性。不正当竞争行为违反了《反不正当竞争法》规定,既包括违反该法列举的禁止不正当竞争行为的各种具体规定,也包括违反了原则性规定,即违反自愿、平等、公平、诚实信用的原则和违背法律和商业道德。

3. 行为的危害性。不正当竞争行为破坏公平竞争的市场正常秩序,损害其他经营者的合法权益,侵犯消费者的合法利益,扰乱社会经济秩序,阻碍市场经济的健康发展。

(二)不正当竞争行为的表现形式

现实的经济生活纷繁复杂,不正当竞争行为也呈现复杂化;而且随着社会的发展,不正当竞争行为的表现形式也不断发生变化。所以我国《反不正当竞争法》所列举的几种不正当竞争行为仅仅是根据各国立法经验和我国现实生活中已经出现的或者即将出现的该种行为的表现形式,并不是也不可能囊括所有的不正当竞争行为。

1. 仿冒、混淆行为

仿冒、混淆行为,是指经营者在自己的商品、营业场所、网站域名上不正当地使用他人的标识,使自己的商品或者营业与他人经营的商品、商业相混淆,谋求不正当利益的行为。主要是指经营者将自己的商品、营业场所、互联网网站等与其他经营者的商品、营业场所、互联网网站等相混淆的行为,一般情况下经营者通过使用相同或相近的标识、企业名称、域名、网页等达到引人误以为是他人商品或者与他人存在特定联系的效果。

根据《反不正当竞争法》第6条规定，这类行为具体表现如下：

(1)擅自使用与他人有一定影响的商品名称、包装、装潢等相同或者近似的标识。2018年的《反不正当竞争法》将旧法仅就“知名商品”的保护扩展到“有一定影响”的商品上，这从立法上扩大了对合法经营者的保护。

(2)假冒他人名称。擅自使用他人有一定影响的企业名称（包括简称、字号等）、社会组织名称（包括简称等）、姓名（包括笔名、艺名、译名等）。企业名称权、经营者的姓名等是受法律保护的人格权中的重要组成部分。企业名称、经营者姓名包括简称、字号、笔名、艺名、译名等都是用于区分不同商品经营者的重要标识。经营者为维护商品声誉及商业信誉，往往投入大量人力物力。未经权利人许可，擅自使用其他经营者企业名称、经营者姓名的，势必会破坏正常的竞争秩序。

(3)互联网网站混淆行为。即经营者擅自使用他人有一定影响的域名主体部分、网站名称、网页等，足以引人误认为是其他网站或者与其他网站存在特定联系的混淆行为。互联网的大发展，促使很多经营者在虚拟平台建设网站等交易平台，其他经营者通过套用网页设计、混淆主体域名、网站名称的方式对合法经营者的正常经营会造成很大冲击。《反不正当竞争法》对互联网网站混淆行为的规定是虚拟经济发展的必然趋势。

2. 商业贿赂行为

所谓商业贿赂，是指经营者为了谋取交易机会或者竞争优势，以财物或其他手段贿赂相关交易人员的行贿受贿行为。它具有以下几个特征：(1)商业贿赂是经营者为了不正当目的而采取的手段；(2)商业贿赂的对象是对交易的促成具有决定或特定影响力的人；(3)商业贿赂行为具有隐秘性；(4)商业贿赂中经营者给予交易相关人员的报酬额往往较大或提供优厚的不正当待遇。

在我国，商业贿赂的表现形式主要是回扣。回扣区别于折扣、佣金，是指经营者为了谋取交易机会或者竞争优势，在账外暗中给予交易对象或有关人员财物的行为。折扣是指经营者为了销售或者购买商品，以公开明示的方式向交易对象支付的一定数额的财物的行为。而佣金是指在市场交易中，经营者以明示公开的方式付给促成交易的中间人的劳务报酬。

我国《反不正当竞争法》第7条第2款规定：“经营者在交易活动中，可以以明示方式向交易相对方支付折扣，或者向中间人支付佣金。经营者向交易相对方支付折扣、向中间人支付佣金的，应当如实入账。接受折扣、佣金的经营者也应当如实入账。”在账外暗中给交易相对方回扣的，属于行贿行为；交易相对方在账外收受回扣的，属于受贿行为。

3. 引人误解的虚假宣传行为

《反不正当竞争法》第 8 条规定:“经营者不得对其商品的性能、功能、质量、销售状况、用户评价、曾获荣誉等作虚假或者引人误解的商业宣传,欺骗、误导消费者。”

经营者发布虚假广告的,虽然也属于不正当竞争行为问题,但是在我国《广告法》中已有明确规定,这时会产生法条竞合。依现行《反不正当竞争法》的规定,经营者违法发布虚假广告的,依照《中华人民共和国广告法》的规定处罚。

我国《反不正当竞争法》还特别规定,经营者不得通过组织虚假交易等方式,帮助其他经营者进行虚假或者引人误解的商业宣传。这在目前经济环境下最为常见的是交易平台的刷单行为,以及影视行业中的刷票房行为。

4. 侵犯商业秘密行为

商业秘密,是指不为公众所知悉、具有商业价值并经权利人采取保密措施的技术信息和经营信息。商业秘密具有以下特征:

(1)秘密性,指技术信息和经营信息不为公众所知悉,即该信息是不能从公开渠道直接获取的。秘密性是商业秘密的本质特征。

(2)价值性,即能够为其权利人带来实际的经济利益、竞争优势等。价值性体现在两个方面:一是商业秘密可以为权利人带来经济上的利益,如一项商业秘密不能为其权利人带来经济利益,也就失去了保护价值。二是商业秘密具有实用性,这一点也是对侵犯商业秘密违法行为进行认定时的重要条件。

(3)保密性,指权利人对技术信息和经营信息采取了相应保密措施,包括订立保密协议、建立保密制度及采取其他合理的保密措施。权利人是否采取保密措施,不仅决定了某项信息能否构成商业秘密,同时也是其寻求法律保护的前提。

侵犯商业秘密行为是指为了竞争或其他目的,通过不正当竞争手段获取、泄露或使用他人商业秘密的行为。《反不正当竞争法》第 9 条对侵犯商业秘密的不正当竞争行为作了列举:

(1)以盗窃、贿赂、欺诈、胁迫或者其他不正当手段获取权利人的商业秘密;

(2)披露、使用或者允许他人使用以前项手段获取的权利人的商业秘密;

(3)违反约定或者违反权利人有关保守商业秘密的要求,披露、使用或者允许他人使用其所掌握的商业秘密。

另外,第三人明知或者应知商业秘密权利人的员工、前员工或者其他单位、个人实施前款所列违法行为,仍获取、披露、使用或者允许他人使用该商业秘密的,视为侵犯商业秘密。

5. 不当有奖销售行为

有奖销售,是指经营者为了推销自己的商品和服务,附带性地向购买者提供物品、金钱或者其他经济利益的行为。有奖销售,在日益激烈的竞争中,作为一种见效快的促销方法,有较强的吸引力,能够起到招徕顾客,扩大销售,加快资金周转,刺激消费的作用。但是有些经营者却利用有奖销售的诱惑力,利用消费者的投机心理和消费的盲目性来促销,损害消费者和其他经营者的合法权益,造成不公平竞争,危害社会经济秩序。

我国《反不正当竞争法》第 10 条对以下三种形式的有奖销售作了严格规定:(1)所设奖的种类、兑奖条件、奖金金额或者奖品等有奖销售信息不明确,影响兑奖;(2)采用谎称有奖或者故意让内定人员中奖的欺骗方式进行有奖销售;(3)抽奖式的有奖销售,最高奖的金额超过五万元。

6. 诋毁商誉行为

诋毁商誉行为,是指经营者为打击自己的竞争对手,以求在市场竞争中取胜,采取编造、传播虚假信息或者误导性信息的手段来诋毁或贬低自己竞争对手的商业信誉或商品声誉,以削弱其市场竞争能力的行为。这种行为违背最起码准则的商业道德。

经营者的商业信誉,是指经营者以公平、公正、公开的方法,遵守法律、法规和商业道德的行为,通过诚实劳动取得的精神成果。经营者的商业信誉和商业声誉,实际上就是其人格权、荣誉权的体现。经营者以诋毁方式损害竞争对手的商业信誉、商品声誉,会给竞争对手正常的经济活动造成不利影响,损害其应有的市场竞争优势地位,导致其经济损失,同时也使自己获得不应有的市场份额。

7. 互联网不正当竞争行为

随着社会和技术的发展,依托互联网的商业形态已经成为主流的商业形态。经营者利用网络从事生产经营活动,利用技术手段、通过影响用户选择或者其他方式,实施妨碍、破坏其他经营者合法提供的网络产品或者服务正常运行的行为,属于互联网不正当竞争行为。我国《反不正当竞争法》第 12 条规定了以下行为属于互联网不正当竞争行为:(1)未经其他经营者同意,在其合法提供的网络产品或者服务中,插入链接、强制进行目标跳转;(2)误导、欺骗、强迫用户修改、关闭、卸载其他经营者合法提供的网络产品或者服务;(3)恶意对其他经营者合法提供的网络产品或者服务实施不兼容;(4)其他妨碍、破坏其他经营者合法提供的网络产品或者服务正常运行的行为。

四、不正当竞争行为的监督检查与法律责任

(一)对不正当竞争行为的监督检查

我国《反不正当竞争法》在第三章对不正当竞争行为的监督检查作了专门规定。这些规定对保护合法经营者和消费者的合法权益提供了必要的前提条件和措施。

1. 监督检查部门

从国外的立法例来看,在政府部门中单独创设反不正当竞争法行政主管机关比较常见。比如,美国的联邦贸易委员会、日本的公平交易委员会等。我国的立法并没有按照这种模式设立单独机构。我国《反不正当竞争法》第3条规定:“各级人民政府应当采取措施,制止不正当竞争行为,为公平竞争创造良好的环境和条件。国务院建立反不正当竞争工作协调机制,研究决定反不正当竞争重大政策,协调处理维护市场竞争秩序的重大问题。”第4条规定:“县级以上人民政府履行工商行政管理职责的部门对不正当竞争行为进行查处;法律、行政法规规定由其他部门查处的,依照其规定。”可见,我国对不正当竞争行为的规制在中央政府层面是借鉴《反垄断法》的国务院协调机制的模式开展工作的,在各级地方政府中则是以工商行政部门为主,对不正当竞争行为进行监督检查。

2. 监督检查部门的职权

监督检查部门调查涉嫌不正当竞争行为,可以采取下列措施:

(1)进入涉嫌不正当竞争行为的经营场所进行检查;

(2)询问被调查的经营者、利害关系人及其他有关单位、个人,要求其说明有关情况或者提供与被调查行为有关的其他资料;

(3)查询、复制与涉嫌不正当竞争行为有关的协议、账簿、单据、文件、记录、业务函电和其他资料;

(4)查封、扣押与涉嫌不正当竞争行为有关的财物;

(5)查询涉嫌不正当竞争行为的经营者的银行账户。

采取前款规定的措施,应当向监督检查部门主要负责人书面报告,并经批准。采取前款第4项、第5项规定的措施,应当向设区的市级以上人民政府监督检查部门主要负责人书面报告,并经批准。

监督检查部门调查涉嫌不正当竞争行为,应当遵守《中华人民共和国行政强制法》和其他有关法律、行政法规的规定,并应当将查处结果及时向社会公开。

(二)不正当竞争行为的法律责任

不正当竞争行为的法律责任是指经营者违反《反不正当竞争法》的规定,实施不正当竞争行为,损害其他经营者的合法权益,而应当承担的法律后果。

我国《反不正当竞争法》第17条规定:“经营者违反本法规定,给他人造成损害的,应当依法承担民事责任。经营者的合法权益受到不正当竞争行为损害的,可以向人民法院提起诉讼。因不正当竞争行为受到损害的经营者的赔偿数额,按照其因被侵权所受到的实际损失确定;实际损失难以计算的,按照侵权人因侵权所获得的利益确定。赔偿数额还应当包括经营者为制止侵权行为所支付的合理开支。经营者违反本法第六条、第九条规定,权利人因被侵权所受到的实际损失、侵权人因侵权所获得的利益难以确定的,由人民法院 根据侵权行为的情节判决给予权利人三百万元以下的赔偿。”其具体的法律责任是:

1. 经营者违反《反不正当竞争法》第6条规定实施混淆行为的,由监督检查部门责令停止违法行为,没收违法商品。违法经营额5万元以上的,可以并处违法经营额5倍以下的罚款;没有违法经营额或者违法经营额不足5万元的,可以并处25万元以下的罚款。情节严重的,吊销营业执照。经营者登记的企业名称违反《反不正当竞争法》第6条规定的,应当及时办理名称变更登记;名称变更前,由原企业登记机关以统一社会信用代码代替其名称。

2. 经营者违反《反不正当竞争法》第7条规定贿赂他人的,由监督检查部门没收违法所得,处10万元以上300万元以下的罚款。情节严重的,吊销营业执照。

3. 经营者违《反不正当竞争法》第8条规定对其商品作虚假或者引人误解的商业宣传,或者通过组织虚假交易等方式帮助其他经营者进行虚假或者引人误解的商业宣传的,由监督检查部门责令停止违法行为,处20万元以上100万元以下的罚款;情节严重的,处100万元以上200万元以下的罚款,可以吊销营业执照。经营者违反《反不正当竞争法》第8条规定,属于发布虚假广告的,依照《中华人民共和国广告法》的规定处罚。

4. 经营者违反《反不正当竞争法》第9条规定侵犯商业秘密的,由监督检查部门责令停止违法行为,处10万元以上50万元以下的罚款;情节严重的,处50万元以上300万元以下的罚款。

5. 经营者违反《反不正当竞争法》第10条规定进行有奖销售的,由监督检查部门责令停止违法行为,处5万元以上50万元以下的罚款。

6. 经营者违反《反不正当竞争法》第11条规定损害竞争对手商业信誉、商品声誉的,由监督检查部门责令停止违法行为、消除影响,处10万元以上50万元以下的罚款;情节严重的,处50万元以上300万元以下的罚款。

7. 经营者违反《反不正当竞争法》第12条规定妨碍、破坏其他经营者合法提供的网络产品或者服务正常运行的,由监督检查部门责令停止违法行为,处10万元以上50万元以下的罚款;情节严重的,处50万元以上300万元以下的罚款。

经营者违反《反不正当竞争法》规定从事不正当竞争,有主动消除或者减轻违法行为危害后果等法定情形的,依法从轻或者减轻行政处罚;违法行为轻微并及时纠正,没有造成危害后果的,不予行政处罚。

经营者违反《反不正当竞争法》规定从事不正当竞争,受到行政处罚的,由监督检查部门记入信用记录,并依照有关法律、行政法规的规定予以公示。

监督检查部门的工作人员滥用职权、玩忽职守、徇私舞弊或者泄露调查过程中知悉的商业秘密的,依法给予处分。

违反《反不正当竞争法》规定,构成犯罪的,依法追究刑事责任。

第三节 反垄断法

主要内容提示

1. 反垄断法,是指国家调整市场主体或其他组织垄断行为或其他限制竞争行为的有关法律规范的总称。

2. 我国《反垄断法》规定的垄断行为主要有4种,包括垄断协议、滥用市场支配地位、经营者集中、滥用行政权力排除限制竞争。

一、垄断的概念和特征

垄断是与自由竞争相对的一个概念,是指排除或者限制竞争,损害消费者利益或者危害社会公共利益的行为。我国《反垄断法》第2条规定:"中华人民共和国境内经济活动中的垄断行为,适用本法;中华人民共和国境外的垄断行为,对境内市场竞争产生排除、限制影响的,适用本法。"

垄断的特征主要表现为以下几方面:

1. 垄断是竞争的对立物。垄断是由于自由竞争中生产高度集中所必然引起的,这是自由竞争发展的一般规律,但垄断是对竞争的否定和破坏力量,是竞争的天敌。垄断者为了获取高额的垄断利润,往往采用排斥、限制竞争的各种手段,控制和支配部门内的中小企业,排斥其他部门的资本向该部门转移,从而遏制、削弱竞争,导致竞争机制作用失败。

2. 垄断的主要方式是独占或有组织的联合行动。垄断者凭借自己在市场中的独占地位,靠操纵市场来谋取非法利润;不具有独占地位的经营者则依靠有组织的联合行动,通过不合理的企业规模和减少竞争者数量以及对具有竞争性的企业实行控制等方法排挤竞争对手,控制市场。

3. 垄断是一种具有社会危害性的违法行为。法律上的垄断是对市场竞争构成实质性危害的行为,相应地,也是违反各国法律明文禁止规定的行为。但是,垄断的违法特性存在例外,有些垄断行为虽然也对市场竞争构成威胁,但由于关系到重大的国家利益和社会公共利益,往往得到法律的豁免,如自然垄断行业和政府赋予经营特权的行业,还包括法律赋予的专利权等。

二、反垄断法

(一)反垄断法的概念

反垄断法,又称反托拉斯法,是指国家调整市场主体或其他组织垄断行为或其他限制竞争行为的有关法律规范的总称。世界上第一部反垄断法是1890年美国的《谢尔曼法》,它被称为世界各国反垄断法之母。我国于2007年8月30日第十届全国人民代表大会常务委员会第二十九次会议通过《中华人民共和国反垄断法》,该法于2008年8月1日起施行。这是我国第一部实质意义上的反垄断法,标志着我国的反垄断工作进入了一个全新阶段。其立法宗旨为:“为了预防和制止垄断行为,保护市场公平竞争,提高经济运行效率,维护消费者利益和社会公共利益,促进社会主义市场经济健康发展,制定本法。”

(二)反垄断法的价值

制定反垄断法,能够通过法律的强制性作用排除各种对竞争机制的干扰,保护市场主体参与市场竞争的权利,维护竞争的市场结构,保护消费者的合法权益。具体而言:一是维持合理的市场结构,提高资源配置效率。市场经济条件下要不断提高资源配置效率,必须满足两个前提条件:1. 市场竞争主体的自主性和平等地位;2. 商品和生产要素的交易性和自由流动。反垄断法通过禁止垄断,维护公平竞争的市场竞争秩序,可以为满足这两个前提条件提供重要的法律保障。二是维护和促进有效的市场竞争,推动经济和技术的发展。竞争是一个优胜劣汰的过程,即竞争可以淘汰低效率的企业,淘汰不合理的生产工序和劣质产品。因此,竞争会使每个企业感到压力,产生动力,激发活力,迫使每个企业努力降低成本和价格,不断进行创新,开发新产品、新工艺、新技术,改善经营管理,以最小的投入获取最大的收益,从而推动整个经济的发展和技术进步。可以说,竞争是生产力发展的强大推进器,是一个国家经济活力的源泉。三是保护消费者的合法权益和社会公共福利。竞争对企业是一种压力。在竞争的压力下,企业必须努力降低生产成本,改善产品质量,改善售后服务,并且得根据消费者的需求不断地开发新产品,增加花色品种。例如,在我国的家电领域,新产品越来越多,产品质量越来越好,价格却是一降再降。竞争迫使生产商和销售商不断地向消费者降价让利,要求他们在产品的质量、数量以及花色品种方面尽量满足消费者的需求。因此,我们可以说,竞争使消费者成为“上帝”,竞争给消费者带来了社会福利。四是实现经济民主。经济民主化的作用在于保护中小企业和广大消费者的利益。这是现代社会发展的趋势,也是劳动人民长期斗争的结果。反垄断法就是维护并促进经济民主化的法律保障。在市场经济体制下,竞争是一种不可缺少的机制,但竞争的结果也可能造成垄断,排斥竞争,市场机制本身没有自发的维护公平竞争和自由竞争的内在功能。企业可能不是靠竞争获取利益,而是通过垄断捞取好处,实质上是以超经济手段占有他人的劳动,这是违背民主原则的。从这个意义上讲,禁止垄断,也就是维护经济民主。在这种情况下,国家为弥补市场机制的缺陷和不足,必须通过法律手段包括制定反垄断法来维护公平竞争的市场环境。如美国、日本等国均提出,为确保经济民主和社会稳定,促进技术进步,必须排除经济力的集中,活跃竞争,禁止垄断。

三、垄断行为

(一)垄断协议

垄断协议,是指两个或两个以上的经营者为限制或排斥市场竞争而达成的合意,包括协议、决定或者其他协同行为。就目前各国反垄断法的司法实践来看,垄断协议不仅是最传统的受禁止的垄断性行为类型,而且也是最经常发生的垄断性行为类型,因而是各国反垄断法重点规制的对象。

垄断协议形式多样,根据行为者之间是否存在竞争关系,可以将其划分为横向垄断协议和纵向垄断协议两个基本类型。

1. 横向垄断协议,是指两个或两个以上的处于同一生产或销售环节的具有竞争关系的经营者为排斥、限制竞争达成的合意。横向垄断协议主要包括:固定或者变更商品价格;限制商品的生产数量或者销售数量;分割销售市场或者原材料采购市场;限制购买新技术、新设备或者限制开发新技术、新产品;联合抵制交易;国务院反垄断执法机构认定的其他垄断协议。横向垄断协议是由具有竞争关系的经营者达成的,往往对价格、产量做出限制或人为分割市场,具有十分明显的反竞争效果。因此,在各国反垄断法司法实践中,横向垄断协议往往受到严格的规制,一般适用当然本身违法规则,即无论行为人的主观动机或行为的客观效果如何,只要行为人实施了某一特定行为的事实本身就足以构成违法。

2. 纵向垄断协议,是指两个或两个以上处于不同生产或销售环节上的不具有竞争关系的经营者为排斥、限制竞争达成的合意。纵向垄断协议主要包括:固定向第三人转售商品的价格;限定向第三人转售商品的最低价格;国务院反垄断执法机构认定的其他垄断协议。达成纵向垄断协议的经营者之间往往不存在直接的竞争关系,反竞争效果并不突出,因而,在各国反垄断法实践中,对该类行为的态度相对和缓,一般适用合理规则,即纵向垄断协议本身并不违法,只有该行为具有反竞争的弊害时,才予以禁止或限制。

当然,一个国家的政策目标是多样的,除了维护市场秩序外,促进科学技术发展、扩大对外贸易、保护环境等都是不可忽视的政策目标。某些垄断协议虽然会给竞争带来一定的损害结果,但是它们在其他方面带来的有益效果却大大超过对竞争的损害。因此,不少国家的反垄断法都对某些垄断协议予以豁免。这就是垄断协议的豁免,它是指对于经营者之间的排斥、限制竞争合意,由于其具有某些有益的作用,并且足以抵消其排斥、限制竞争带来的危害,经审批机构批准给予豁免其违法责任的制度。根据《反垄断法》第15条规定:“经营者能够证明所达成的协议属于下列情形之一的,不适用本法规定:1. 为改进技术、研究开发新产品的;2. 为提高产品质量、降低成本、增进效率,统一产品规格、标准或者实行专业化分工的;3. 为提高中小经营者经营效率,增强中小经营者竞争力的;4. 为实现节约能源、保护环境、救灾救助等社会公共利益的;5. 因经济不景气,为缓解销售量严重下降或者生产明显过剩的;6. 为保障对外贸易和对外经济合作中的正当利益的;7. 法律和国务院规定的其他情形。”

（二）滥用市场支配地位

滥用市场支配地位,是指经营者获得一定的市场支配地位以后滥用这种地位,对市场的其他主体进行不公平的交易或者排斥竞争对手的行为。反垄断法对具有市场支配地位的经营者的规制经历了一个由结构主义向行为主义转变的过程。结构主义认为,不同的市场结构对市场行为和经济运作的影响不同,如果没有竞争性市场结构也就不存在竞争性市场行为,会导致经济运作效率低下。因此,政府应及时分割市场上的独占企业,消除它们的垄断力。行为主义认为,垄断性市场结构并不必然导致弊害发生,如果不区分垄断状态的生成方式,将所有的垄断状态都置于法律禁止之下,那么就会出现惩罚竞争的获胜者,进而从根本上否认竞争机制的恶果。因此,法律禁止的不应是市场支配状态,而应是市场支配力的滥用,即具有市场支配地位的经营者利用其市场控制能力,在相关市场领域内实施排斥、限制竞争的行为。目前,除极个别国家采取结构主义立法例外,绝大多数国家都采行为主义立法例。

我国反垄断法规制的滥用市场支配地位的行为,主要有以下几种:1. 以不公平的高价销售商品或者以不公平的低价购买商品;2. 没有正当理由,以低于成本的价格销售商品;3. 没有正当理由,拒绝与交易相对人进行交易;4. 没有正当理由,限定交易相对人只能与其进行交易或者只能与其指定经营者进行交易;5. 没有正当理由搭售商品,或者在交易时附加其他不合理的交易条件;6. 没有正当理由,对条件相同的交易相对人在交易价格等交易条件上实行差别待遇;7. 国务院反垄断执法机构认定的其他滥用市场支配地位的行为。

取得市场支配地位是经营者滥用市场支配地位的前提。所谓市场支配地位,是指经营者在相关市场内具有能够控制商品价格、数量或者其他交易条件,或者能够阻碍、影响其他经营者进入相关市场能力的市场地位。根据法律规定,认定某企业是否具有市场支配地位,一般应考虑以下因素:1. 该经营者在相关市场的市场份额,以及相关市场的竞争状况;2. 该经营者控制销售市场或者原材料采购市场的能力;3. 该经营者的财力和技术条件;4. 其他经营者对该经营者在交易上的依赖程度;5. 其他经营者进入相关市场的难易程度;6. 与认定该经营者市场支配地位有关的其他因素。有下列情形之一的,可以推定经营者具有市场支配地位:一个经营者在相关市场的市场份额达到 1/2 的;两个经营者在相关市场的市场份额合计达到 2/3 的;三个经营者在相关市场的市场份额合计达到 3/4 的。在后两种情形中,其中有的经营者市场份额 1/10 的,不应当推定该经营者具有市场支配地位。被推定具有市场支配地位的经营者,有证据证明不具有市场支配地位的,不应当认定其具有市场支配地位。

(三)经营者集中

经营者集中泛指一个经营者能对另一个经营者发生支配性影响的所有结合,包括企业合并,持有股份、取得资产,通过合同或者其他任何方式形成的对另一个经营者直接或间接、全部或部分的控制和支配。经营者集中能产生规模效益,是对利润最大化追求的内在要求和外部竞争压力的结果。但经营者过度集中,会导致市场竞争主体数量减少,市场结构发生变化,影响市场竞争机制作用的发挥。而且还可能使大量的经济资源流向在整个国民经济中居领先地位的少数企业,影响国民经济结构,动摇经济民主制度的核心基础。因此,经营者集中也成为各国反垄断法规制的重要对象。

根据《反垄断法》的规定,经营者集中是指:1.经营者合并;2.经营者通过取得股权或者资产的方式取得对其他经营者的控制权;3.经营者通过合同等方式取得对其他经营者的控制权或者能够对其他经者施加决定性影响。

经营者集中达到国务院规定的申报标准的,经营者应当事先向国务院反垄断执法机构申报,未申报的不得实施集中。经营者向国务院反垄断执法机构申报集中,应当提交下列文件、资料:申报书;集中对相关市场竞争状况影响的说明;集中协议;参与集中的经营者经会计师事务所审计的上一会计年度财务会计报;国务院反垄断执法机构规定的其他文件、资料。申报书应当载明参与集中的经营者的名称、住所、经营范围、预定实施集中的日期和国务院反垄断执法机构规定的其他事项。

(四)滥用行政权力排除、限制竞争

滥用行政权力排除、限制竞争是一种行政垄断,是行政权力恶性膨胀的产物,是行政权力直接介入经济、破坏正常经济秩序的集中反映。行政垄断除具有经济垄断的危害之外,还具有自身的特殊危害性。行政垄断总是以某一地区或部门的利益为着眼点,将某地或某部门的经济封闭起来,直接破坏了全国市场的统一和开放;行政垄断往往用行政命令的方式限制市场主体的生产经营或者强迫市场主体从事(或不从事)某种交易,从而使市场主体的经营权受到严重侵犯;行政垄断的实质是行政权力的滥用,严重破坏了国家法制的统一和行政的权威,导致了一定程度上的行政紊乱。

我国《反垄断法》对滥用行政权力排除、限制竞争作了明确规定:

1.行政机关和法律、法规授权的具有管理公共事务职能的组织不得滥用行政权力,限定或者变相限定单位或者个人经营、购买、使用其指定的经营者提供的商品。

2.行政机关和法律、法规授权的具有管理公共事务职能的组织不得滥用行政权力,实施下列行为,妨碍商品在地区之间的自由流通:

(1)对外地商品设定歧视性收费项目、实行歧视性收费标准,或者规定歧视性

价格;

(2)对外地商品规定与本地同类商品不同的技术要求、检验标准,或者对外地商品采取重复检验、重复认证等歧视性技术措施,限制外地商品进入本地市场;

(3)采取专门针对外地商品的行政许可,限制外地商品进入本地市场;

(4)设置关卡或者采取其他手段,阻碍外地商品进入或者本地商品运出;

(5)妨碍商品在地区之间自由流通的其他行为。

3. 行政机关和法律、法规授权的具有管理公共事务职能的组织不得滥用行政权力,以设定歧视性资质要求、评审标准或者不依法发布信息等方式,排斥或者限制外地经营者参加本地的招标投标活动。

4. 行政机关和法律、法规授权的具有管理公共事务职能的组织不得滥用行政权力,采取与本地经营者不平等待遇等方式,排斥或者限制外地经营者在本地投资或者设立分支机构。

5. 行政机关和法律、法规授权的具有管理公共事务职能的组织不得滥用行政权力,强制经营者从事《反垄断法》规定的垄断行为。

6. 行政机关不得滥用行政权力,制定含有排除、限制竞争内容的规定。

四、对垄断行为的监督管理和法律责任

对垄断行为的监督管理

1. 反垄断执法机构

反垄断法执法机构是负责反垄断法执法活动的专门机构,一般具有"精简、高效、权威、实干"的特点。反垄断执法机构的设置有单一制和复合制两种。单一制是指统一由一个机关来负责反垄断法的执法活动,如日本的公正交易委员会、匈牙利的经济竞争局,其优点是权力集中,效率较高。复合制是指同时设置一个或几个机关,在划分职能的基础上分别负责不同性质行为的执法活动,如德国的联邦经济部、联邦卡特尔局、州卡特尔局,美国的联邦贸易委员会和司法部的反托拉斯局,其优点是细分了反垄断机构的不同职能,延伸了反垄断执法机构的职能深度,有助于加强各自领域的执法力度。《反垄断法》第10条规定:"国务院规定的承担反垄断执法职责的机构(以下统称国务院反垄断执法机构)依照本法规定,负责反垄断执法工作。"国务院规定了三大垄断执法部门:工商总局查处垄断协议、滥用市场支配地位、滥用行政权力排除限制竞争的行为;国家发改委查处价格垄断的行为;商务部负责经营者集中的审查。

2. 反垄断执法机构的职责

(1)行政审批权。反垄断执法机构可以依法对企业的兼并、控股等方面的协议、决定进行审查并作出批准或不批准的决定。《反垄断法》规定:"经营者集中达到国务院规定的申报标准的,经营者应当事先向国务院反垄断执法机构申报,未申报的不得实施集中。"

(2)监督检查权。反垄断执法机构享有依法对市场主体的行为是否违法进行检查、监督的权力,包括调查权、询问权和查询复制权。《反垄断法》规定:“反垄断执法机构依法对涉嫌垄断行为进行调查。”“反垄断执法机构调查涉嫌垄断行为,可以采取下列措施:进入被调查的经营者的营业场所或者其他有关场所进行检查;询问被调查的经营者、利害关系人或者其他有关单位或者个人,要求其说明有关情况;查阅、复制被调查的经营者、利害关系人或者其他有关单位或者个人的有关单证、协议、会计账簿、业务函电、电子数据等文件、资料;查封、扣押相关证据;查询经营者的银行账户。”

(3)行政处罚权。反垄断执法机构经调查,确认相对人违反《反垄断法》时,可以依法对相对人施以行政制裁,如罚款、没收违法所得、责令停业、宣布垄断协议无效、强制拆分等。这在《反垄断法》法律责任中有明确规定。

(4)行政处分建议权。行政机关和法律、法规授权的具有管理公共事务职能的组织滥用行政权力,实施排除、限制竞争行为的,由上级机关责令改正;对直接负责的主管人员和其他直接责任人员依法给予处分。反垄断执法机构可以向有关上级机关提出依法处理的建议。

3. 反垄断议事协调机构

根据《反垄断法》的规定:“国务院设立反垄断委员会,负责组织、协调、指导反垄断工作。”根据该规定,国务院反垄断委员会只是履行“组织、协调、指导”反垄断工作职能的议事协调机构,并不行使行政权力、作出行政决定。其具体职责如下:研究拟订有关竞争政策;组织调查、评估市场总体竞争状况,发布评估报告;制定、发布反垄断指南;协调反垄断行政执法工作;国务院规定的其他职责。

五、违反反垄断法的法律责任

(一)经营者实施垄断行为的法律责任

1. 行政责任

(1)经营者达成并实施垄断协议的法律责任。经营者违反法律规定,达成并实施垄断协议的,由反垄断执法机构责令停止违法行为,没收违法所得,并处上一年度销售额1%以上10%以下的罚款;尚未实施所达成的垄断协议的,可以处50万元以下的罚款。

经营者主动向反垄断执法机构报告达成垄断协议的有关情况并提供重要证据的,反垄断执法机构可以酌情减轻或者免除对该经营者的处罚。

(2)经营者滥用市场支配地位的法律责任。经营者违反《反垄断法》规定,滥用市场支配地位的,由反垄断执法机构责令停止违法行为,没收违法所得,并处上一年度销售额1%以上10%以下的罚款。

(3)经营者违反《反垄断法》规定实施集中的法律责任。经营者违反《反垄断法》规定实施集中的,由国务院反垄断执法机构责令停止实施集中、限期处分股份或者资产、限期转让营业以及采取其他必要措施恢复到集中前的状态,可以处 50 万元以下的罚款。

反垄断执法机构确定以上责任具体罚款数额时,应当考虑违法行为的性质、程度和持续的时间等因素。

(4)对反垄断执法机构依法实施的审查和调查,拒绝提供有关材料、信息,或者提供虚假材料、信息,或者隐匿、销毁、转移证据,或者有其他拒绝、阻碍调查行为的,由反垄断执法机构责令改正,对个人可以处 2 万元以下的罚款,对单位可以处 20 万元以下的罚款;情节严重的,对个人处 2 万元以上 10 万元以下的罚款,对单位处 20 万元以上 100 万元以下的罚款。

2. 民事责任

经营者实施垄断行为,给他人造成损失的,依法承担民事责任。

3. 刑事责任

对反垄断执法机构依法实施的审查和调查,拒绝提供有关材料、信息,或者提供虚假材料、信息,或者隐匿、销毁、转移证据,或者有其他拒绝、阻碍调查行为的,由反垄断执法机构责令改正,构成犯罪的,依法追究刑事责任。

(二)行政机关和法律、法规授权的具有管理公共事务职能的组织实施垄断行为的法律责任

行政机关和法律、法规授权的具有管理公共事务职能的组织滥用行政权力,实施排除、限制竞争行为的,由上级机关责令改正;对直接负责的主管人员和其他直接责任人员依法给予处分。反垄断执法机构可以向有关上级机关提出依法处理的建议。

法律、行政法规对行政机关和法律、法规授权的具有管理公共事务职能的组织滥用行政权力实施排除、限制竞争行为的处理另有规定的,依照其规定。

(三)反垄断执法机构工作人员的法律责任

反垄断执法机构工作人员滥用职权、玩忽职守、徇私舞弊或者泄露执法过程中知悉的商业秘密,构成犯罪的,依法追究刑事责任;尚不构成犯罪的,依法给予处分。

自检自测题

一、不定项选择题

1. 1890 年,世界上第一部反垄断法《谢尔曼法》颁布,颁布该法的国家是(　　)。

A. 美国　　B. 英国　　C. 法国　　D. 德国

2. 反不正当竞争法中的“经营者”是指(　　)。

A. 一切法人

B. 一切法人和个人

C. 从事商品生产、经营或者提供服务的自然人、法人和非法人组织

D. 从事盈利性服务的法人、其他经济组织

3. 我国《反不正当竞争法》规定,抽奖式有奖销售最高奖金的金额不得超过人民币(　　)元。

A. 3000　　B. 5000　　C. 10000　　D. 50000

4. 下列行为中不属于不正当竞争行为有(　　)。

A. 某单位工会过节为职工搞福利发给职工购物券,限定职工只能到某商店购物

B. 某微波炉生产厂家为了扩大自己的市场份额,通过媒体报道其生产的微波炉价格将跳水,经查,跳水后的价格仍在其生产成本之上

C. 某商场在推销其经营的空调时,告知顾客某品牌的空调生产厂家售后服务不及其经销的另一品牌的空调好,建议客户购买其经销的另一品牌的空调

D. 某商业街因扩宽马路,需要拆迁的商家纷纷以低于成本的价格销售商品,直接影响了马路对面不需要拆迁的商家的经营

5. 商业秘密具有(　　)等特征。

A. 秘密性　　B. 价值性　　C. 成本性　　D. 保密性

6. 我国反垄断法禁止的垄断行为有(　　)。

A. 垄断协议　　B. 经营者集中　　C. 滥用市场支配地位　　D. 行政垄断

7. 我国反垄断执法机构包括(　　)。

A. 发改委　　B. 物价局　　C. 商务部　　D. 工商总局

二、名词概念

竞争　反不正当竞争法　反垄断法　不正当竞争行为　垄断协议　滥用市场支配地位　经营者集中　滥用行政权力排除限制竞争

三、问答题

1. 竞争的概念和特征是什么?

2. 我国《反不正当竞争法》中规定的不正当竞争行为主要有哪些表现形式?

3. 商业秘密的概念和特征是什么?

4. 商业贿赂行为的概念和特征是什么?

5. 我国《反垄断法》禁止的垄断行为包括哪些?

6. 我国反垄断执法机构包括哪些?具体的职责各自是什么?

四、案例分析题

2009年3月18日,商务部发布公告称已裁决禁止可口可乐公司收购中国汇源公司。经审查,商务部认定:此项集中(也即收购)将对竞争产生不利影响。集中完成后可口可乐公司可能利用其在碳酸软饮料市场的支配地位,搭售、捆绑销售果汁饮料,或者设定其他排他性的交易条件,集中限制果汁饮料市场竞争,导致消费者被迫接受更高价格、更少种类的

产品;同时,由于既有品牌对市场进入的限制作用,潜在竞争难以消除该等限制竞争效果;此外,集中还挤压了国内中小型果汁企业生存空间,给中国果汁饮料市场竞争格局造成不良影响。为了减少集中对竞争产生的不利影响,商务部与可口可乐公司就附加限制性条件进行了商谈,要求申报方提出可行的解决方案。可口可乐公司对商务部提出的问题表述了自己的意见,提出初步解决方案及其修改方案。经过评估,商务部认为修改方案仍不能有效减少此项集中对竞争产生的不利影响。据此,根据《反垄断法》第28条,商务部做出禁止此项集中的决定。这是自反垄断法实施以来,商务部首度否决企业间的收购行为。

请问:

1. 商务部的决定合理吗？它的法律依据是什么？

2. 我国反垄断法关于经营者集中的规定是怎样的?

第十二章　产品质量法

预习目标设定

1. 重点掌握产品质量法的概念及调整对象、产品标准化制度、企业质量体系认证制度、产品质量认证制度、生产许可证制度。

2. 学会运用《产品质量法》的规定分析现实中具体问题。

3. 一般了解产品质量的概念和特征、我国《产品质量法》的适用范围、违反《产品质量法》的法律责任。

第一节　产品质量法概述

主要内容提示

1. 产品质量是指产品在正常的适用条件下，为满足合理的使用要求所必须具备的物质、技术、心理和社会特征的总和。

2. 产品质量法，是指调整产品的生产和销售以及对产品质量的监督管理等活动中所发生的社会关系的法律规范的总称。

3. 产品质量法所称的产品，是指经过加工、制作，用于销售的产品，不包括初级农产品和不动产。

一、产品质量和产品质量法的概念

（一）产品质量的概念和特征

产品质量是指产品在正常的适用条件下，为满足合理的使用要求所必须具备的物质、技术、心理和社会特征的总和。产品质量有以下特征：

1. 适用性，是指产品符合使用需要的特征；

2. 耐用性，是指产品的使用期限符合要求；

3. 可靠性，是指产品在规定条件下能正常发挥功能；

4. 安全性，是指在使用中产品不致造成人身和财产的损害；

5. 维护性，是指产品在规定的条件下和固定的时间内，按照规定的程序和方法进行维修时，保持或者恢复到规定状态的能力。

产品质量是市场经济中一个相当重要的问题，产品质量会影响到企业的效益和命运，同时产品质量又关系到人们的生产和生活，甚至于生命健康。因此，制定产品质量法对加强产品质量的监督管理，维护社会主义市场经济秩序，保护消费者的合法权益，促进生产经营者提高产品质量等都具有很重要的意义。

（二）产品质量法的概念及调整对象

产品质量法，是指调整产品的生产和销售以及对产品质量的监督管理等活动中所发生的社会关系的法律规范的总称。产品质量法调整的社会关系主要包括两个方面：

1. 产品质量监督管理关系。它是在产品质量监督管理过程中，执行产品质量监督和管理的行政机关、社会组织等与监督管理的对象即生产者、销售者之间发生的社会关系。它具有监督和管理两个方面的内容。

2. 产品质量责任关系。它是在产品质量民事活动中，生产者、销售者与产品的消费者以及受害者之间发生的社会关系。它包括生产者、销售者违反明示担保和默示担保义务而对消费者、第三人应承担的产品瑕疵担保责任，以及因产品缺陷造成消费者、第三人人身损害或产品以外的其他财产损害时应承担的法律责任。

二、产品质量立法

现代国家都非常重视运用法律手段来规范产品的生产和销售，通过制定一系列的产品质量法律来规范市场经济的秩序。我国历来比较重视产品质量，特别自改革开放以来，国家大力加强产品质量法制建设，强调对产品质量的规范化和法制化管理。国务院发布和批准发布的关于产品质量的行政规章、条例主要有：《工业企业全面质量管理暂行办法》《关于加强乡镇企业工业产品质量管理工作的意见》《关于加强工业企业管理若干问题的决定》《工业产品生产许可证试行条例》《工业产品质量监督试行办法》《工业产品质量责任条例》《产品质量认证管理条例》等。我国颁布的涉及产品质量的法律有《计量法》《标准化法》《商标法》《食品卫生法》《药品管理法》《进出口商品检验法》《反不正当竞争法》《消费者权益保护法》《全民所有制工业企业法》《建筑法》等法律。

为了适应进一步建立社会主义市场体系的要求，加强对产品质量的监督管理，完善产品质量法律体系，1993 年 2 月 22 日第七届全国人民代表大会常务委员会第三十次会议通过了《中华人民共和国产品质量法》（以下简称《产品质量法》），并于 2000 年 7 月 8 日第九届全国人民代表大会常务委员会第十六次会议作了第一次修正。2009 年 8 月 27 日第十一届全国人民代表大会常务委员会第十次会议作了第二次修正。《产品质量法》是我国规范产品质量的基本法，该法共 6 章 74 条，即总则，产品质量的监督，生产者、销售者的产品质量责任和义务，损害赔偿，罚则和附则。

三、《产品质量法》的适用范围

在中华人民共和国境内从事生产、销售活动，必须遵守《产品质量法》。产品质量法所称的产品，是指经过加工、制作，用于销售的产品，不包括初级农产品和不动产。

我国《产品质量法》第2条规定了产品质量法的适用范围：

1. 适用的地域为中华人民共和国境内。

2. 适用的主体为在中华人民共和国境内的自然人、企业、事业单位、国家机关、社会组织以及个体工商业经营者等。企业包括国有企业、集体所有制企业、私营企业、外商投资企业。个体工商业经营者包括个体工商户、个人合伙等。

3. 适用的产品为：以销售为目的，通过工业加工、手工制作等生产方式所获得的具有特定使用性能的物品。

未经加工的天然形成的物品，如原矿、原煤、石油、天然气等，以及初级农产品，如农、林、牧、渔等产品不适用该法。

由于建设工程的特殊需要，因此建筑物、工程等不动产不适用本法。但是建设工程所用的建筑材料、建筑构配件和设备适用本法的规定。

符合上述要求的在中国境内销售的进口产品也适用本法。

另外，产品的生产经营活动一般包括生产、运输、保管、仓储、销售等环节。《产品质量法》只调整产品的生产和销售这两个环节的产品质量问题，不包括仓储、运输过程中所发生的产品质量问题。因为仓储、运输过程中发生的质量问题与消费者、用户不发生直接关系，所以使用其他特殊法律规定。

第二节　产品质量的监督管理

主要内容提示

1. 产品质量监督管理，是指国家产品质量管理机关依照法定职权和法定程序对产品质量进行监督、检查、管理的活动，社会各界对产品质量的监督活动，以及产品生产者、经营者按照产品质量法的要求进行的产品生产和经营活动的总和。

2. 我国产品质量管理制度包括：产品标准化制度、企业质量体系认证制度、产品质量认证制度、生产许可证制度。

一、产品质量监督管理的含义

产品质量监督管理，是指国家产品质量管理机关依照法定职权和法定程序对产品质量进行监督、检查、管理的活动，社会各界对产品质量的监督活动，以及产品生产者、经营者按照产品质量法的要求进行的产品生产和经营活动的总和。产品质量监督管理，包括国家产品质量管理机关对企业产品质量进行的外部管理，以及企业内部遵照《产品质量法》规定的义务对产品质量进行的内部管理。我国现行的《产品质量法》，根据国际惯例和我国实际，确立了产品质量的监督管理机构、制度和措施。

二、我国产品质量监督管理机制

《产品质量法》根据我国的管理实际，在总结过去立法经验的基础上，确立了统一管理与分工管理、层次管理与地域管理相结合的产品质量监督管理体制。我国《产品质量法》中规定了具体的产品质量监督管理机关。

产品质量监督管理机关是指国家法律授权负责对产品质量进行监督和管理的部门。具体包括：

1. 国务院产品质量监督管理部门负责全国产品质量监督管理工作。国家技术监督局是产品质量监督管理的主管机关，负责对全国产品质量进行宏观管理与指导，制定统一的管理方针和政策，拟定或公布有关产品质量监督管理的法规，国家企业质量管理奖的评审和评优管理工作等。

2. 县级以上地方人民政府管理产品质量监督工作的部门——地方质量技术监督局，负责本行政区域内的产品质量监督管理工作。

3. 行业主管部门，即国务院和县级以上地方人民政府所属的有关行业主管部门，根据国务院或同级人民政府赋予的职权，负责对本辖区、本行业的产品质量进行行政或行业监督。

质量技术监督部门负责组织查处生产和流通领域中的产品质量违法行为，需要工商行政部门协助的，应予协助；同样，工商行政管理部门负责组织查处市场管理中发现的经销掺假、冒牌产品等违法行为，需要质量监督部门协助时，应予配合。在打击生产和销售质量不合格产品的违法活动中，各有关部门应当密切配合，及时、准确的打击违法行为。

各级人民政府应当把提高产品质量纳入国民经济和社会发展规划，加强对产品质量工作的统筹规划和组织领导，引导、督促生产者、销售者加强产品质量管理，提高产品质量，组织各有关部门依法采取措施，制止产品生产、销售中的违法行为。

三、产品质量管理制度

（一）产品标准化制度

产品标准化制度是关于产品质量标准的制定、实施、监督、检查的各项规定的总和，是产品质量监督管理的依据和基础。产品标准化制度的基本法律依据是1988年12月29日通过的《中华人民共和国标准化法》（以下简称《标准化法》）。

对下列需要统一的技术要求，应当制定标准：工业产品的品种、规格、质量、等级或者安全、卫生要求；工业产品的设计、生产、检验、包装、储存、运输、使用的方法或者生产、储存、运输过程中的安全、卫生要求;有关环境保护的各项技术要求和检验方法;建筑工程的设计、施工方法和安全要求;有关工业生产、工程建设和环境保护的技术术语、符合、代号和制图方法等。

根据《标准化法》的规定,我国现行的标准分为国家标准、行业标准、地方标准和企业标准;对于没有国家标准而又需要在全国某个行业范围内统一的技术要求,可以制定行业标准,并报国务院标准化行政主管部门备案。对于没有国家标准和行业标准而又需要在省、自治区和直辖市范围内统一的工业产品和安全、卫生要求,可以制定地方标准,报国务院标准化行政主管部门和国务院有关行政主管部门备案。在公布国家标准或者行业标准后,该地方标准即行废止。企业生产的产品,对于没有国家标准和行业标准的,应当制定企业标准,作为组织生产的依据,并报当地政府标准化行政主管部门和有关行政主管部门备案,在企业内部适用。

国家标准、行业标准又可以分为强制性标准和推荐性标准。凡是有关保障人体健康,人身、财产安全的标准和法律、行政法规规定强制执行的标准为强制性标准,其他标准为推荐性标准。强制性标准必须执行,不符合强制性标准的产品,禁止生产、销售和进口;推荐性标准,国家鼓励企业自愿采用。《产品质量法》第 8 条明确规定:“可能危及人体健康和人身、财产安全的工业产品,必须符合保障人体健康,人身、财产安全的国家标准、行业标准;未制定国家标准、行业标准的,必须符合保障人体健康,人身、财产安全的要求。”

(二)企业质量体系认证制度

企业质量体系认证制度,是指国务院产品质量监督管理部门或者由它授权的部门认可的认证机构,依据国际通用的“质量管理和质量保证”系列标准,对企业的质量体系和质量保证能力进行审核,审核合格的,颁发企业质量体系认证证书以兹证明的制度。

企业质量体系认证作为一种独立的认证制度,自 20 世纪 70 年代出现以来得到了迅速发展。现在国际通用的“质量管理和质量保证”系列标准,是国家标准化组织(ISO)于 1987 年 3 月发布的 ISO9000《质量管理和质量保证》系列国际标准,它为世界各国积极推行企业质量体系认证制度提供了国际统一的、通用的依据。推行企业质量体系认证,引导企业向国际先进水平努力,有利于促进企业改善经营管理,提高企业整体素质,增强市场竞争能力。

企业质量体系认证的对象是企业。认证的过程就是按照《质量管理和质量保证》系列标准的要求,对质量体系的整体进行科学的评价,以证明企业的质量保证能力符合相应标准的要求。根据我国《产品质量法》的规定,企业质量体系认证采取自愿原则,国家不作强制干涉。经认证合格的,有认证机构颁发企业质量体系认证证书。

(三)产品质量认证制度

产品质量认证是指依据产品标准和相应的技术要求,经认证机构确认并通过颁发认证证书和认证标志,从而证实某一产品符合相应标准和相应技术要求的活动。

我国《产品质量法》第14条第2款规定:"国家参照国际先进的产品标准和技术要求,推行产品质量认证制度。企业根据自愿原则可以向国务院产品质量监督部门认可的或者国务院产品质量监督部门授权的部门认可的认证机构申请产品质量认证。经认证合格的,由认证机构颁发产品质量认证证书,准许企业在产品或者其包装上使用产品质量认证标志。"根据这一规定,我国产品质量认证实行的是第三方认证制度。所谓第三方认证制度是指在产品质量认证活动中,认证机构作为独立于生产方和使用方的第三方公正地证明某一产品符合规定的标准,并在批准认证后继续对其实施监督的一种认证制度。

产品质量认证的形式分为两种:安全认证和合格认证。实行安全认证的产品,必须符合《产品质量法》《标准化法》中有关强制性标准的要求;实行合格认证的产品,必须符合《标准化法》规定的国家或者行业标准的要求,未制定国家标准、行业标准的,以社会普遍公认的安全、卫生要求为依据。

(四)生产许可证制度

生产许可证制度,是指国家对于具备某种产品的生产条件并能保证产品质量的企业,依法授予许可生产该项产品的凭证的法律制度。

目前,我国实行生产许可证制度的产品主要是重要的工业产品,特别是可能危及人体健康,人身、财产安全和社会公共利益的产品。通过实施产品许可证,强化国家对企业的宏观调控和对产品质量的管理。对于已经取得生产许可证的企业,经监督检查不能保障产品质量或出现法定情况者,要注销或收回其生产许可证。对国家决定淘汰或者停止生产的产品,也要注销或收回其生产许可证。

(五)产品召回制度

产品召回制度是指产品进入流通领域后,如果发现存在可能危害消费者健康、安全的缺陷时,产品的制造者或经销者应当及时采取有效措施,收回流通中的缺陷产品,以消除危害发生的制度。我国《侵权责任法》第46条规定:"产品投入流通后发现存在缺陷的,生产者、销售者应当及时采取警示、召回等补救措施。未及时采取补救措施或者补救措施不力造成损害的,应当承担侵权责任。"我国《消费者权益保护法》第19条规定:"经营者发现其提供的商品或者服务存在缺陷,有危及人身、财产安全危险的,应当立即向有关行政部门报告和告知消费者,并采取停止销售、警示、召回、无害化处理、销毁、停止生产或者服务等措施。采取召回措施的,经营者应当承担消费者因商品被召回支出的必要费用。"这是我国关于产品质量召回制度的基本规定。

四、产品质量监督检查

(一)国家机关监督

国家机关监督是指享有监督管理职权的国家机关对产品质量进行的监督管理,即国务院负责产品质量监督的部门对产品质量的监督管理。其具体方法是产品质量抽查和产品质量检验。

1. 产品质量抽查。国家对产品质量实行以抽查为主要方式的监督检查制度,对可能危及人体健康和人身、财产安全的产品,影响国计民生的主要工业产品以及用户、消费者、有关组织反映有质量问题的产品进行抽查。抽查的样品应当在市场上或者企业成品仓库内的待销产品中随机抽取。监督抽查工作由国务院产品质量监督部门规划和组织。县级以上地方人民政府管理产品质量管理监督的部门在本行政区域内也可以组织监督抽查。法律对产品质量的监督检查另有规定的,依照有关法律的规定执行。

国家监督抽查的产品,地方不得另行重复抽查;上级监督检查的产品,下级不得另行重复抽查。对依法进行的产品质量监督检查,生产者、销售者不得拒绝。对产品质量抽查的结果应当公布。

实践证明,产品质量监督抽查制度是一项行之有效的制度,它能促进企业提高产品质量,能为国家提供产品质量真实信息,从而为国家制定质量政策、加强宏观管理提供依据,也能为用户、消费者提供产品质量信息,正确引导消费。

2. 产品质量检验。根据监督抽查的需要,可以对产品进行检验。检验抽取样品的数量不得超过检验的合理需要,并不得向被检查人收取检验费用。监督抽查所需检验费用按照国务院规定列支。我国《产品质量法》规定,产品质量检验机构,必须具备相应的检测条件和能力,经省级以上人民政府产品质量监督管理部门或者其授权的部门考核合格后,方可承担产品质量检验工作。法律、行政法规对产品质量检验机构另有规定的,依照有关法律、行政法规的规定执行。

从事产品质量检验、认证的社会中介机构必须依法设立,不得与行政机关和其他国家机关存在隶属关系或者其他利益关系。产品质量检验机构、认证机构必须依法按照有关标准,客观、公众地出具检验结果或者认证证明。

(二)社会监督

社会监督包括社会组织监督和社会舆论监督两个方面:

1. 社会组织监督,主要是指消费者协会和其他消费者组织依法对产品质量所进行的社会监督。《产品质量法》第 23 条规定:“保护消费者权益的社会组织可以就消费者反映的产品质量问题建议有关部门负责处理,支持消费者对因产品质量造成的损害向人民法院起诉。”

2. 社会舆论监督，即报刊、广播、电视等社会舆论单位，有权按照国家的有关规定，运用新闻媒介，对产品质量进行舆论监督。

(三)用户、消费者监督

用户、消费者是产品的最终使用者，也是产品质量问题的直接受害者。因此，用户、消费者有权对产品质量进行监督。根据《产品质量法》的规定："消费者有权就产品质量问题，向产品的生产者、销售者查询；向产品质量监督部门、工商行政管理部门及有关部门申诉，接受申诉的部门应当负责处理。"

第三节　生产者、销售者的产品质量义务

主要内容提示

1.《产品质量法》对生产者的产品质量义务作了规定，包括生产者应承担保证产品质量的义务、生产者对产品或者其包装上的标识的要求以及对生产者的禁止性、限制性规定。

2.《产品质量法》对销售者的产品质量义务作了规定，包括执行进货检查验收制度、保持销售产品的质量以及对销售者的禁止性、限制性规定。

一、生产者的产品质量义务

根据《产品质量法》的规定，生产者应承担以下几个方面的产品质量义务。

(一)生产者应承担保证产品质量的义务(即明示与默示担保义务)

明示担保义务是指产品的生产者对产品的性能、质量作出的某种明确的声明或承诺。我国《产品质量法》规定的产品应"符合在产品或者其包装上注明采用的产品标准，符合以产品说明、实物样品等方式表明的质量状况"，即为生产者的明示担保义务。生产者一旦在其产品上或包装上注明采用某种标准时，说明生产者对其明示的产品的质量状况负责，保证产品的质量达到产品说明的情形。

默示担保义务包括适销性默示担保和符合特殊用途的默示担保。适销性默示担保是指生产、销售的产品应符合该产品生产和销售的一般目的。符合特殊用途的默示担保，指的是如果买方对所需要的产品提出了特定要求，则产品的生产者、销售者依据合同提供的产品就应当符合该特定要求。我国《产品质量法》规定的生产者应承担的默示担保义务主要有以下两种：

1. 产品质量要具备产品应具备的使用性能；

2. 产品质量不得存在危及人身、财产安全的不合理的危险，有保障人体健康和人身、财产安全的国家标准、行业标准的，应当符合该标准。

生产者应承担保证产品质量的义务也是《产品质量法》对生产者的产品质量

的一般要求。

(二)生产者对产品或者其包装上的标识的要求

产品标识是指用于识别产品或者其特征、特性所做的各种表示的统称，一般用文字、符合、标志、数字、图案等表示，用来表明有关产品的名称、产地、生产厂家、产品主要成分含量、保存期限等。生产者通过产品标识，向销售者、用户、消费者提供有关产品的真实信息，帮助他们了解产品的质量状况，起到指导消费的作用。根据《产品质量法》的规定，产品或其包装上的标识应具备法定要求。具体包括：

1. 有产品质量检验合格证明；

2. 有中文标明的产品名称、生产厂厂名和厂址；

3. 根据产品的特点和使用要求，需要标明产品规格、等级、所含主要成分的名称和含量的，用中文相应予以标明；需要事先让消费者知晓的，应当在外包装上标明，或者预先向消费者提供有关资料；

4. 限期使用的产品，应当在显著位置清晰地标明生产日期和安全使用期或者失效日期；

5. 使用不当，容易造成产品本身损坏或者可能危及人身、财产安全的产品，应当有警示标志或者中文警示说明。

此外，易碎、易爆、易燃、有毒、有腐蚀性、有放射性等危险物品以及储运中不能倒置以及有其他特殊要求的产品，其包装必须符合相应要求，依照国家有关规定作出警示标志或者中文警示说明，标明储运注意事项。但是裸装的食品和其他根据产品的特点难以附加标识的裸装产品，可以不附加产品标识。

(三)对生产者的禁止性、限制性规定

1. 生产者不得生产国家明令淘汰的产品；

2. 生产者不得伪造产地，不得伪造或者冒用他人的厂名、厂址；

3. 生产者不得伪造或者冒用认证标志等质量标志；

4. 生产者生产产品，不得掺杂、掺假，不得以假充真，以次充好，不得以不合格产品冒充合格产品；

5. 国家颁发生产许可证才能生产的产品，未取得许可证的不得生产；

6. 不得将不合格的产品投入市场。

二、销售者的产品质量义务

销售者应承担的产品质量义务主要包括以下三个方面：

(一)执行进货检查验收制度

销售者应当执行进货检查验收制度，验明产品合格证明和其他标识，以确保流转过程中产品质量状况，防止伪劣商品进入流通领域。

(二)保持销售产品的质量

销售者在购进产品后，售出产品之前，有义务采取措施保持产品的质量。我国

《产品质量法》规定，销售者应当采取措施，保护销售产品的质量。

（三）对销售者的禁止性、限制性规定

1. 销售者不得销售国家明令淘汰并停止销售的产品和失效、变质的产品；

2. 销售者不得伪造产地，不得伪造或者冒用他人的厂名、厂址；

3. 销售者不得伪造或者冒用认证标志等质量标志；

4. 销售者销售产品，不得掺杂、掺假，不得以假充真，以次充好，不得以不合格产品冒充合格产品。

第四节 违反产品质量法的责任

主要内容提示

1. 产品质量责任，是指产品的生产者、销售者及其有关主体，违反国家有关产品质量的法律、法规的规定，对其作为或不作为的行为依法承担的法律后果。

2. 产品质量责任包括民事责任、行政责任以及刑事责任。

产品质量责任，是指产品的生产者、销售者及其有关主体，违反国家有关产品质量的法律、法规的规定，对其作为或不作为的行为依法承担的法律后果。产品质量责任是一种综合责任，既包括民事责任，还包括行政责任、刑事责任。

一、违反产品质量法的民事责任

违反产品质量法的民事责任主要包括违反产品质量担保义务的损害赔偿责任和产品质量侵权责任。

（一）违反产品质量担保义务的损害赔偿责任

按照《产品质量法》的规定，销售者售出的产品有下列情形之一的，应当负责修理、更换、退货；给购买产品的消费者造成损失的，销售者应当赔偿损失：

1. 不具备产品应当具备的使用性能而事先未作说明的；

2. 不符合在产品或者其包装上注明采用的产品标准的；

3. 不符合以产品说明、实物样品等方式表明的质量状况的。

销售者依照规定负责修理、更换、退货、赔偿损失后，属于生产者的责任或者属于向销售者提供产品的其他销售者（即供货者）的责任的，销售者有权向生产者、供货者追偿。生产者之间、销售者之间、生产者与销售者之间订立的买卖合同、承揽合同有不同约定的，合同当事人按照合同约定执行。

（二）产品质量侵权责任

产品质量侵权责任又称产品责任，是指产品生产者、销售者因产品缺陷不法侵害用户、消费者人身、财产权利时，应负的民事赔偿责任。它是一种特殊的侵权责任。

1. 产品责任的构成要件

产品责任必须同时具备以下条件：

(1)产品存在缺陷。产品缺陷是产品责任人行为违法性最集中的体现，所以产品质量法把产品缺陷作为产品责任客观要件的核心。根据《产品质量法》的规定，产品缺陷是指产品存在危及人身、他人财产安全的不合理的危险；产品有保障人体健康和人身、财产安全的国家标准、行业标准的，是指不符合该标准。一般而言，产品缺陷包括设计缺陷、制造缺陷和指示缺陷三种。

(2)产品缺陷造成了人身伤害或者财产损害。产品责任以造成受害人的损害后果为必要条件。如果产品有缺陷，但并未造成他人人身和财产损害的事实，则不能产生产品责任。

(3)产品缺陷与损害事实之间有因果关系。在产品责任中，受害人的损害后果应当是因产品存在缺陷而造成的，即产品的缺陷与损害后果之间须存在因果关系。如果损害事实不是产品缺陷造成的，就不构成产品责任。

2. 产品责任的归责原则

产品责任的归责原则，是指生产者、销售者因产品缺陷造成损害后，应依据何种标准使其负责。根据《产品质量法》第 41 条和第 42 条的规定，我国产品质量法对产品责任采取严格责任和过错责任相结合的归责原则，即对生产者适用严格责任原则，对销售者适用过错责任原则。

生产者承担严格责任，是指产品只要存在产品缺陷，并且造成了损害事实，则该产品的生产者就应承担责任。销售者承担过错责任，是指销售者只有在因自己的过错致使产品存在缺陷，造成他人人身、财产损害时，销售者才承担责任。但是销售者的责任承担问题上稍有例外：如果销售者不能指明缺陷产品的生产者或供货者时，销售者应当承担赔偿责任。

3. 产品责任的承担

(1)责任主体的认定。因产品存在缺陷造成人身、财产损害的，受害人可以向产品的生产者要求赔偿，也可以向产品的销售者要求赔偿。属于产品的生产者的责任，产品的销售者赔偿的，产品的销售者有权向产品的生产者追偿。属于产品的销售者的责任，产品的生产者赔偿的，产品的生产者有权向产品的销售者追偿。

(2)损害赔偿范围。因产品存在缺陷造成受害人人身伤害的，侵害人应当赔偿医疗费、治疗期间的护理费、因误工减少的收入等费用；造成残疾的，还应当支付残疾者生活自助用具费、生活补助费、残疾赔偿金以及由其抚养的人所必需的生活费等费用；造成受害人死亡的，并应当支付丧葬费、死亡赔偿金以及由死者生前扶养的人所必需的生活费等费用。因产品存在缺陷造成受害人财产损失的，侵害人应当恢复原状或者折价赔偿。受害人因此遭受其他重大损失的，侵害人应当赔偿损失。

(3)诉讼时效的法律规定。因产品存在缺陷造成损害要求赔偿的诉讼时效期间为2年,自当事人知道或者应当知道其权利受到损害时起计算。因产品存在缺陷造成损害要求赔偿的请求权,在造成损害的缺陷产品交付最初消费者满10年丧失;但是,尚未超过明示的安全使用期的除外。

4. 产品责任的免责事由

我国《产品质量法》规定了产品生产者的三种免责事由。生产者能够证明有下列情况之一的,生产者不承担赔偿责任:

(1)未将产品投入流通的;

(2)产品投入流通时,引起损害的缺陷尚不存在的;

(3)将产品投入流通时的科学技术尚不能发现该缺陷的存在的。

二、违反产品质量法的行政责任和刑事责任

为了加强对产品质量的监管,严厉制裁假冒伪劣产品的生产者和销售者,《产品质量法》专章规定了"罚则",明确了违反产品质量法的行为所应承担的行政责任和刑事责任:

1. 生产、销售不符合保障人体健康和人身、财产安全的国家标准、行业标准的产品的,责令停止生产、销售,没收违法生产、销售的产品,并处违法生产、销售产品货值金额等值以上3倍以下的罚款;有违法所得的,并处没收违法所得;情节严重的,吊销营业执照;构成犯罪的,依法追究刑事责任。

2. 在产品中掺杂、掺假,以假充真,以次充好,或者以不合格产品冒充合格产品的,责令停止生产、销售,没收违法生产、销售的产品,并处违法生产、销售产品货值金额50%以上3倍以下的罚款;有违法所得的,并处没收违法所得;情节严重的,吊销营业执照;构成犯罪的,依法追究刑事责任。

3. 生产国家明令淘汰的产品的,销售国家明令淘汰并停止销售的产品的,责令停止生产、销售,没收违法生产、销售的产品,并处违法生产、销售产品货值金额等值以下的罚款;有违法所得的,并处没收违法所得;情节严重的,吊销营业执照。

4. 销售失效、变质的产品的,责令停止销售,没收违法销售的产品,并处违法销售产品货值金额的2倍以下的罚款;有违法所得的,并处没收违法所得;情节严重的,吊销营业执照;构成犯罪的,依法追究刑事责任。

5. 伪造产品产地的,伪造或者冒用他人厂名、厂址的,伪造或者冒用认证标志等质量标志的,责令改正,没收违法生产、销售的产品,并处违法生产、销售产品货值金额等值以下的罚款;有违法所得的,并处没收违法所得;情节严重的,吊销营业执照。

6. 产品标识不符合法律规定的,责令改正;有包装的产品标识不符合关于生产、使用日期以及警示标识规定,情节严重的,责令停止生产、销售,并处违法生产、销售产品货值金额30%以下的罚款;有违法所得的,并处没收违法所得。

7. 拒绝接受依法进行的产品质量监督检查的，给予警告，责令改正；拒不改正的，责令停业整顿；情节特别严重的，吊销营业执照。

8. 在广告中对产品质量作虚假宣传，欺骗和误导消费者的，依照《中华人民共和国广告法》的规定追究法律责任。

9. 对生产者专门用于生产法律禁止的不符合国家标准、行业标准的产品，国家命令淘汰的产品，或者以假充真的产品的原辅材料、包装物、生产工具，应当予以没收。

10. 知道或者应当知道属于法律禁止生产、销售的产品而为其提供运输、保管、仓储等便利条件的，或者为以假充真的产品提供制假生产技术的，没收全部运输、保管、仓储或者提供制假生产技术的收入，并处违法收入 50% 以上 3 倍以下的罚款；构成犯罪的，依法追究刑事责任。

11. 服务业的经营者将法律禁止销售的产品用于经营性服务的，责令停止使用；对知道或者应当知道所使用的产品属于产品质量法规定禁止销售的产品的，按照违反使用的产品（包括已使用和尚未使用的产品）的货值金额，依照产品质量法对销售者的处罚规定处罚。

12. 隐匿、转移、变卖、损毁被产品质量监督部门或者工商行政管理部门查封、扣押的物品的，处被隐匿、转移、变卖、损毁物品货值金额等值以上 3 倍以下的罚款；有违法所得的，并处没收违法所得。

《产品质量法》还对产品质量检验机构、认证机构和社会中介机构的违法行为规定了相应的行政责任和刑事责任：

1. 产品质量检验机构、认证机构伪造检验结果或者出具虚假证明的，责令改正，对单位处 5 万元以上 10 万元以下的罚款，对直接负责的主管人员和其他直接责任人员处 1 万元以上 5 万元以下的罚款；有违法所得的，并处没收违法所得；情节严重的，取消其检验资格、认证资格；构成犯罪的，依法追究刑事责任。

2. 产品质量检验机构、认证机构出具的检验结果或者证明不实，造成损失的，应当承担相应的赔偿责任；造成重大损失的，撤销其检验资格、认证资格。

3. 产品质量认证机构违反法律规定，对不符合认证标准而使用认证标志的产品，未依法要求其改正或者取消其使用认证标志资格的，对因产品不符合认证标准给消费者造成的损失，与产品的生产者、销售者承担连带责任；情节严重的，撤销其认证资格。

4. 社会团体、社会中介机构对产品质量作出承诺、保证，而该产品又不符合其承诺、保证的质量要求，给消费者造成损失的，与产品的生产者、销售者承担连带责任。

自检自测题

一、不定项选择题

1. 以下属于产品质量法里的“产品”的是( )。

A. 初级农产品　　B. 军工产品

C. 建筑材料　　D. 建筑工程

2. 产品责任的主体包括( )。

A. 产品的生产者　　B. 产品的运输者

C. 产品的购买者　　D. 产品责任的销售者

3. 产品责任的诉讼时效( )。

A. 1 年　　B. 2 年

C. 3 年　　D. 4 年

4. 根据《标准化法》的规定,我国现行的标准分为( )。

A. 国家标准　　B. 行业标准

C. 地方标准　　D. 企业标准

5. 我国产品质量认证实行的是( )。

A. 生产方认证制度　　B. 第三方认证制度

C. 销售方认证制度　　D. 使用方认证制度

6. 产品生产者的免责事由包括( )。

A. 未将产品投入流通的

B. 产品投入流通时,引起损害的缺陷尚不存在的

C. 将产品投入流通时的科学技术尚不能发现该缺陷的存在的

D. 将产品投入流通时该生产者的科学技术尚不能发现该缺陷的存在的

二、名词解释

产品　产品质量　产品质量监督管理　产品标准化制度　企业质量体系认证制度产品质量认证制度　生产许可证制度　产品责任

三、问答题

1.《产品质量法》的适用范围包括哪些?

2. 产品质量管理制度具体有哪些?

3. 产品质量监督检查有哪些种类?

4. 生产者的产品质量义务具体包括哪些方面?

5. 销售者的产品质量义务具体包括哪些方面?

四、案例分析题

2008 年 9 月 11 日,石家庄三鹿集团股份有限公司发出声明,经自检发现部分批次三鹿婴幼儿奶粉受三聚氰胺污染,市场上大约有 700 吨,公司决定立即对 2008 年 8 月 6 日以前生产的三鹿婴幼儿奶粉全部召回。同日,甘肃省卫生厅召开新闻发布会,首次向媒体通报

了部分婴儿泌尿系统结石病因调查情况，截至9月29日，该省共上报病例59例，死亡1例，以农村患儿为多。此外，江苏、陕西、湖北等地医疗机构也陆续收治了多例婴儿泌尿系统结石患者，婴儿均处于哺乳期，均曾经服用过或仍在服用同一品牌奶粉。截至11月27日8时，全国累计报告因食用三鹿牌奶粉和其他个别问题奶粉导致泌尿系统出现异常的患儿29万余人。与此同时，伊利、蒙牛、光明等中国免检、中国名牌产品的卷入，直接导致国家免检制度被废止，多家企业产品中国名牌称号被取消。另外，2009年1月21日，石家庄中级人民法院认定被告人张玉军犯以危险方法危害公共安全罪，判处死刑；认定被告人耿金平犯生产、销售有毒食品罪，判处死刑。根据最高人民法院执行死刑的命令，石家庄中级人民法院于11月24日对"三鹿"刑事犯罪案犯张玉军、耿金平执行死刑。

请分析：

(1)在三鹿奶粉事件中，生产者和销售者违背了哪些产品质量义务？

(2)违反《产品质量法》可能承担哪些法律责任？

第十三章　消费者权益保护法

预习目标设定

1. 重点掌握消费者的概念和特征、消费者权益保护法的概念和特征、消费者的9项权利、经营者的义务。

2. 学会运用《消费者权益保护法》的内容解决现实问题。

3. 一般了解《消费者权益保护法》的立法宗旨和基本原则、消费者权益争议的解决和法律责任。

第一节　消费者权益保护法概述

主要内容提示

1. 消费者是指为了满足生活消费需要而直接购买、使用商品或接受服务的个人或组织。

2. 消费者权益保护法,是指国家为了调整在保护消费者权益过程中发生的社会关系而制定的法律规范的总称,是经济法的重要法律部门。

一、消费者的概念和特征

《中华人民共和国消费者权益保护法》(以后简称《消法》)所称的消费者是指为了满足生活消费需要而直接购买、使用商品或接受服务的个人或组织。其具有以下特征:

(一)消费者的主体主要是指个人消费者,是对物质商品或者服务进行消耗的具有自然生命的社会个体成员。法律之所以对个人消费者进行保护,主要是考虑到在市场经济中个体成员往往处于弱势地位,而且因为消费者的这种弱势地位,导致在按照一般法律规则保护自身权利的问题上出现困难,或者表现出保护结果的不合理性。因此,法律对消费者这一特定的"社会个体成员"给予特殊保护。

(二)消费者的消费性质上属于生活消费。消费是社会再生产的重要环节之一,是生产、交换、分配的最终目的,它包括生产性消费和生活性消费两个方面。从社会生产的目的看,生产性消费最终是要转化为满足提高社会成员的生活水平的需要的,即生活性消费。因此各国消费者权益保护法一般都是针对生活领域中的消费权利给予保护。

(三)消费者的消费方式表现为购买、使用商品和接受服务。这是从消费方式上对消费者进行界定。消费方式包括直接消费和间接消费。消费者本人购买、使用商品或接受服务是一种直接的消费活动,理所当然的受《消法》的保护。同时在消费者直接消费的过程中,有一些相关人员会因这一消费行为受到影响,而这些人也会因此受《消法》的调整。

二、消费者权益保护法的概念和特征

消费者权益保护法,是指国家为了调整在保护消费者权益过程中发生的社会关系而制定的法律规范的总称,是经济法的重要法律部门。我国于 1993 年 10 月 31 日第八届全国人民代表大会第四次会议通过了《中华人民共和国消费者权益保护法》,这是我国制定的第一部专门保护消费者权益的法律,也是我国消费者权益保护制度方面的基本法。该法于 2009 年、2013 年已做两次修正。《消法》从消费者的利益出发,在充分考虑消费者弱者地位的基础上给予消费者特殊的法律保护,体现了法律对消费者利益的倾斜,同时根据社会经济的发展状况,力求响应社会发展需求,比如在 2013 年的修订中增加了"国家倡导文明、健康、节约资源和保护环境的消费方式,反对浪费"。这充分体现了消费者权益保护法作为典型经济法的"社会责任本位"。它具有以下特征:

(一)《消法》权益保护的特殊性。《消法》是以消费者权益为保护对象的法律,充分认识到了消费者的弱势地位。《消法》特别保护消费者权益,而给经营者一定的限制,这是消费者权益保护法的最根本特征。

(二)《消法》为强制性、禁止性规范。传统民商法倡导"契约自由","意思自治",并以任意性规范为主。但是《消法》体现了国家对市场经济进行规制的特点,所以其规范多为强制性、禁止性规范。相应的,对这类规定的违反,就会促成法律追究违法者的行政责任,甚至刑事责任。而这在一般民商法的规范中比较少见。

(三)《消法》确立了无过错责任原则。民商法的一般归责原则是过错责任,但是消费者权益保护法对此则采取严格的无过错责任。即销售者销售的商品或者提供的服务只要使消费者的人身和财产受到损失,就要承担责任。

三、《消法》的立法宗旨和基本原则

《消法》的立法宗旨是:保护消费者的合法权益,维护社会经济秩序,促进社会主义市场经济健康发展。

为了实现以上立法宗旨,《消法》规定了以下基本原则:

1. 国家全面保护消费者权益的原则;

2. 经营者依法提供商品或服务的原则;

3. 交易应遵守自愿、平等、公平、诚实信用的原则;

4. 社会监督的原则。

四、消费者权益保护法的适用范围

《消法》的适用范围是指该法效力所及的时间、空间和主体的范围。该法在时间上适用于其施行之日起发生的与消费者权益保护相关的行为,空间上适用于中华人民共和国主权所及的全部领域。主体上,《消法》规定,消费者为生活消费需要购买、使用商品或者接受服务,其权益受该法保护,经营者为消费者提供其生产、销售的商品或者提供服务的,也应当遵守该法。

另外,《消法》也把一部分生产消费纳入调整范围,即农民购买、使用直接用于农业生产的生产资料,也参照《消法》执行,这是对农民利益的一种特殊保护。

第二节 消费者的权利

主要内容提示

1. 消费者的权利作为一种基本人权,是生存权的重要组成部分,是消费者权益保护法的核心。

2. 我国《消法》规定了消费者的9项权利,包括:保障安全权、知悉真情权、自主选择权、公平交易权、损害求偿权、依法结社权、获取知识权、受尊重权、监督批判权。

消费者的权利作为一种基本人权,是生存权的重要组成部分,是消费者权益保护法的核心。我国《消法》规定了消费者的9项权利。

一、保障安全权

保障安全权是消费者人权的基本内容,它是指消费者在购买、使用商品和接受服务时所享有的保障其人身、财产安全不受侵害的权利,是消费者最基本的权利。消费者取得某种商品或者服务,目的在于生活消费,因此商品和服务必须安全可靠。消费者有权要求经营者提供符合保障人身、财产安全要求的商品和服务。人身安全包括两个方面:一是身体健康不受损害;二是生命安全有保障。

二、知悉真情权

知悉真情权又称了解权,知情权,是指消费者享有知悉其购买、使用的商品或接受的服务的真实情况的权利。消费者有权根据商品或者服务的不同情况,要求经营者提供商品的价格、产地、生产者、用途、性能、规格、登记、主要成分、生产日期、有效期限、检验合格证明、使用方法说明书、售后服务，或者服务的内容、规格、费用等有关情况。《消法》第 55 条规定："经营者提供商品或者服务有欺诈行为的，应当按照消费者的要求增加赔偿其受到的损失，增加赔偿的金额为消费者购买商品的价款或者接受服务的费用的 3 倍；增加赔偿的金额不足 500 元的，为 500 元。法律另有规定的，依照其规定。经营者明知商品或者服务存在缺陷，仍然向消费者提供，造成消费者或者其他受害人死亡或者健康严重损害的，受害人有权要求经营者依照本法第 49 条、第 51 条等法律规定赔偿损失，并有权要求所受损失 2 倍以下的惩罚性赔偿。"

三、自主选择权

自主选择权，是指消费者根据自己的意愿独立自主地选择商品或服务的权利。自主选择权主要包括以下几个方面：

1. 自主选择提供商品或者服务地经营者的权利；
2. 自主选择商品或者服务的品种或服务方式的权利；
3. 自主决定购买或不购买任何一种商品，接受或不继受任何一项服务的权利；
4. 在自主选择商品或服务时享有进行比较、鉴别和挑选的权利。

消费者的自主选择权是由市场竞争的准则决定的，保护消费者的自主选择权，就是保护和促使经营者在市场上公平竞争，制止不正当竞争。

四、公平交易权

公平交易是市场经济的基本原则，消费者依法享有公平交易权。公平交易权是指消费者在购买商品或接受服务时享有获得质量保障、价格合理和计量正确等公平交易条件的权利。此外，消费者还有权拒绝经营者的强制交易行为，如搭售等。

在市场上，消费者往往处于弱者地位，对公平交易权应注意特别保护。对劣质销售、价格不公、计量失度、强买强卖等不公平交易行为应严格禁止。

五、损害求偿权

损害求偿权，是指消费者在因购买、使用商品或者接受服务受到人身、财产损害时，依法享有的要求并获得赔偿的权利。消费者的范围包括直接购买商品的消费者、使用商品和服务的消费者，或者是因为商品质量而受到人身、财产损害和第三人都可以要求获得赔偿。最重要的是与经营者之间没有合同关系的消费者的求偿权。

六、依法结社权

依法结社权，是指消费者享有的依法成立维护自身合法权益的社会团体的权利。消费者的依法结社权是十分必要的，它能够集中分散的消费者的力量，从弱小走向壮大，改变消费者和经营者之间的力量对比，和具有雄厚实力的经营者相抗衡。

依法结社权是宪法规定的公民的一项基本权利，消费者为保护自己的利益而成立的中国消费者协会和地方各级消费者协会都应受到政府的支持和法律的保护。

七、获取知识权

获取知识权，是指消费者所享有的获得有关消费和消费者权益保护方面的知识的权利。这是从知悉真情权中引申出来的一种权利。其目的是使消费者更好地掌握有关商品、服务和消费市场地知识，以及消费者权益保护方面地知识，从而使消费者正确地使用商品，提高自我保护意识和能力。

八、受尊重权和个人信息受保护权

受尊重权，是指消费者在购买、使用商品和接受服务时所享有的其人格尊严、民族风俗习惯得到尊重的权利。这是尊重和保障人权的一个重要体现。

另外2013年修订时，《消法》第14条特别增加了消费者“享有个人信息依法得到保护的权利”，这为遏制当前全社会消费领域日益严重的个人信息被侵害的状况提供了法律上的支持。

九、监督批评权

监督批判权，是指消费者享有对商品和服务及保护消费者权益工作进行监督批判的权利，是社会监督的重要内容。消费者有权检举、控告侵害消费者权益的行为和国家机关及工作人在保护消费者权益工作中的违法渎职行为，有权对保护消费者权益工作提出批评、建议。

第三节　经营者的义务

主要内容提示

与消费者的权利直接相对的是经营者的义务，我国《消法》明确规定了经营者的9项义务。

由于经营者是为消费者提供其生产、销售的商品或者提供服务的市场主体，是与消费者直接进行交易的另一方，因此，明确经营者的义务对于保护消费者的权益至关重要。

我国《消费者权益保护法》明确规定了以下义务：

一、严格履行法定和约定的义务

经营者向消费者提供商品，必须履行《产品质量法》和其他有关法律、法规规定的一切义务。经营者和消费者有约定的，应当按照约定履行义务，但双方的约定不得违背法律、法规的规定。其他有关法律、法规规定的义务如《反不正当竞争法》禁止经营者进行虚假的有奖销售以及《商标法》《计量法》《化妆品卫生监督条例》等法律、法规中规定的经营者的义务。

具体体现为:经营者提供商品或者服务,按照国家规定或者与消费者的约定,承担包修、包换、包退或者其他责任的,应当按照国家法律规定或者约定履行,不得故意拖延或者无理拒绝。

经营者向消费者提供商品或者服务,应当恪守社会公德,诚信经营,保障消费者的合法权益;不得设定不公平、不合理的交易条件,不得强制交易。经营者“诚信经营”是在法定义务与约定义务之外,经营者在经营过程中的应有之意。立法对此的宣示意味着对诚信经营的进一步强调。

二、听取意见和接受社会监督的义务

经营者应当听取消费者对其提供的商品或服务的意见,接受消费者的监督。这是基于消费者的监督批判权提出的对经营者的要求。经营者听取意见,应不分时间、场合、地点、途径。诚恳地接受监督,这是经营者不断提高商品和服务质量地必不可少地措施,而且可以提高经营者的信誉。

三、保障人身和财产安全的义务

经营者应当保证其提供的商品或者服务符合保障人身、财产安全的要求。对可能危及人身、财产安全的商品或者服务,经营者应当向消费者作出真实的说明和明确的警示,并说明和标明正确使用商品或者接受服务的方法以及防止危害发生的方法。宾馆、商场、餐馆、银行、机场、车站、港口、影剧院等经营场所的经营者,应当对消费者尽到安全保障义务。这是对消费者人身安全的着重保护。经营者在经营活动中对场所的安全保障义务已经成为明示的法定义务,这对经营者的经营活动就提出了更高的要求。

四、瑕疵商品或者服务的召回义务

经营者发现其提供的商品或者服务存在缺陷,有危及人身、财产安全危险的,应当立即向有关行政部门报告和告知消费者,并采取停止销售、警示、召回、无害化处理、销毁、停止生产或者服务等措施。采取召回措施的,经营者应当承担消费者因商品被召回支出的必要费用。

五、不作虚假宣传的义务

经营者向消费者提供有关商品或者服务的质量、性能、用途、有效期限等信息,应当真实、全面,不得作虚假或者引入误解的宣传。经营者对消费者就其提供的商品或者服务的质量和使用方法等问题提出的询问,应当作出真实、明确的答复。经营者提供商品或者服务应当明码标价。

六、出具凭证和单据的义务

购货凭证或者服务单据具有重要的证据价值,是经营者与消费者之间形成交易关系的有效证明。经营者提供商品或者服务,应当按照国家有关规定或者商业惯例向消费者出具发票等购货凭证或服务单据；消费者索要发票等购货凭证或者服务单据的，经营者必须出具，不得拒绝。这里所说的“购货凭证或者服务单据”是指商品销售者或者服务提供者，在买卖合同或者服务合同已履行完毕后，向商品购买者或者服务对象出具的证明合同已履行的书面凭证。它们最典型的形式是发票，其他形式有收据、保修单等形式。它们不仅是经营者与消费者之间签订和履行合同的凭证，还是消费者借以享受有关权利以及在合法权益受到损害时，向经营者索赔的重要依据。

七、提供符合要求的商品或者服务的义务

经营者应当保证在正常使用商品或接受服务的情况下，其提供的商品或者服务应当具有的质量、性能、用途和有效期限；但消费者在购买该商品或者接受服务前已经知道其存在瑕疵，且存在该瑕疵不违反法律强制性规定的除外。经营者以广告、产品说明、实物样品或者其他方式表明商品或者服务的质量状况的，应当保证其提供的商品或者服务的实际质量与表明的质量状况相符。在 2013 年《消法》的修订中，对经营者提供某些特殊商品或者服务提出了更高的要求，即第 23 条第 3 款规定：“经营者提供的机动车、计算机、电视机、电冰箱、空调器、洗衣机等耐用商品或者装饰装修等服务，消费者自接受商品或者服务之日起 6 个月内发现瑕疵，发生争议的，由经营者承担有关瑕疵的举证责任。”

经营者提供的商品或者服务不符合质量要求的，消费者可以依照国家规定、当事人约定退货，或者要求经营者履行更换、修理等义务。没有国家规定和当事人约定的，消费者可以自收到商品之日起 7 日内退货；7 日后符合法定解除合同条件的，消费者可以及时退货，不符合法定解除合同条件的，可以要求经营者履行更换、修理等义务。消费者据此进行退货、更换、修理的，经营者应当承担运输等必要费用。

《消法》对经营者采用网络、电视、电话、邮购等方式销售商品的情形，规定了“七天无理由退货”制度。即消费者通过上述途径购买商品的，消费者有权自收到商品之日起 7 日内退货，且无须说明理由，但下列商品除外：

(1)消费者定作的；

(2)鲜活易腐的；

(3)在线下载或者消费者拆封的音像制品、计算机软件等数字化商品；

(4)交付的报纸、期刊。

另外，除上述所列商品外，其他根据商品性质并经消费者在购买时确认不宜退货的商品，不适用无理由退货。

八、标明真实名称和标记的义务

经营者的名称，是其法律人格的体现；经营者的标记一般通过企业商品的商标、本企业的形象设计等方式表现。它们承载的是经营者的商誉，是经营者的无形资产,也是区别于其他企业的特征。所以经营者在提供商品或服务时,应当标明自己的真实名称和标记。租赁他人柜台或者场地的经营者,也应当标明自己的真实名称和标记。

九、遵守公平交易的义务

公平交易是商业道德的重要内容。为了保障消费者的公平交易权,经营者在经营活动中使用格式条款的,应当以显著方式提请消费者注意商品或者服务的数量和质量、价款或者费用、履行期限和方式、安全注意事项和风险警示、售后服务、民事责任等与消费者有重大利害关系的内容,并按照消费者的要求予以说明。经营者不得以格式条款、通知、声明、店堂告示等方式,作出排除或者限制消费者权利、减轻或者免除经营者责任、加重消费者责任等对消费者不公平、不合理的规定,不得利用格式条款并借助技术手段强制交易。

十、不得侵犯消费者的人身权

消费者的人身权是基本人权。经营者不得对消费者进行侮辱、诽谤,不得搜查消费者的身体及其携带的物品,不得以拘禁或者其他方式侵犯消费者的人身自由。

十一、采用网络、电视、电话、邮购等方式提供商品或者服务的经营者的信息披露义务

采用网络、电视、电话、邮购等方式提供商品或者服务的经营者,以及提供证券、保险、银行等金融服务的经营者,应当向消费者提供经营地址、联系方式、商品或者服务的数量和质量、价款或者费用、履行期限和方式、安全注意事项和风险警示、售后服务、民事责任等信息。

十二、对消费者个人信息的保护义务

经营者收集、使用消费者个人信息,应当遵循合法、正当、必要的原则,明示收集、使用信息的目的、方式和范围,并经消费者同意。经营者收集、使用消费者个人信息,应当公开其收集、使用规则,不得违反法律、法规的规定和双方的约定收集、使用信息。

经营者及其工作人员对收集的消费者个人信息必须严格保密,不得泄露、出售或者非法向他人提供。经营者应当采取技术措施和其他必要措施,确保信息安全,防止消费者个人信息泄露、丢失。在发生或者可能发生信息泄露、丢失的情况时,应当立即采取补救措施。

经营者未经消费者同意或者请求,或者消费者明确表示拒绝的,不得向其发送商业性信息。

第四节　国家与社会对消费者权益的保护

主要内容提示

1. 对消费者合法权益的保护包括国家和社会两方面。

2. 国家对消费者合法权益的保护体现在立法、行政、司法三个方面。

3. 社会对消费者合法权益的保护主要是指消费者可以通过消费者协会和其他消费者组织保护自己的合法权益。

一、国家对消费者合法权益的保护

国家对消费者合法权益的保护体现在立法、行政、司法三个方面：

1. 立法保护。国家在制定有关消费者权益的法律、法规时，应认真听取消费者和消费者协会等组织的意见和要求。这是立法的程序之一，只有认真听取消费者的意见和要求，制定的法律才能切实有效地保护消费者的权益。

2. 行政执法保护。各级人民政府应加强领导，组织、协调、督促有关行政部门做好保护消费者合法权益的工作，落实保护消费者合法权益的职责。各级政府应加强监督，预防危害消费者人身、财产安全行为的发生，及时制止危害消费者人身、财产安全的行为。各级人民政府的工商行政管理部门和其他有关行政部门应当依法在各自的职责范围内，采取措施，保护消费者的合法权益。此外，有关行政部门应当听取消费者和消费者协会等组织对经营者的交易行为、商品和服务质量问题的意见，及时调查处理。同时，有关行政部门在各自的职责范围内，应当定期或者不定期对经营者提供的商品和服务进行抽查检验，并及时向社会公布抽查检验结果。有关行政部门发现并认定经营者提供的商品或者服务存在缺陷，有危及人身、财产安全危险的，应当立即责令经营者采取停止销售、警示、召回、无害化处理、销毁、停止生产或者服务等措施。

3. 司法保护。人民法院应当采取措施，方便消费者提起诉讼。对符合《民事诉讼法》起诉条件的消费者权益争议，必须受理，及时审理，及时判决。

二、社会对消费者合法权益的保护

保护消费者的合法权益是全社会的共同责任，国家鼓励一切组织和个人对损害消费者合法权益的行为进行社会监督。依照《消法》的规定，消费者可以通过消费者协会和其他消费者组织保护自己的合法权益，这些协会和组织是依法成立的对商品和服务进行社会监督的保护消费者合法权益的社会组织。由此可知，消费者协会和其他社会组织不得从事商品经营和营利性服务，不得以牟利为目的向社会推荐商品和服务。

消费者协会应依法履行的公益性职责包括：向消费者提供消费信息和咨询服务，提高消费者维护自身合法权益的能力，引导文明、健康、节约资源和保护环境的消费方式；参与制定有关消费者权益的法律、法规、规章和强制性标准；参与有关行政部门对商业服务的检查；就有关消费者合法权益的问题，向有关行政部门反映、查询，提出建议；受理消费者投诉，并进行调查、调解；投诉事项涉及商品和服务质量问题的，可以委托具备资格的鉴定人鉴定，鉴定人应当告知鉴定意见；就损害消费者合法权益的行为，支持受损害的消费者提起诉讼；对损害消费者合法权益的行为，通过大众传媒予以揭露、批判。消费者协会履行上述职能时，各级人民政府应当予以支持。

第五节　消费者权益争议的解决与法律责任

主要内容提示

1. 消费者权益争议，是指在消费领域内，消费者和经营者双方因权利义务关系而发生的纠纷。

2. 消费者权益争议中承担损害赔偿责任的主体的确定，对于保护消费者权益而言是非常重要的。

3.《消法》对各种侵犯消费者合法权益的行为所应承担的法律责任作了具体而明确的规定。

一、消费者权益争议的解决途径

消费者权益争议，是指在消费领域内，消费者和经营者双方因权利义务关系而发生的纠纷。我国《消法》规定，消费者和经营者发生消费者权益争议的，可以通过下列途径解决：

1. 与经营者协商解决，即和解。在发生消费纠纷后，消费者可以选择直接与经营者协商交涉，达成和解协议，解决纠纷。这对消费者和经营者而言都是最经济、最理想的解决方法。

2. 请求消费者协会或者依法成立的其他调解组织调解。消费者协会作为消费者与经营者的中间人，主持调解。在查明事实，分清是非的基础上，努力促进争议双方达成和解协议。消费者协会作为民间的社会团体促成双方达成的和解协议不具有法律强制力。

3. 向有关行政部门申诉。在发生争议后，消费者可以选择直接向工商行政管理、物价、质量监督、卫生等有关机关提起申诉，请求有关机关对经营者的行为作出处理。相关机构根据各自的职权范围对消费者提出的申诉予以查处。

4. 根据与经营者达成的仲裁协议，提请仲裁机构仲裁。根据原消费合同的仲裁条款或在纠纷发生后双方达成的仲裁协议，向有关仲裁机关就双方争议的事项提起仲裁。仲裁机关对争议所作出的裁决为终局裁决，不得申请再审或者另行起诉。

5. 向法院提起诉讼。当事人双方在纠纷发生后，也可以向有管辖权的法院提起诉讼，由法院在查清事实、分清是非的基础上依据法律、法规作出判决，解决纠纷。

解决途径的多元化有利于消费者及时、有效地保护自己的正当权益。

二、损害消费者权益的赔偿主体

关于消费者权益争议中承担损害赔偿责任的主体的确定，对消费者来说是最实质的保护。为了防止和避免生产者与消费者之间相互推诿，保证消费者合法权益及时得到保护，《消法》规定如下：

1. 消费者在购买、使用商品时，其合法权益受到损害的可以向销售者要求赔偿。销售者赔偿后，属于生产者或者供货者的责任的，可以向生产者或供货者追偿。消费者或者其他人因商品缺陷造成人身、财产损害的，可以向销售者或生产者要求赔偿。不属于自己责任的，赔偿后，可以向责任者追偿。消费者在接受服务时，其合法权益受到损害的，可以向服务者要求赔偿。

2. 使用他人营业执照造成损害的，受害人可以向违法经营者或者执照的持有人要求赔偿。

3. 消费者因虚假广告受到损害的，可以向经营者要求赔偿。若广告的经营者不能提供经营者的真实名称、地址的，应承担赔偿责任。

4. 消费者在展览会、租赁柜台购买商品或者接受服务受到损害的，可以向销售者或服务者要求赔偿；展览会结束后或者柜台租赁期满后，可以向举办者、出租者要求赔偿。举办者、出租者赔偿后，有权向销售者或者服务者追偿。

5. 消费者通过网络交易平台购买商品或者接受服务，其合法权益受到损害的，可以向销售者或者服务者要求赔偿。网络交易平台提供者不能提供销售者或者服务者的真实名称、地址和有效联系方式的，消费者也可以向网络交易平台提供者要求赔偿；网络交易平台提供者作出更有利于消费者的承诺的，应当履行承诺。网络交易平台提供者赔偿后，有权向销售者或者服务者追偿。网络交易平台提供者明知或者应知销售者或者服务者利用其平台侵害消费者合法权益，未采取必要措施的，依法与该销售者或者服务者承担连带责任。

此外，消费者的合法权益受到经营者侵害后，经营者发生企业合并、分立的，应由变更后承受原企业权利义务的企业承担责任。

三、法律责任的承担

《消法》对各种侵犯消费者合法权益的行为所应承担的法律责任作出了具体

而明确的规定：

（一）民事责任

依照《民法总则》《消法》《产品质量法》的规定，经营者对一定的侵权行为应承担相应的民事责任。主要有如下几种情况：

1. 经营者提供商品或者服务，造成消费者或者其他受害人人身伤害的，应当赔偿医疗费、护理费、交通费等为治疗和康复支出的合理费用，以及因误工减少的收入。造成残疾的，还应当赔偿残疾生活辅助具费和残疾赔偿金。造成死亡的，还应当赔偿丧葬费和死亡赔偿金。

2. 经营者侵害消费者的人格尊严、侵犯消费者人身自由或者侵害消费者个人信息依法得到保护的权利的，应当停止侵害，恢复名誉，消除影响，赔礼道歉，并赔偿损失。

3. 经营者有侮辱诽谤、搜查身体、侵犯人身自由等侵害消费者或者其他受害人人身权益的行为，造成严重精神损害的，受害人可以要求精神损害赔偿。

4. 经营者提供的商品或者服务，造成消费者财产损害的，应当依照法律规定或者当事人约定承担修理、重作、更换、退货、补足商品数量、退还货款和服务费用或者赔偿损失等民事责任。

5. 经营者以预收款方式提供商品或者服务的，应当按照约定提供。未按照约定提供的，应当按照消费者的要求履行约定或者退回预付款；并应当承担预付款的利息、消费者必须支付的合理费用。

6. 经营者提供商品或服务有欺诈行为的，应当按照消费者的要求增加赔偿其受到的损失。增加赔偿的金额为消费者购买商品的价款或者接受服务的费用的3倍；增加赔偿的金额不足500元的，为500元。法律另有规定的，依照其规定。经营者明知商品或者服务存在缺陷，仍然向消费者提供，造成消费者或者其他受害人死亡或者健康严重损害的，受害人有权要求经营者依照本法第49条、第51条等法律规定赔偿损失，并有权要求所受损失2倍以下的惩罚性赔偿。

（二）行政责任

依据《消法》第56条，经营者的违法经营行为除承担相应的民事责任外，法律、法规有规定依照规定执行行政责任，法律、法规未作规定的，由工商行政管理部门或者其他有关行政部门责令改正，可以警告、没收违法所得、处以违法所得1倍以上10倍以下的罚款，没有违法所得的，处以50万元以下的罚款；情节严重的，责令停业整顿、吊销营业执照。

（三）刑事责任

经营者违反本法规定提供商品或者服务，侵害消费者合法权益，构成犯罪的，依法追究刑事责任。以暴力、威胁等方法阻碍有关行政部门工作人员依法执行公务的，依法承担刑事责任。

自检自测题

一、不定项选择题

1.(　　)是消费者最基本的权利。

A. 保障安全权　　B. 知悉真情权

C. 损害求偿权　　D. 受尊重权

2. 经营者提供商品或者服务有欺诈行为的,应当按照消费者的要求增加赔偿其受到的损失,增加赔偿的金额为消费者购买商品的价款或者接受服务的费用的(　　)。

A.1倍　　B. 2倍

C. 3倍　　D. 4倍

3. 消费者在展览会、租赁柜台购买商品或者接受服务受到损害的,可以向(　　)要求赔偿。

A. 销售者或服务者　　B. 展览会举办者

C. 柜台出租者　　D. 生产者

4. 消费者权益保护法中损害求偿权的主体可以是(　　)。

A. 直接购买的消费者

B. 使用商品的消费者

C. 因为商品质量而受到人身、财产损害的第三人

D. 接受服务的消费者

5. 消费者和经营者发生消费者权益争议的,可以通过下列哪些途径解决?(　　)

A. 和解　　B. 调解

C. 仲裁　　D. 诉讼

E. 申诉

6. 以下经营者的行为中,未违反《消费者权益保护法》规定的义务的是(　　)。

A. 店堂告示"商品一旦售出概不退换"

B. 店堂告示"未成年人应由成人陪伴方可入内"

C. 顾客购买两条毛巾索要发票,经营者以"小额商品,不开发票"为由加以拒绝

D. 出售蔬菜类食品的价格经常变化

二、名词解释

消费者　经营者　自主选择权　公平交易权　损害求偿权　消费者权益争议

三、问答题

1. 我国《消费者权益保护法》的立法宗旨和基本原则。

2. 我国《消费者权益保护法》规定的消费者的权利。

3. 我国《消费者权益保护法》规定的经营者的义务。

4. 侵犯消费者合法权益所应承担的法律责任。

四、案例分析题

张某与刘某到某百货商场化妆品自选柜台选购化妆品，两人在此挑选试用约20分钟，终因未选中合适的化妆品想离开商场。为某品牌搞促销的王某极力劝说张某和刘某购买此商品，在两人要离开之际，对其硬拉硬扯，而且说话态度粗鲁，张某和刘某还是坚持不买。当两人走到店门口时，被商场一名营业员和一名保安拦住，说两人偷了化妆品，要求检查其皮包。张某和刘某否认并拒绝检查皮包，但迫于无奈两人还是交出皮包，经检查未发现化妆品，保安进一步要求搜身检查并对两人强行搜身，仍未找到化妆品。张某和刘某愤然离开。

请分析：

(1) 根据《消费者权益保护法》，商场侵犯了张某和刘某的哪些合法权益？

(2) 张某和刘某可以通过哪些途径来救济自己的权益？

(3) 商场可能承担哪些法律责任？

第十四章 价格法律制度

预习目标设定

1. 重点掌握市场调节价、政府指导价、政府定价的概念，不正当的价格行为，价格听证制度的含义和程序。

2. 学会运用价格法的相关内容分析不正当的价格行为。

3. 一般了解价格法的调整对象、作用，价格管理体制，价格监督检查的含义。

第一节 价格法概述

主要内容提示

1. 价格法是调整价格关系的法律规范的总称。

2. 价格法作为规范价格关系的法律，是我国经济法体系中宏观调控法的重要组成部分。

3. 我国《价格法》所采用的是混合型的价格管理模式。

价格法是调整价格关系的法律规范的总称。《中华人民共和国价格法》(以下简称《价格法》)所称价格包括商品价格和服务价格。依照《价格法》的规定，国务院价格主管部门统一负责全国的价格工作，国务院其他有关部门在各自的职责范围内，负责有关价格工作。价格的形式包括市场定价、政府指导价和政府定价三种。价格总水平的调控手段主要有经济手段、法律手段和行政手段。县级以上各级人民政府价格主管部门、社会组织、新闻单位以及消费者有权对价格行为进行监督。

一、价格法的概念及调整对象

(一)价格法的概念

价格法是调整价格关系的法律规范的总称。价格是商品生产和商品交换发展到一定阶段的产物，是价值形式长期发展的结果。价格作为价值的货币表现，反映了商品生产和交换特有的经济关系，体现着商品生产经营者之间相互交换产品，从而相互交换劳动的关系。价格的这一本质特征说明商品生产经营的劳动要得到社会承认，就必须通过交换实现交换价值，而交换价值是由市场供求关系决定，在公平竞争中形成的。因此，合理的市场价格的形成，要有比较充分的、公平的市场竞争环境。

(二)价格法的调整对象

我国《价格法》中所称的价格包括商品价格和服务价格两大类。其中，商品价格是指各类有形产品和无形资产的价格，服务价格是指各类有偿服务的收费。由于我国市场经济体制才初步建立，市场机制还不完善，市场竞争不充分，生产经营者定价行为还不规范，致使市场价格的形成缺乏市场竞争的良好环境和市场机制的有效制约。因此，依法规范经营者的价格行为和政府的定价行为，理顺价格关系，是我国社会主义市场经济发展的客观要求。1997 年 12 月 29 日第八届全国人民代表大会常务委员会第二十九次会议通过的《中华人民共和国价格法》，对于规范价格行为、发挥价格合理配置资源的作用、稳定市场价格总水平、保护消费者和经营者的合法权益、促进社会主义市场经济健康发展具有重要的作用。

二、价格法的作用

价格法作为规范价格关系的法律，是我国经济法体系中宏观调控法的重要组成部分，是国家运用法律手段，加强价格管理，规范价格行为，发挥合理配置资源的作用，稳定市场物价总水平，保护消费者和经营者的合法利益，促进社会主义市场经济健康发展的重要法律规范。

1. 规范价格行为，维护价格秩序。由于市场经济是以市场调节为基础的经济体制，市场调节说到底就是价格调节，要求价格反映价值，并随市场供求关系而自由涨落。但在现代市场经济条件下，除极少数重要商品和服务的价格由政府价格主管部门直接制定外，大多数价格均由企业自主制定并在竞争中形成，因此，价格决策和决定主体呈现出了多元化、分散化的特征，而价格形成的方式也主要是通过市场。这样一来，就更需要有统一的规则来规范各市场主体的价格行为，使之有法可依，有章可循。同时，也要求国家对价格实行一定的干预和管制。《价格法》通过法律形式规定了各级价格主管部门和市场主体的权利和义务，使价格形成方式更加规范化、合理化。这对建立和维护市场价格秩序，克服和减少价格违法行为，推动社会主义市场经济发展，有十分重要的意义。

2. 加强宏观经济调控，稳定市场价格总水平。市场调节有自发性、盲目性、滞后性等缺陷，往往带来经济的起伏波动和不稳定状态。因此，为保持总供给与总需求的基本平衡，保持市场价格总水平的稳定，避免经济过热和通货膨胀，价格法规范了政府的价格行为，明确了宏观调控的模式和手段，这就为主要用经济办法调控和干预国民经济，保护国民经济的稳定和健康发展创造了条件。

3. 维护经营者和消费者的正当权益。价格是联结生产和消费的纽带，因此与经营者和消费者的关系都非常密切。对经营者来说，应当在自主经营、自负盈亏的基础上,依法赋予其自主定价的权利,以保障经营者的正当权益,促进企业建立起一个良好的、有活力的经营机制。对消费者来说,价格问题又是涉及其根本利益的问题,只有限制、禁止非法价格行为,使价格合理化,才能使消费者的权益得到保障。因此,规范价格活动必须同时以保护消费者和经营者的合法权益为原则,才能更好地协调消费与生产的关系,使社会主义市场经济健康发展。

此外,价格法的实施还有利于优化价格形成机制。在市场经济体制下,以价格为核心的市场机制在资源的配置方面起着基础调节作用。因此,为了更合理地配置资源,就要有一个合理的价格形成机制,使价格能灵活地反映市场供求关系和资源的稀缺程度。合理价格的形成,除了要有规范化的市场主体价格行为之外,还要有一个公平合理的市场竞争环境,以尽量排除垄断、行政权力和其他非经济因素的干扰,使合理的价格在良好的竞争环境中形成。但公平合理的竞争环境的形成不是自发的,必须靠价格法来规范和保证。价格法在规范价格形成的原则、方式和程序,规范不正当的市场竞争行为,以及对公平合理的竞争环境和价格形成环境的建立发挥着重要作用。

三、价格管理体制

价格管理体制的含义及模式

价格管理体制是国家管理价格的基本原则、方法,价格管理机构职责权限的划分及价格管理手段和监督检查等制度的总称。价格管理体制的模式取决于一个国家的经济体制,概括起来有以下三种:

1. 集中统一型

一般说来,集中统一型的价格管理模式适合高度集中统一的集权型经济管理体制的国家。我国1978年以前就属于这种类型。其特点是价格管理以行政管理方法为主,价格管理权集中于中央,国家直接规定和调整各种商品价格和服务价格。它的优点是有利于保持价格的基本稳定和人民生活的安定。其缺点是生产经营者没有定价权,不利于发挥价格的宏观调控作用,整体经济机制的运行缺乏生机和活力,是一种比较僵化的价格管理体制。

2. 分散型

分散型的价格管理模式比较适合发达的市场经济国家。其特点是商品价格和服务价格由市场主体协商议定,除少数商品的价格由国家进行一定的干预外,绝大部分商品和服务价格由生产经营者自主确定。国家对价格管理主要采取经济和法律手段实行间接调控。这种价格管理体制的优点是价格在市场竞争中形成,直接受价值规律的支配,由市场供求关系自发调节,有利于充分发挥价格的杠杆作用,有利于市场主体之间的竞争和市场经济的发展。其缺点是价格变动幅度过大,不利于国家的宏观调控,也容易造成社会劳动的浪费,给经济发展带来极大的损害。

3. 混合型

混合型的价格管理模式介于集中统一型和分散型价格管理模式之间。其特点是多种价格形式并存,既有政府的统一定价,又有经营者自行确定的价格。在管理方法上,实行直接管理和间接调控相结合的方法,并采取多样化的价格管理手段。这种管理体制既保证了国家宏观调控措施的贯彻执行,又能充分发挥价格的杠杆作用。它克服了上述两种价格管理模式的弊端,同时又发扬了它们的优点。我国《价格法》中所规定的价格管理就属于这种模式,负责有关的价格工作。其主要职责是:监督本系统、本行业贯彻执行国家的价格法规和政策;组织、监督本系统、本行业实施国家价格主管部门和国务院其他有关部门制定的商品价格和服务价格;指导、协调本系统本行业的价格工作;查处价格违法行为等。

第二节　价格形式

主要内容提示

1. 市场调节价是我国社会主义市场经济条件下的主要价格形式。

2. 政府指导价,是指由政府价格主管部门或者其他有关部门,按照定价权限和范围规定基准价及其浮动幅度,指导经营者制定的价格。

3. 政府定价,是指由政府价格主管部门或者其他有关部门按照定价权限和范围制定的价格。其基本特征是政府作为定价主体对必要的商品和服务直接制定的价格,具有强制性和稳定性。

一、市场调节价

(一)市场调节价的含义及特点

市场调节价,是指由经营者自主制定,通过市场竞争形成的价格。市场调节价是我国社会主义市场经济条件下的主要价格形式。这一定义包含以下几层含义:

1. 市场调节价是由经营者自主制定的价格。这里所说的经营者是指经营商品或提供有偿服务的法人、其他社会组织和个人。市场调节价是由经营者依法根据生产经营成本和市场供求状况,按照自己的意志制定的价格。经营者的定价权不受任何单位和个人的干涉。

2. 市场调节价是一种竞争价格。让经营者具有自主的定价权,只是市场调节价发挥作用的必要条件,而非充分条件。让市场调节价发挥合理配置资源作用,还要求经营者之间有充分的竞争关系。因为经营者有了自主权后,就开始寻找一种对自己有利的经营条件,经营者之间就会产生排他性。如果没有竞争,经营者的定价自主权就有可能变为垄断权。

3. 市场调节价是经营者依法确定的价格。经营者虽然是自主制定价格,不受任何单位和个人的干涉,但经营者必须遵守国家的法律、法规及有关政策,不得实施任何价格违法行为,否则要受到法律惩罚。

(二)市场调节价的范围

《价格法》第6条规定:“商品价格和服务价格,除依照本法第十八条规定适用政府指导或者政府定价外,实行市场调节价,由经营者依照本法自主制定。”按照这一条的规定,市场调节价的范围是指未列入政府指导价和政府定价范围内并适合在市场竞争中形成的商品和服务价格。具体是指:商品和服务比较丰富,不属于资源稀缺的范围;商品和服务不具有自然垄断性,是可以由多个经营者同时经营的商品和服务品种;商品和服务不属于关系国计民生的特别重要的品种。

(三)经营者确定市场调节价的基本依据

我国《价格法》第8条规定,经营者确定市场调节价的基本依据有两个:生产经营成本和市场供求状况。

1. 生产经营成本。生产经营成本是指与生产经营有关的各项费用。按成本构成理论,生产经营成本包括变动成本和固定成本两部分。变动成本指直接与商品经营相联系的费用,如原材料成本、劳动成本、资金成本、管理成本,这部分成本随原材料市场、劳动力市场和资金市场价格的变动而变动;固定成本指商品生产经营所需要的一切设备的各种费用,这部分成本相对稳定。经营者定价时首先考虑的是变动成本。销售收入首先补偿的也是变动成本,多余的才补偿固定成本。当销售收入等变动成本等于固定成本时,就是该商品的盈亏界点,收人超过盈亏界点,就成为利润。

2. 市场供求状况。市场供求状况是影响价格形成的又一重要因素,对于市场价格高低有着重要影响。市场供求状况与价格的关系一般表现为三种情况:当商品供求基本平衡时,价格就会相对稳定;当商品供不应求时,价格就会上涨;当商品供过于求时,价格就会下跌。因此,经营者在市场竞争中定价时,必须考虑供求关系,以追求利润的最大化。

二、政府指导价

(一)政府指导价的含义及特征

政府指导价,是指依照《价格法》的规定,由政府价格主管部门或者其他有关部门,按照定价权限和范围规定基准价及其浮动幅度,指导经营者制定的价格。其基本特征有两个:

1. 政府指导价的定价主体是政府价格主管部门或者其他有关部门与经营者。政府指导价先由政府价格主管部门或者其他有关部门按照价格法规定的定价权限和范围,制定一个基准价及其浮动幅度,然后经营者在这一基准价及其浮动幅度的范围内自主制定价格。政府制定的基准价及其浮动幅度只是一个指导性范围,交易时的具体价格由经营者制定。

2. 政府指导价是宏观控制性与微观灵活性相结合的一种价格。实行政府指导价的商品的品种、基准价、浮动幅度、差率大小都是国家价格管理部门或者其他有关部门根据宏观调控的需要而制定的,任何单位和个人都必须严格执行,不得擅自变动,如果需要调整,必须按照价格管理权限和审批程序办理。经营者可以在国家规定的价格浮动范围内,根据自身的生产情况和市场供求状况随时调整,制定具体的销售价格,以创造有利的生产经营条件。

(二)政府指导价的主要形式

1. 浮动价格。浮动价格是指政府对出售的商品和收费,规定基准价格和浮动幅度,允许经营者根据市场供求状况,在一定范围内自行制定和调整价格的一种价格形式。这种价格既有利于稳定市场价格,又有利于经营者根据不同的产销情况确定具体的销售价格。

2. 最高限价。最高限价是指政府对经营者出售某些商品的价格规定最高的限度,经营者只能在国家规定的价格限度内出售商品的一种价格形式。这种价格形式,是政府加强价格管理,制止哄抬物价,保持市场价格基本稳定的重要手段。

3. 最低保护价。最低保护价是指政府对经营者出售的商品价格规定最低限度,经营者只能高于政府规定的价格限度出售商品的一种价格形式。这种价格形式,对于保护生产经营者的积极性,扶植地区经济发展具有重要作用。

(三)政府指导价的范围

政府指导价的范围,涉及两个问题:一是实行政府指导价的商品品种范围;二是这些商品的指导价由哪一级政府确定。

1. 实行政府指导价的商品品种范围

我国《价格法》规定,政府指导价的范围限于下列五类商品和服务价格:(1)与国民经济发展和人民生活关系重大的极少数商品价格;(2)资源稀缺的少数商品价格;(3)自然垄断经营的商品价格;(4)重要的公用事业价格;(5)重要的公益性服务价格。这五类商品和服务一般都是供给弹性小或需求弹性小、自然垄断性强、对生产和生活影响较大的商品和服务。对这部分商品和服务的价格由政府直接管理,有利于物价稳定和经营持续发展。

2. 政府指导价的定价权限划分

关于政府指导价的定价权限划分和分工问题,我国《价格法》未作具体规定,而是在该法第19条规定了处理这种权限划分和分工的依据,即"政府指导价、政府定价的定价权限和具体适用范围,以中央的和地方的定价目录为依据"。中央定价目录是规定国务院价格主管部门的定价权限和具体适用范围以及其他有关行业主管部门及地方之间在制定政府指导价、政府定价方面权限范围的划分。中央定价目录由国务院价格主管部门制定、修订,报国务院批准后公布实施。地方定价目录则是规定省、自治区、直辖市人民政府价格主管部门的定价权限和具体适用范围以及与其他有关行业主管部门在制定政府指导价、政府定价方面权限和具体作用范围的划分。地方定价目录由省、自治区、直辖市人民政府价格主管部门制定,但必须依据中央定价目录规定的定价权限和具体适用范围制定,经本级人民政府审核同意,并报国务院价格主管部门审定后才能公布实施。

中央和地方的定价目录关系到社会主义市场经济条件下政府直接管理价格的程度和范围问题,因此必须随着市场经济的发展而及时调整,以保障定价目录与社会主义市场经济发展程度相适应。

(四)制定政府指导价的基本依据

1.有关商品或者服务的社会平均成本。制定政府指导价应当依据有关商品或者服务的社会平均成本,而不是依据某一商品或者服务的个别成本。属于政府指导价的商品和服务项目,多属于关系国计民生的重要品种或具有自然垄断性的品种,只能以社会平均成本为依据制定价格,使其所获利润持平,才能鼓励经营者通过加强管理、技术更新、降低个别成本、扩大生产的方式获得较多利润。

2.市场供求状况。政府指导价,虽然受定价主体和社会平均成本的限制,但定价的原则和办法,在允许的范围内也可体现价值规律,反映市场供求,以减小指导价格明显高于或低于市场价格而对社会所产生的不良后果。

3.国民经济与社会发展需求以及社会承受能力等。政府管理价格,一方面要注意保护经营者的利益,另一方面要从宏观上注意如何才能有利于国民经济和社会的发展,只有这样,才能使价格的宏观调控作用得以充分发挥。

(五)政府指导价的调整

为了保障政府指导价始终与社会主义市场经济的发展程度相适应,就必须适时对政府指导价进行调整。这是完善和发挥政府指导价作用的重要措施。

政府指导价调整的内容主要包括:(1)政府指导价的具体适用范围调整。随着社会主义市场经济的发展,政府指导价的具体适用范围将日益缩小,越来越多的原本属于政府指导价和政府定价范围的商品和服务项目的价格将成为市场调节价。只有在价格总水平的非正常时期或者容易引起价格剧烈波动的特殊领域(如粮食市场),原本属于市场调节价范围的商品和服务项目的价格才会扩大为政府指导价。(2)政府指导价的价格水平的调整。一般来说,政府对价格水平的调整要比具体适用范围的调整更为频繁。因为价格水平要根据不同的商品和服务项目在不同时期的不同平均成本和市场供求状况而不断地进行调整,使政府指导价尽量接近市场价格。(3)政府指导价必须根据经济运行情况,适时调整。政府指导价调整的权限和程序、应按照价格法关于定价主体的权限和定价的程序进行,任何单位或个人不得擅自调整。

三、政府定价

政府定价,是指依照《价格法》的规定,由政府价格主管部门或者其他有关部门按照定价权限和范围制定的价格。其基本特征是政府作为定价主体对必要的商品和服务直接制定的价格,具有强制性和稳定性。有关政府定价的范围、基本依据及定价的调整与政府指导价格相同。

(一)政府定价的范围

市场经济条件下价格主要由市场形成,只有极少数商品和服务根据国家法律法规规定和经济政策需要实行政府定价管理。一个国家实行政府定价管理的范围,在一定程度上表明了它的市场化程度,也影响着政府通过价格手段调控经济运行的能力。因此,根据市场发育程度和宏观调控政策需要,明确政府定价的范围,应该由政府管的商品和服务价格让政府管理,应该由市场调节的完全由经营者自主定价,是非常必要的。根据价格法的规定,我国目前实行政府定价和政府指导价的商品和服务主要有以下几种:

1. 与国民经济发展和人民生活关系密切的商品价格

关系国民经济发展和人民生活的商品,涉及的范围非常广泛,几乎包括所有的工业品、农产品、生产资料和消费资料。但这些商品大部分都实行市场调节价,只有极少数与国民经济发展和人民生活关系密切的商品才实行政府定价和政府指导价。这些极少数商品,一般要从两个方面确定:一看供求关系。严重供不应求的商品,如不进行控制,价格就会大幅度上涨,有损广大群众的根本利益,因此政府要对其进行适当的价格控制。二看生产、经营、流通体制。对垄断性经营的商品,政府要适当控制价格,否则经营者往往实行垄断性高价,从中获取超额利润。当然,供求和生产、经营、流通体制是在不断变化的,因此政府定价的范围也应当随着这些变化进行一定的调整。目前政府管理的此类商品主要有原油、天然气的出厂价、重要药品价格、食盐价格等。有些以前由政府管理的商品,如化肥、农药等,现在已经逐步放开由市场调节。

2. 资源稀缺的商品价格

主要指一些资源稀缺、用途特殊,政府对其生产、经营、流通进行严格控制的商品,如金银产品的收购价和金银中间产品(包括金精矿、银块矿等)的出厂价。受资源约束,这类产品的价格放开,并不能促进产量增加,相反,会引起价格上涨,资源遭到破坏。因此,对此类商品,实行政府定价,对金银饰品,实行政府指导价。

3. 自然垄断经营的商品价格

自然垄断经营的商品主要是指由于自然资源条件、技术条件以及规模经济的要求无法竞争或不适宜通过竞争形成价格的商品。如电力、自来水、集中供热、燃气等,其生产经营都带有高度统一、高度垄断的特点,必须统筹规划、集中管理,规模经营,否则会造成生产混乱或重复建设,不利于社会资源的节约和有效利用,甚至可能给人民群众的生命财产安全造成极大破坏。由于其经营上的集中统一必然导致垄断，因此，对这部分商品价格，必须实行政府定价或政府指导价。

4. 重要的公用事业价格

公用事业通常是指适应社会公众的物质生活共同需要而经营的事业，如公共汽车、地铁、邮政、电信等。公用事业是人们生产和生活必需的，其价格的高低直接关系到社会公众的福利，其变动往往直接影响到人们的基本生活水平，甚至于直接影响社会稳定。因此，公用事业价格，不能全部由市场调节，对于重要的公用事业价格，应当实行政府定价或政府指导价。

5. 重要的公益性服务价格

公益性服务是为社会公众或者公众中的某些特定对象提供的带有社会福利性质的服务，如学校、医院、公园、博物馆等。这些行业关系到全体或大部分社会成员的福利，一般由国家投资兴办，其日常的运营成本，通过向消费者收取费用甚至靠政府补贴补偿，不以营利最大化为经营目的。因此，对这些行业，实行政府定价和政府指导价。当然，随着我国教育体制和医疗体制改革的推进，一些私立学校和医疗机构开始出现，对于这些私立学校和医院，政府允许其在价格上面向市场靠拢。

价格法确立了以上五个大的方面，但具体的实行政府定价和政府指导价的品种及其管理权限，根据定价目录确定。定价目录包括中央定价目录和地方定价目录。中央定价目录由一国务院价格主管部门制定、修订，报国务院批准后公布。国务院价格主管部门和其他有关部门，按照中央定价目录规定的定价权限和具体适用范围制定政府指导价扁政府定价，其中重要的商品和服务价格应当按照规定经国务院批准后执行。地方定价目录由省级人民政府价格主管部门按照中央定价目录规定的定价权限和具体适用范围制定，经本级人民政府审核同意，报国务院价格主管部门审定后公布。省级人民政府价格主管部门和其他有关部门，按照地方定价目录规定的定价权限和具体适用范围制定在本地区执行的政府指导价和政府定价，省级人民政府并可授权市县人民政府按照地方定价目录规定的定价权限和具体适用范围制定在本地区执行的政府指导价和政府定价。

（二）政府定价的程序

政府制定价格不仅要遵循法定的管理权限，而且必须执行法律规定的定价程序。政府指导价和政府定价的制定和调整一般遵循以下程序：

1. 提出调定价申请

一般情况下，由经营者向价格主管部门提出调定价申请，价格主管部门也可以根据国家经济政策和市场变化，直接调整定价水平。另外，根据《价格法》和一些省的地方法规的规定，消费者也可以对正在执行的政府指导价提出调整建议。

经营者提出调定价申请，一般应当附有生产经营管理和成本情况、有关会计中介机构对成本资料的审核意见、临近地区相应商品的价格水平、当前执行的定价水平对经营活动带来的不利影响、拟调整的价格水平及其对居民生产生活的影响评估等。

2. 价格、成本调查

价格主管部门接受申请或根据有关政策和经济形势发展的需要，初步决定调整价格后，应当进行价格、成本调查，对商品和服务生产经营过程中价格和成本构成因素情况进行了解、审核，以便提高政府制定价格的科学性。调查要求充分了解经营者的生产经营成本、利润、税金等有关资料，研究价格调整的必要性和定价、调价的依据；要多听消费者和有关方面的意见和建议，尽可能使拟调整价格使经营者和消费者双方满意。政府价格主管部门开展价格、成本调查时，有关单位和个人应当如实反映情况，提供必要的账簿、文件及其他资料，包括产品的产量、销量、供求状况、成本、利润、税收、相关商品和服务的比价资料、国际市场价格行情以及经营者经营管理水平等。价格主管部门根据经营者提供的申请资料和价格、成本调查情况进行成本预审，形成相应审核报告，作为调定价的重要参考依据。

3. 召开调定价听证会

价格听证会制度是指在政府价格主管部门调整关系群众切身利益的公用事业价格、公益性服务价格、自然垄断经营的商品价格等政府指导价和政府定价前，在有了一定的价格、成本调查了解的基础上，主持召开由消费者、经营者及有关方面参加的论证会，充分听取他们的意见，就拟调整价格的必要性、可行性进行广泛论证的制度。实行价格听证会制度，有利于广泛听取社会各方面的意见，增加政府指导价和政府定价制定过程的透明度，使最终制定的价格具有较高的科学性、合理性和可行性。价格听证会是价格法明确规定的一项制度，也是我国在行政决策领域通过法律第一次正式引入的决策透明化改革措施，它不但在价格决策方面有重大而积极的意义，而且对于国家整个行政决策透明化、科学化改革开辟了一个良好的先例。

4. 制定并公布价格

政府价格主管部门在进行价格、成本调查审核甚至举行了公开的价格听证会以后，应当根据审核结果、听证会意见，决定是否制定或调整价格以及制定或调整的价格水平，并通过正式文件的形式公布调整的价格。调整价格的文件应当通过有效途径向社会公开发布。

（三）政府定价的执行

政府指导价和政府定价一经正式制定，经营者应当严格遵照执行。对于政府指导价，经营者可以在规定的幅度内根据供求和经营状况自主决定价格；对于政府定价,必须按照规定时间、品种、项目等严格执行。否则即属价格违法行为,应当受到价格主管部门的处罚。经营者在执行已经制定的政府指导价和政府定价的过程中,可以根据经营成本和市场供求的变化申请价格主管部门重新调整价格,包括要求改变政府指导价和政府定价的价格管理形式等;价格主管部门也可以根据宏观价格调控形势的需要及时的调整具有带动效应的重要商品和服务价格。对此,《价格法》第25条明确规定,政府定价和指导价的范围、价格水平,应当根据经济运行情况,按照规定权限适时调整。

第三节　不正当价格行为

主要内容提示

1. 操纵价格行为是指两个或两个以上的经营者,相互串通,控制市场价格,损害其他经营者或消费者合法权益的行为。

2. 低价倾销是指经营者为了排挤竞争对手或独占市场,以低于成本的价格倾销,扰乱正常的生产经营秩序,损害国家利益和其他经营者合法权益的行为。

3. 价格欺诈行为是指经营者通过提供虚假价格信息诱骗消费者或者其他经营者与其进行交易的行为。

不正当价格行为在市场上有多种表现形式,价格法禁止的不正当价格行为有操纵市场价格行为、低价倾销行为、哄抬价格行为、价格欺诈行为、价格歧视行为、变相提价和变相压价行为、暴利价格行为等。

一、操纵价格行为

操纵价格行为是指两个或两个以上的经营者,相互串通,控制市场价格,损害其他经营者或消费者合法权益的行为。这种行为也即其他市场经济国家所禁止的价格垄断行为。实施这种行为的经营者,往往基于他们的共同利益,彼此配合,联手操作,垄断市场,过高或过低的控制价格,从而获取超额利润或阻止其他经营者进入市场参与竞争。操纵价格行为违法性的本质在于它限制了市场正常的价格竞争,违背了市场经济的基本属性。

二、低价倾销行为

低价倾销是指经营者为了排挤竞争对手或独占市场,以低于成本的价格倾销,扰乱正常的生产经营秩序,损害国家利益和其他经营者合法权益的行为。在我国,经营者除依法处理鲜活商品、季节性商品、积压性商品等商品外,其他的低价倾销行为都是受到禁止的。概言之,价格法意义上的低价倾销行为与通常意义的低价倾销有所不同,因为倾销从本义上讲是一个国际贸易中的法律用语,指的是同一商品在不同国家市场上的价格歧视。而价格法规定的低价倾销则是适用于国内市场贸易中的一个法律概念，与国际贸易中的倾销概念相比有明显不同。

三、哄抬价格行为

哄抬价格行为是一种故意扰乱市场秩序的行为，尤其是在商品供不应求时，经营者捏造、散布涨价信息，可能会引起商品价格过高上涨，影响一定区域甚至全国的宏观价格形势，造成市场价格秩序混乱，引起消费者恐慌，进而危及经济和社会的稳定。因此，价格法规定，经营者不得捏造、散布涨价信息，哄抬价格，推动商品价格过高上涨。

四、价格欺诈行为

价格欺诈行为是指经营者通过提供虚假价格信息诱骗消费者或者其他经营者与其进行交易的行为。价格欺诈的形式是多种多样的，一般包括通过捏造不真实的商品内容、提供虚假的价格事实，采取不正当的价格表示，以及通过其他虚假手段使购买者对商品价格做出错误理解和判断，以致发生误认、误购等行为。价格歧视是指某一经营者在同一时间对同一种商品或服务实行两种或两种以上价格的行为。价格歧视的行为主体是经营者，价格歧视的对象可能是经营者也可能是消费者，但价格法所指的价格歧视仅限于针对经营者的歧视价格行为。经营者定价的基本依据是生产经营成本和市场供求状况。在同一时间里，卖方经营者不可能以市场供求状况发生变化为理由，对买主实行不同的价格。这就是说，在同一时间里，卖方经营者对买主实行不同的价格，不是依据市场供求状况的变化，而是依据其生产经营成本的变化。买主提出的交易条件不同，影响卖方经营者的生产经营成本发生变化，这是卖方经营者可以对不同交易条件的买主实行不同价格的理论根据和法律根据。但是，当那些直接影响卖方生产经营成本的交易条件相同时，卖方的生产经营成本不会因交易对象不同而有所变化，这时，卖方对不同的交易对象就应当实行相同的价格。而当对具有相同条件的经营者实行不同价格时，直接影响了按不同价格购买相同商品的具有同等条件的经营者之间的竞争成本，从而造成不平等竞争，这同样对市场秩序造成危害，因此，价格法规定这种行为为违法。

五、变相提价和变相压价行为

变相提价和变相压价是指经营者采取抬高等级或压低等级的手段收购、销售商品或者提供服务，从而变相提高或压低商品或服务价格的行为。

第四节　价格监督检查

主要内容提示

1. 价格监督检查，是指县级以上各级人民政府价格主管部门、社会组织、新闻单位以及消费者依照价格法对价格活动进行监督检查，对价格违法行为进行处理的活动的总称。

2. 价格听证是指政府在制定、调整列入听证目录中的关系群众切身利益的公用事业价格、公益性服务价格、自然垄断经营的商品价格时，组织政府价格主管部门、社会有关方面对其必要性、可行性、科学性进行论证的制度。

一、价格监督检查的含义

价格监督检查，是指县级以上各级人民政府价格主管部门、社会组织、新闻单位以及消费者依照价格法对价格活动进行监督检查，对价格违法行为进行处理的活动的总称。价格监督检查是价格管理的一项重要内容。加强价格监督检查工作，不仅有利于国家价格法规的贯彻执行，及时发现问题，纠正和制止经营者的不正当价格行为，而且对于防止失控性价格波动，保持市场价格的基本稳定有重要的作用。

二、价格监督检查的种类

价格监督检查可以根据不同的标准进行分类，主要有以下几种：

（一）按价格监督检查主体的不同可分为政府监督、社会监督、舆论监督

（1）政府监督，是指政府价格主管部门，依据《价格法》赋予的职权进行的价格监督行为。《价格法》规定，政府价格主管部门进行价格监督检查时，可以行使下列职权：询问当事人或者有关人员，并要求其提供证明材料和与价格违法行为有关的其他资料；查询、复制与价格违法行为有关的账簿、单据、凭证、文件及其他资料，核对与价格违法行为有关的银行资料；检查与价格违法行为有关的财物，必要时可以责令当事人暂停相关营业；在证据可能灭失或者以后难以取得的情况下可以依法先行登记保存，当事人或者有关人员不得转移、隐匿或者销毁。

（2）社会监督，是指消费者组织、职工价格监督组织、居民委员会、村民委员会等组织以及消费者对价格行为所进行的监督。

（3）舆论监督，是指新闻单位对价格活动所进行的监督。

（二）按价格监督检查对象的不同可分为农产品价格监督检查、工业品价格监督检查、收费价格监督检查

（1）农产品价格监督检查，是指价格监督主体依据国家有关农产品价格的法

规、政策，对各种农产品的经营及加工单位在收购、加工、调拨、供应、批发、零售环节的价格行为实施的监督检查。

(2)工业品价格监督检查，是指价格监督主体依据国家有关工业品价格的法规、政策，对工业品生产、经营企业在销售工业品过程中的价格行为实施的监督检查。

(3)收费价格监督检查，是指价格监督主体依照国家有关收费法规和政策，对国家行政机关在实施社会经济、技术、资源管理等活动和一些事业单位向社会提供非营利性服务以及一些企业向社会提供营利性服务的收费行为进行的监督检查。

(三)按价格监督检查时间性的不同可划分为经常性价格监督检查和临时性价格监督检查

(1)经常性价格监督检查，是指价格监督主体有计划、定时地对市场商品价格和各种收费进行的检查。

(2)临时性价格监督检查，是指价格主管部门根据群众举报、领导交办及社会需要不定时地对市场商品价格和服务价格进行的检查。

三、价格监督检查的主要内容

(一)国家价格法律、法规和政策的执行情况

国家法律、法规和政策是实现国家宏观经济调控目标及价格总水平控制目标的保证，其贯彻执行依赖于全体公民对国家价格法律、法规和政策认识和贯彻执行的自觉性的提高，因此，价格法律、法规和政策的执行情况是价格监督检查工作的主要内容。

(二)监督中央和地方各项价格调控措施的贯彻落实情况

为了保证重要商品和服务价格的基本稳定，消除价格总水平剧烈波动等异常状态，中央和地方政府适时采取了各种调控措施，包括一般措施，如财政、货币政策手段干预措施和紧急措施。价格监督检查通过查处价格违法行为，推动和保障中央和地方各项价格调控措施的贯彻落实。

四、价格听证制度

(一)价格听证制度的含义

价格听证是指政府在制定、调整列入听证目录中的关系群众切身利益的公用事业价格、公益性服务价格、自然垄断经营的商品价格时，组织政府价格主管部门、社会有关方面对其必要性、可行性、科学性进行论证的制度。它是价格决策民主化和科学化的重要形式，是减少盲目性、片面性的有效途径，也是对重要的商品和服务价格进行有效监督、防止其不当定价的重要手段。

(二)价格听证的项目

政府价格听证的项目是中央和地方定价目录中关系群众切身利益的公用事业价格、公益性服务价格和自然垄断经营的商品的价格。这些商品价格和服务收费

项目,既与群众生活密切相关,又多出自自然垄断行业,缺乏成本约束机制和竞争机制;同时,生产这些商品或提供此类服务的行业多由政府投资兴建,因而它更不能以利润最大化为经营目标。

(三)价格听证的程序

价格听证的程序包括申请、审核与决定组织听证、举行听证会和公布定价四个步骤。

(1)申请。经营者或者主管部门在制定、调整价格听证目录范围内的商品价格或服务价格时,以及消费者或者社会团体认为需要听证的,应按照定价权限规定向政府价格主管部门提出书面申请。

(2)审核与决定组织听证。政府价格主管部门对收到的申请审核后,认为符合听证条件的,应当在受理申请之日起10日内作出组织听证的决定,并与有定价权的相关部门、团体协调听证会的有关准备工作。

(3)举行听证会。政府价格主管部门应当在作出组织听证决定的3个月内举行听证会,并至少在举行听证会10日前将聘请书和听证材料送达听证会代表,并确定能够参会的代表人数。听证会应当在2/3以上听证会代表出席时举行。政府价格主管部门应当在举行听证会后制作听证纪要,并于10日内送达听证代表,代表对听证纪要有疑义的,可以向听证主持人或者上级政府价格主管部门反映。

(4)公布定价。政府的价格主管部门应当向社会公布定价和最终结果。实行价格公布制度,可以规范价格行为,提高制定和调整价格的透明度,便于经营者执行,也便于消费者监督。

五、违反价格法的法律责任

(一)经营者的法律责任

(1)经营者不执行指导价、政府定价以及法定的干预措施、紧急措施的,责令改正、没收违法所得,可以并处违法所得5倍以下罚款,无违法所得的,可处以罚款;情节严重的,责令停业整顿。

(2)经营者有《价格法》第14条所列禁止行为的,责令改正,没收违法所得,可并处违法所得5倍以下罚款,予以警告,可并处罚款;情节严重的,责令停业整顿,或者由工商行政管理机关吊销营业执照。有关法律对《价格法》第14条所列行为的处罚及处罚机关另有规定的,可按照有关法律规定执行。

(3)经营者因价格违法行为致使消费者或其他经营者多付价款的,应当退还多付部分;造成损害的,应当依法承担赔偿责任。

(4)经营者违反明码标价规定的,责令改正,没收违法所得,可并处违法所得5倍以下罚款。

(5)经营者被责令暂停相关营业而不停止的,或者转移、隐匿、销毁依法登记保存的财物的,处相关营业所得,或者转移、隐匿、销毁的财物价值1倍以上3倍以下的罚款。

(6)拒绝按规定提供监督检查所需资料或者提供虚假资料的,责令改正,予以警告;逾期不改正的,可处以罚款。

(二)政府及其部门的法律责任

地方各级人民政府或者各级人民政府有关部门违反《价格法》的规定,超越定价权限和范围擅自制定、调整价格或者不执行价格干预措施、紧急措施的,责令改正,并可通报批评;对直接负责的主管人员和其他责任人员,依法给予行政处分。

(三)价格工作人员的法律责任

价格工作人员在价格执法过程中泄露国家秘密、商业秘密以及滥用职权、徇私舞弊、玩忽职守、索贿受贿,构成犯罪的,依法追究刑事责任;尚不构成犯罪的,依法给予行政处分。

应予明确的是,《价格法》关于价格违法行为的规定,根据价格违法行为的不同情况,情节轻重,分别规定了应负的经济责任、行政责任和刑事责任,对依法进行价格管理和监督,严明价格纪律,规范价格主体的行为提供了法律保障。

自检自测题

一、不定项选择题

1. 利用虚假的或者使人误解的价格手段,诱骗消费者或者其他经营者与其交易的行为,属于(　　)。

A. 价格歧视　B. 价格垄断　C. 价格欺诈　D. 虚假广告

2. 市场调节价,是指由(　　)自主制定,通过市场竞争形成的价格。

A. 经营者　B. 消费者　C. 国家机关　D. 价格行政部门

3. (　　)是指经营者自主制定通过市场竞争形成的价格。

A. 政府定价　B. 政府调节价　C. 市场调节价　D. 政府指导价

4. 政府定价的基本依据可以归纳为(　　)。

A. 有关商品或者服务的社会平均成本　B. 市场供求状况

C. 利润控制率　D. 国民经济与社会发展需求以及社会承受能力

5. 下列商品不属于政府定价范畴的是(　　)。

A. 资源稀缺的少数商品价格

B. 自然垄断经营的商品价格

C. 重要的公用事业价格

D. 大多数居民日常消费品价格

二、名词解释

价格法　市场调节价　政府指导价　政府定价　最高限价　操纵价格行为　低价倾销　价格欺诈行为　价格听证制度

三、问答题

1. 价格法的作用具体体现在哪些方面？

2. 价格法的适用范围是什么？

3. 我国的价格形式主要有哪些？

4. 价格管理体制的模式有哪些？

5. 我国政府定价和政府指导价的基本依据包括哪些？

四、案例分析题

国家统计局2010年12月公布的数据显示，11月居民消费价格指数（CPI）同比上涨5.1%，再次刷新年内纪录。

2009年12月中央经济工作会议就提出2010年“要处理好保持经济平稳较快发展、调整经济结构、管理通胀预期的关系”。2010年6月13日，国务院常务会议上将“价格上涨压力加大”作为突出问题之一，7月26日召开的中央政治局会议又将“控制价格总水平过快上涨”作为宏观调控的重点任务之一，物价上涨被列入2010年调控的重要议程，而价格手段在货币政策中日益受到央行的重视。

从2003年开始，我国经济进入新一轮的景气周期，驱动经济增长的内生动力非常强劲，2010年上半年GDP增速达11.5%，创近12年来的同期新高，投资、消费、出口三大需求全面升温，预计今后几年我国都将保持较高的增长速度。较高的经济增长速度将刺激社会总需求上升，推动物价上涨。

目前，针对物价快速上涨的“组合拳”已经频频出击。2010年11月20日，国务院办公厅发布“国16条”，要求各地和有关部门进一步做好价格调控监管工作，稳定市场价格，切实保障群众基本生活；财政部、民政部着手研究对低收入家庭发放临时生活补助；农业部力争抓好冬季蔬菜等农产品的生产和供给，工商总局要求严厉打击农产品市场中的囤积居奇、哄抬价格等行为；各级地方政府也纷纷采取补贴、限价等措施，为市民的“米袋子”和“菜篮子”减负。

根据相关机构的调查，现在农产品市场中的价格飞涨背后往往有大量热钱的影子。比如大蒜价格、绿豆价格在近两年的市场表现都反映了资本的逐利性。一些大型的农产品收购、加工企业也加入到囤积居奇的行列，而作为农产品的真正生产者——农民，却在这一轮的价格飞涨中获利很少，甚至没有获利。作为产品价格最终承受者的消费者只能看着自己手中的钱越来越不值钱。

请大家根据上述材料：

1. 谈谈对国务院办公厅发布的价格调控监管措施的看法。

2. 农产品市场中的囤积居奇、哄抬价格等行为在《价格法》上是如果规定的？

第十五章　会计审计法

预习目标设定

1. 重点掌握会计工作管理体制、会计核算与会计监督、审计、审计管理体制。

2. 学会运用会计法、审计法的内容分析社会现实问题。

3. 一般了解会计法的基本原则、会计法的适用范围、违反会计法的法律责任、审计法的基本原则、违反《审计法》的法律责任。

第一节　会　计　法

主要内容提示

1. 会计法是调整会计关系的法律规范的总称，是我国法律体系的重要组成部分。

2. 我国的会计工作管理体制，具体包括：会计工作管理机构、会计机构和会计人员的管理、注册会计师、会计师事务所和注册会计师协会的管理。

3. 会计核算与会计监督。

一、会计法概述

(一)会计和会计法

会计是以货币为主要计量单位、对经济活动及财务收支情况连续地、系统地进行核算，并根据核算资料进行分析、检查和监督的一种管理活动。会计法是调整会计关系的法律规范的总称，是我国法律体系的重要组成部分。会计关系是会计机构、会计人员在办理会计事务过程中及国家在管理会计工作过程中所发生的经济关系。会计法主要包括会计工作管理体制、会计核算、会计监督、会计机构和会计人员及法律责任等内容。

新中国建立后，我国逐步建立了全国统一的会计核算制度，党的十一届三中全会以来，又制定了一批新的会计法规、规章，但仍存在不少问题。为了加强和规范会计工作,充分发挥会计工作的作用,保障会计人员依法行使职权,第六届全国人大常委会第九次会议于 1985 年 1 月 21 日通过并颁布了《中华人民共和国会计法》(以下简称《会计法》),根据经济形势的变化,为适应会计工作的需要,第八届全国人大常委会第五次会议于 1993 年 12 月 29 日对《会计法》进行了修正,1999 年 10 月 31 日,第九届全国人民代表大会常务委员会第十二次会议再次修订了《会计法》,自 2000 年 7 月 1 日起施行。2017 年 11 月 4 日第十二届全国人民代表大会常务委员会第三十次会议修正。此外,国务院于 1986 年 7 月 3 日颁布了《中华人民共和国注册会计师条例》(以下简称《会计师条例》),第八届全国人大常委会第四次会议于 1993 年 10 月 31 日通过并颁布了《中华人民共和国注册会计师法》(以下简称《注册会计师法》);国务院还于 1990 年 12 月 31 日发布了《总会计师条例》,1992 年 11 月 16 日批准发布了《企业会计准则》和《企业财务通则》。

(二)《会计法》的立法宗旨和基本原则

《会计法》的立法宗旨是:规范会计行为,保证会计资料真实、完整,加强经济管理和财务管理,提高经济效益,维护社会主义市场经济秩序。

为了保障立法宗旨的实现,充分发挥《会计法》的作用,《会计法》规定了如下基本原则:

1. 合法性原则。国家机关、社会团体、企业、事业单位、个体工商户和其他组织办理会计事务,必须遵守《会计法》;会计机构、会计人员必须遵守法律、法规,按照《会计法》规定办理会计事务,进行会计核算,实行会计监督。

2. 统一性原则。会计工作由财政部门统一领导、分级管理,各单位必须按照国家统一的会计制度,并按照本地区、本业务主管部门或中国人民解放军总后勤部制定的实施办法或补充规定进行会计活动。国家统一的会计制度由国务院财政部门根据《会计法》制定,下级单位制定的实施办法或者补充规定,不得与国家统一的会计制度相抵触。

(三)《会计法》的适用范围

我国 1985 年通过的《会计法》的适用范围比较窄,不适用于私营企业、外商投资企业、非全民所有的事业单位和个体工商户,至于城乡集体经济组织,只适用《会计法》的原则。这同当时我国所有制结构还比较单一有关。随着改革开放的进一步深入,集体经济、私营经济、外商投资企业及个体经济有了很大发展,为适应社会主义市场经济的需要,加强国家对会计工作的统一管理,现行的《会计法》规定:“国家机关、社会团体、企业、事业单位和其他组织必须依照本法办理会计事务。”“个体工商户会计管理的具体办法,由国务院财政部门根据《会计法》的原则另行规定。”

二、会计工作管理体制

(一)会计工作管理机构

《会计法》规定,全国的会计工作由国务院财政部门管理,县级以上地方各级人民政府的财政部门管理本行政区域内的会计工作;各业务主管部门、各单位领导人按规定的职权管理、领导会计机构、会计人员和其他人员执行《会计法》。单位负责人对本单位的会计工作和会计资料的真实性、完整性负责。

国家实行统一的会计制度。会计制度是办理会计事务必须遵循的具体的规则、程序和方法的总称,是办理会计事务的行为规范。会计制度的基本内容有:会计工作规则;会计科目和会计事项处理程序、方法;会计核算规定;会计报表的编报、审批;会计人员的职责权限;其他会计事务的规定。国家统一的会计制度由国务院财政部门根据会计法制定并公布。

国务院有关部门可以依照会计法和国家统一的会计制度,制定对会计核算和会计监督有特殊要求的行业实施国家统一的会计制度的具体办法或者补充规定,报国务院财政部门审核批准。中国人民解放军总后勤部可以依照本法和国家统一的会计制度,制定军队实施国家统一的会计制度的具体办法,报国务院财政部门备案。

(二)会计机构和会计人员的管理

1. 会计机构和会计人员的设置。各单位应当根据会计业务的需要,设置会计机构,或者在有关机构中设置会计人员并指定会计主管人员;不具备设置条件的,应当委托经批准设立从事会计代理记账业务的中介机构代理记账。

会计机构内部应当建立稽核制度。出纳人员不得兼任稽核、会计档案保管和收入、支出、费用、债权债务账目的登记工作。

从事会计工作的人员,应当具备专业能力,遵守职业道德。担任单位会计机构负责人(会计主管人员)的,应当具备会计师以上专业技术职务资格或者从事会计工作三年以上经历。会计人员从业资格管理办法由国务院财政部门规定。

国有的和国有资产占控股地位或者主导地位的大、中型企业必须设置总会计师。国务院颁布的《总会计师条例》规定,总会计师由具有会计师以上专业技术资格的人员担任。根据《总会计师条例》的规定,总会计师组织领导本单位的财务管理、成本管理、预算管理、会计核算和会计监督等方面的工作,参与本单位重要经济问题的分析和决策。

2. 会计机构、会计人员的主要职责、会计人员的任免。会计机构、会计人员依照《会计法》规定进行会计核算,实行会计监督。任何单位或者个人不得以任何方式授意、指使、强令会计机构、会计人员伪造、变造会计凭证、会计账簿和其他会计资料,提供虚假财务会计报告。任何单位或者个人不得对依法履行职责、抵制违反会计法规定行为的会计人员实行打击报复。

根据《会计法》的规定,会计机构和会计人员的主要职责有:(1)依法进行会计核算;(2)依法实行会计监督;(3)拟订本单位办理会计事务的具体办法;(4)参与拟订经济计划、业务计划,考核、分析预算、财务计划的执行情况;(5)办理其他会计事务。会计人员应当遵守职业道德,提高业务素质。对会计人员的教育和培训工作应当加强。

因有提供虚假财务会计报告,做假账,隐匿或者故意销毁会计凭证、会计账簿、财务会计报告,贪污,挪用公款,职务侵占等与会计职务有关的违法行为被依法追究刑事责任的人员,不得再从事会计工作。

会计人员调动工作或者离职,必须与接管人员办清交接手续。一般会计人员办理交接手续,由会计机构负责人(会计主管人员)监交;会计机构负责人(会计主管人员)办理交接手续,由单位负责人监交,必要时主管单位可以派人会同监交。

国有的和国有资产占控股地位或者主导地位的大、中型企业必须设置总会计师。国务院颁布的《总会计师条例》规定,总会计师由具有会计师以上专业技术资格的人员担任。根据《总会计师条例》的规定:

1. 总会计师的职责是:(1)具体组织本单位执行国家有关财经法律、法规、方针、政策和制度,保护国家财产。(2)负责组织本单位的下列工作:编制和执行预算、财务收支计划、信贷计划,拟订资金筹措和使用方案,开辟财源,有效地使用资金;进行成本费用预算、计划、控制、核算、分析和考核,督促本单位有关部门降低消耗、节约费用、提高经济效益;建立、健全经济核算制度,利用财务会计资料进行经济活动分析;承办单位主要行政领导人交办的其他工作。(3)负责对本单位财会机构的设置和会计人员的配备、会计专业职务的设置和聘任提出方案;组织会计人员的业务培训和考核;支持会计人员依法行使职权。(4)协助单位主要行政领导人对企业的生产经营、行政事业单位的业务发展及基本建设投资等问题作出决策。(5)参与新产品开发、技术改造、科技研究、商品(劳务)价格和工资奖金等方案的制定;参与重大经济合同和经济协议的研究、审查。

2. 总会计师的职权如下:(1)对违反国家财经法律、法规、方针、政策、制度和有可能在经济上造成损失浪费的行为,有权制止或纠正。制止或纠正无效时,提请单位主要行政领导人处理。(2)组织领导本单位的财务管理、成本管理、预算管理、会计核算和会计监督等方面的工作,参与本单位重要经济问题的分析和决策。(3)主管财务收支工作。除一般的财务收支可以由总会计师授权的财会机构负责人或者其他指定人员审批外,重大的财务收支,须经总会计师审批或者由总会计师报单位主要行政领导人批准。(4)预算、财务收支计划、成本和费用计划、信贷计划。财务专题报告、会计决算报表,须经总会计师签署,涉及财务收支的重大业务计划、经济合同、经济协议等,在单位内部须经总会计师会签。(5)会计人员的任用、晋升、调动、奖惩,应当事先征求总会计师的意见。财务机构负责人或者会计主管人员的人选,应当由总会计师进行业务考核,依照有关规定审批。

会计人员应当具备必要的专业知识。国有企业、事业单位的会计机构负责人、会计主管人员的任免应当经过主管单位同意，不得任意调动或者撤换。会计人员由于忠于职守、坚持原则，受到错误处理的，主管单位应当责成所在单位予以纠正；如果玩忽职守、丧失原则，不宜担任会计工作的，主管单位应当责成所在单位予以撤职或免职。

（三）注册会计师、会计师事务所和注册会计师协会的管理

根据《注册会计师法》的规定，国务院财政部门和省、自治区、直辖市人民政府财政部门依法对注册会计师、会计师事务所和注册会计师协会进行监督、指导。

1. 注册会计师。注册会计师是依法取得注册会计师证书并接受委托从事审计和会计咨询、会计服务业务的执业人员。取得注册会计师资格应经过全国统一考试和注册。

注册会计师依法独立、公正执行业务，受法律保护。在其执行业务时，可以根据需要查阅委托人的有关会计资料和文件，查看委托人的业务现场和设施，要求委托人提供其他必要的协助；注册会计师与委托人有利害关系的，应当回避，委托人有权要求其回避。注册会计师对在执行业务中知悉的商业秘密，负有保密义务。

注册会计师执行审计业务，遇有下列情形之一的，应当拒绝出具有关报告：委托人示意其作不实或者不当证明的；委托人故意不提供会计资料和文件的；因委托人有其他不合理要求，致使注册会计师出具的报告不能对财务会计的重要事项作出正确表述的。

注册会计师执行审计业务，必须按照执业准则、规则确定的工作程序出具报告，不得有下列行为：明知委托人的财务会计处理与国家有关规定相抵触，而不予指明；明知委托人的财务会计处理会直接损害报告使用人或者其他利害关系人的利益，而予以隐瞒或者作不实的报告；明知委托人的财务会计处理会导致报告使用人或者其他利害关系人产生重大误解，而不予指明；明知委托人的会计报表的重要事项有其他不实的内容，而不予指明。对委托人有上述行为，注册会计师按照执业准则、规则应当知道的，适用《注册会计师法》的规定。

此外，注册会计师还不得为下列行为：在执行审计业务期间，在法律、行政法规规定不得买卖被审计单位的股票、债券或者不得购买被审计单位或者个人的其他财产的期限内，买卖被审计单位的股票、债券或者购买被审计单位或者个人所拥有的其他财产；索取、收受委托合同约定以外的酬金或者其他财务，或者利用执行业务之便，谋取其他不正当的利益；接受委托催收债款；允许他人以本人名义执行业务；同时在两个或两个以上的会计师事务所执行业务；对其能力进行广告宣传以招揽业务；违反法律、行政法规的其他行为。

2. 会计师事务所，是依法设立并承办注册会计师业务的机构。注册会计师执行业务，应当加入会计师事务所。设立会计师事务所应当经过申请和审批。会计师事

务所的设立由国务院财政部门或者省、自治区、直辖市人民政府财政部门批准,并报国务院财政部门备案。会计师事务所可以由注册会计师合伙设立。合伙设立的会计师事务所的债务,由合伙人按照出资比例或者协议的约定,以各自的财产承担责任;合伙人对会计师事务所的债务承担连带责任。会计师事务所符合条件的,可以是负有限责任的法人,负有限责任的会计师事务所以其全部资产对其债务承担责任。

注册会计师承办业务,由其所在的会计师事务所统一受理并与委托人签订委托合同。委托人委托会计师事务所办理业务,任何单位和个人不得干预。会计师事务所受理业务,不受行政区域、行业的限制;但是,法律、行政法规另有规定的除外。会计师事务所依法独立、公正执行业务,受法律保护。

会计师事务所执行业务,必须遵守法律、行政法规。《注册会计师法》关于注册会计师义务的规定适用于会计师事务所。会计师事务所对本所注册会计师依照该所与委托人签订的委托合同承办的业务,承担民事责任。会计师事务所应按照国务院财政部门的规定建立职业风险基金,办理职业保险;还应当依法纳税。

3. 注册会计师协会,是由注册会计师组成的社会团体,依法取得社会团体法人资格。注册会计师应当加入注册会计师协会。

中国注册会计师协会是注册会计师的全国性组织,省、自治区、直辖市注册会计师协会是注册会计师的地方性组织。中国注册会计师协会依法拟订注册会计师执业准则、规则,报国务院财政部门批准后施行。

注册会计师协会应当支持注册会计师依法执行业务,维护其合法权益,向有关方面反映其意见和建议;注册会计师协会应当对注册会计师的任职资格和执业情况进行年度检查。

三、会计核算与会计监督

(一)会计核算

1. 会计核算的事项

下列经济业务事项,应当办理会计手续,进行会计核算:(1)款项和有价证券的收付;(2)财物的收发、增减和使用;(3)债权债务的发生和结算;(4)资本、基金的增减;(5)收入、支出、费用、成本的计算;(6)财务成果的计算和处理;(7)需要办理会计手续、进行会计核算的其他事项。

2. 会计年度和记账本位币

会计年度是指会计核算期,我国会计年度自公历1月1日起至12月31日止,采用历年制。记账本位币是指会计核算所使用的国家法定货币。我国的记账本位币是人民币,业务收支以外国货币为主的单位,也可以选定某种外国货币作为记账本位币,但是编报的会计报表应当折算为人民币。

3. 会计核算的基本要求

各单位必须根据实际发生的经济业务事项进行会计核算,填制会计凭证,登记会计账簿,编制财务会计报告。

任何单位不得以虚假的经济业务事项或者资料进行会计核算。

会计凭证、会计账簿、财务会计报告和其他会计资料,必须符合国家统一的会计制度的规定。

使用电子计算机进行会计核算的,其软件及其生成的会计凭证、会计账簿、财务会计报告和其他会计资料,也必须符合国家统一的会计制度的规定。任何单位和个人不得伪造、变造会计凭证、会计账簿及其他会计资料,不得提供虚假的财务会计报告。

4. 会计核算的方法和具体要求

对会计凭证的要求:

会计凭证包括原始凭证和记账凭证。

办理经济业务事项,必须填制或者取得原始凭证并及时送交会计机构。

会计机构、会计人员必须按照国家统一的会计制度的规定对原始凭证进行审核,对不真实、不合法的原始凭证有权不予接受,并向单位负责人报告;对记载不准确、不完整的原始凭证予以退回,并要求按照国家统一的会计制度的规定更正、补充。

原始凭证记载的各项内容均不得涂改;原始凭证有错误的,应当由出具单位重开或者更正,更正处应当加盖出具单位印章。原始凭证金额有错误的,应当由出具单位重开,不得在原始凭证上更正。

记账凭证应当根据经过审核的原始凭证及有关资料编制。

对会计账簿的要求:

(1)会计账簿登记,必须以经过审核的会计凭证为依据,并符合有关法律、行政法规和国家统一的会计制度的规定。会计账簿包括总账、明细账、日记账和其他辅助性账簿。会计账簿应当按照连续编号的页码顺序登记。会计账簿记录发生错误或者隔页、缺号、跳行的,应当按照国家统一的会计制度规定的方法更正,并由会计人员和会计机构负责人(会计主管人员)在更正处盖章。

使用电子计算机进行会计核算的,其会计账簿的登记、更正,应当符合国家统一的会计制度的规定。

(2)各单位发生的各项经济业务事项应当在依法设置的会计账簿上统一登记、核算,不得违反本法和国家统一的会计制度的规定私设会计账簿登记、核算。

(3)各单位应当定期将会计账簿记录与实物、款项及有关资料相互核对,保证会计账簿记录与实物及款项的实有数额相符、会计账簿记录与会计凭证的有关内容相符、会计账簿之间相对应的记录相符、会计账簿记录与会计报表的有关内容相符。

对会计处理方法的要求:

各单位采用的会计处理方法,前后各期应当一致,不得随意变更;确有必要变更的,应当按照国家统一的会计制度的规定变更,并将变更的原因、情况及影响在财务会计报告中说明。

单位提供的担保、未决诉讼等或有关事项,应当按照国家统一的会计制度的规定,在财务会计报告中予以说明。

对财务会计报告的要求:

财务会计报告应当根据经过审核的会计账簿记录和有关资料编制,并符合本法和国家统一的会计制度关于财务会计报告的编制要求、提供对象和提供期限的规定;其他法律、行政法规另有规定的,从其规定。

财务会计报告由会计报表、会计报表附注和财务情况说明书组成。向不同的会计资料使用者提供的财务会计报告,其编制依据应当一致。有关法律、行政法规规定会计报表、会计报表附注和财务情况说明书须经注册会计师审计的,注册会计师及其所在的会计师事务所出具的审计报告应当随同财务会计报告一并提供。

财务会计报告应当由单位负责人和主管会计工作的负责人、会计机构负责人(会计主管人员)签名并盖章;设置总会计师的单位,还须由总会计师签名并盖章。

单位负责人应当保证财务会计报告真实、完整。

5. 会计资料的保管

各单位对会计凭证、会计账簿、财务会计报告和其他会计资料应当建立档案,妥善保管。会计档案的保管期限和销毁办法,由国务院财政部门会同有关部门制定。

6. 对公司、企业进行会计核算的特殊规定

公司、企业进行会计核算,还应当遵守下列特殊规定:

公司、企业必须根据实际发生的经济业务事项,按照国家统一的会计制度的规定确认、计量和记录资产、负债、所有者权益、收入、费用、成本和利润。

公司、企业进行会计核算不得有下列行为:(1)随意改变资产、负债、所有者权益的确认标准或者计量方法,虚列、多列、不列或者少列资产、负债、所有者权益;(2)虚列或者隐瞒收入,推迟或者提前确认收入;(3)随意改变费用、成本的确认标准或者计量方法,虚列、多列、不列或者少列费用、成本;(4)随意调整利润的计算、分配方法,编造虚假利润或者隐瞒利润;(5)违反国家统一的会计制度规定的其他行为。

(二)会计监督

会计监督也称会计检查。根据监督主体不同,会计监督可以分为内部监督和外部监督。内部监督是指各单位的会计机构、会计人员对本单位实行的会计监督;外部监督是指审计、财政和税务等部门依照法律规定对各单位进行的会计监督。

1. 内部监督的内容、方法和程序

各单位应当建立、健全本单位内部会计监督制度。单位内部会计监督制度应当符合下列要求：(1)记账人员与经济业务事项和会计事项的审批人员、经办人员、财物保管人员的职责权限应当明确，并相互分离、相互制约；(2)重大对外投资、资产处置、资金调度和其他重要经济业务事项的决策和执行的相互监督、相互制约程序应当明确；(3)财产清查的范围、期限和组织程序应当明确；(4)对会计资料定期进行内部审计的办法和程序应当明确。

单位负责人应当保证会计机构、会计人员依法履行职责，不得授意、指使、强令会计机构、会计人员违法办理会计事项。

会计机构、会计人员对违反会计法和国家统一的会计制度规定的会计事项，有权拒绝办理或者按照职权予以纠正。

会计机构、会计人员发现会计账簿记录与实物、款项及有关资料不相符的，按照国家统一的会计制度的规定有权自行处理的，应当及时处理；无权处理的，应当立即向单位负责人报告，请求查明原因，作出处理。

2. 外部监督的内容、方法和程序

任何单位和个人对违反会计法和国家统一的会计制度规定的行为，有权检举。收到检举的部门有权处理的，应当依法按照职责分工及时处理；无权处理的，应当及时移送有权处理的部门处理。收到检举的部门、负责处理的部门应当为检举人保密，不得将检举人姓名和检举材料转给被检举单位和被检举人个人。

有关法律、行政法规规定，须经注册会计师进行审计的单位，应当向受委托的会计师事务所如实提供会计凭证、会计账簿、财务会计报告和其他会计资料以及有关情况。

任何单位或者个人不得以任何方式要求或者示意注册会计师及其所在的会计师事务所出具不实或者不当的审计报告。

财政部门有权对会计师事务所出具审计报告的程序和内容进行监督。

财政部门对各单位的下列情况实施监督：(1)是否依法设置会计账簿；(2)会计凭证、会计账簿、财务会计报告和其他会计资料是否真实、完整；(3)会计核算是否符合会计法和国家统一的会计制度的规定；(4)从事会计工作的人员是否具备从业资格。

在对上面第(2)项所列事项实施监督，发现重大违法嫌疑时，国务院财政部门及其派出机构可以向与被监督单位有经济业务往来的单位和被监督单位开立账户的金融机构查询有关情况，有关单位和金融机构应当给予支持。

财政、审计、税务、人民银行、证券监管、保险监管等部门应当依照有关法律、行政法规规定的职责，对有关单位的会计资料实施监督检查。

前述监督检查部门对有关单位的会计资料依法实施监督检查后，应当出具检查结论。有关监督检查部门已经作出的检查结论能够满足其他监督检查部门履行本部门职责需要的,其他监督检查部门应当加以利用,避免重复查账。

依法对有关单位的会计资料实施监督检查的部门及其工作人员对在监督检查中知悉的国家秘密和商业秘密负有保密义务。

各单位必须依照有关法律、行政法规的规定,接受有关监督检查部门依法实施的监督检查,如实提供会计凭证、会计账簿、财务会计报告和其他会计资料以及有关情况,不得拒绝、隐匿、谎报。

四、违反会计法的法律责任

（一）单位违反《会计法》的法律责任

单位违反《会计法》规定,有下列行为之一的,由县级以上人民政府财政部门责令限期改正;可以对单位并处3000元以上5万元以下的罚款;对其直接负责的主管人员和其他直接责任人员,可以处2000元以上2万元以下的罚款;属于国家工作人员的,还应当由其所在单位或者有关单位依法给予行政处分:(1)不依法设置会计账簿的;(2)私设会计账簿的;(3)未按照规定填制、取得原始凭证或者填制、取得的原始凭证不符合规定的;(4)以未经审核的会计凭证为依据登记会计账簿或者登记会计账簿不符合规定的;(5)随意变更会计处理方法的;(6)向不同的会计资料使用者提供的财务会计报告编制依据不一致的;(7)未按照规定使用会计记录文字或者记账本位币的;(8)未按照规定保管会计资料,致使会计资料毁损、灭失的;(9)未按照规定建立并实施单位内部会计监督制度或者拒绝依法实施的监督或者不如实提供有关会计资料及有关情况的;(10)任用会计人员不符合本法规定的。

有前款所列行为之一,构成犯罪的,依法追究刑事责任。

（二）单位负责人违反《会计法》的法律责任

单位负责人授意、指使、强令会计机构、会计人员及其他人员伪造、变造会计凭证、会计账簿,编制虚假财务会计报告或者隐匿、故销毁依法应当保存的会计凭证、会计账簿、财务会计报告,构成犯罪的,依法追究刑事责任;尚不构成犯罪的,可以处5000元以上5万元以下的罚款;属于国家工作人员的,还应当由其所在单位或者有关单位依法给予降级、撤职、开除的行政处分。

单位负责人对依法履行职责、抵制违反会计法规定行为的会计人员以降级、撤职、调离工作岗位、解聘或者开除等方式实行打击报复,构成犯罪的,依法追究刑事责任;尚不构成犯罪的,由其所在单位或者有关单位依法给予行政处分。对受打击报复的会计人员,应当恢复其名誉和原有职务、级别。

（三）注册会计师、会计师事务所违反《注册会计师法》的法律责任

注册会计师违反《注册会计师法》关于在何种情形下应当拒绝出具有关报告的规定、违反关于出具报告的法定程序和不得有法定行为的规定的,由省级以上人

民政府财政部门给予警告；情节严重的，可以由省级以上人民政府财政部门暂停其执行业务或者吊销注册会计师证书。注册会计师违反上述规定，故意出具虚假的审查报告、验资报告，构成犯罪的，依法追究刑事责任。

会计师事务所违反关于在何种情况下应当拒绝出具有关报告的规定、违反关于出具报告的法定程序和不得有法定行为的规定的，由省级以上人民政府财政部门给予警告，没收违法所得，可以并处违法所得1倍以上5倍以下的罚款；情节严重的，并可以由省级以上人民政府财政部门暂停其经营业务或者予以撤销。会计师事务所违反上述规定，故意出具虚假的审计报告、验资报告，构成犯罪的，依法追究刑事责任。会计师事务所违反《注册会计师法》的规定，给委托人、其他利害关系人造成损失的，应依法承担赔偿责任。

对未经批准承办《注册会计师法》规定的注册会计师业务的单位，由省级以上人民政府财政部门责令其停止违法活动，没收违法所得，可以并处违法所得1倍以上5倍以下的罚款。

当事人对行政处罚决定不服的，可以在接到处罚通知之日起15日内向作出处罚决定的机关的上一级机关申请复议；当事人也可以在接到处罚决定通知之日起15日内直接向人民法院起诉。复议机关应当在接到复议申请之日起60日内作出复议决定。当事人对复议决定不服的，可以在接到复议决定之日起15日内向人民法院起诉。复议机关逾期不作出复议决定的，当事人可以在复议期满之日起15日内向人民法院起诉。当事人逾期不申请复议，也不向人民法院起诉，又不履行处罚决定，作出处罚决定的机关可以申请人民法院强制执行。

(四)其他机构、人员违反《会计法》的法律责任

其他人员伪造、变造、故意毁灭会计资料的，或者利用虚假的会计资料偷税或者损害国家利益、社会公共利益的，由有关主管部门依据法定职责负责处理，追究责任；构成犯罪的，依法追究刑事责任。财政部门及有关行政部门的工作人员在实施监督管理中滥用职权、玩忽职守、徇私舞弊或者泄露国家秘密、商业秘密，构成犯罪的，依法追究刑事责任；尚不构成犯罪的，依法给予行政处分。将检举人姓名和检举材料转给被检举单位和被检举人个人的，由所在单位或者有关单位依法给予行政处分。

第二节 审 计 法

主要内容提示

1. 审计法是调整审计关系的法律规范的总称。而审计关系是指从事审计工作的专职机构和专职人员在审计过程中发生的经济监督关系。

2. 审计管理体制包括:审计机关的设置和审计人员、审计机关的职责和权限、社会审计和内部审计。

3.《审计法》规定,审计工作应当按照法定程序进行。

一、审计法概述

(一)审计和审计法的概念

审计,即审计监督是由专职机构和专职人员依法对政府部门、国有的金融机构和企事业组织的财务收支以及其他依法律、行政法规规定应当接受审计的财政收支、财务收支进行审核、评价的监督活动。

审计法是调整审计关系的法律规范的总称。所谓审计关系是指从事审计工作的专职机构和专职人员在审计过程中发生的经济监督关系。

1982年《中华人民共和国宪法》规定我国实行审计制度,国务院设立审计机关并对其职权作了原则性规定。1988年11月30日,国务院通过了《中华人民共和国审计条例》,1989年6月国家审计署制定并发布了《中华人民共和国审计条例实施细则》。1994年8月31日第八届全国人大常委会第九次会议通过了《中华人民共和国审计法》(以下简称《审计法》),自1995年1月1日起施行。2006年2月28日第十届全国人民代表大会常务委员会第二十次会议进行了修正。

(二)审计法的立法宗旨和原则

审计法的立法宗旨是:加强国家的审计监督,维护国家财政经济秩序,提高财政资金使用效益,促进廉政建设,保障国民经济和社会健康发展。

审计法的基本原则有:

1. 独立性原则。审计机关依照法律规定独立行使审计监督权,不受其他行政机关、社会团体和个人的干涉。

2. 合法性原则。审计人员应当依法审计,审计机关依照法律规定的职权和程序,进行审计监督。

3. 客观公正、实事求是原则。审计机关和审计人员办理审计事项,应当客观公正,实事求是,廉洁公正,保守秘密。

二、审计管理体制

(一)审计机关的设置和审计人员

1. 审计机关的设置和领导体制

国家实行审计监督制度,国务院和县级以上地方人民政府设立审计机关。审计机关实行双重领导体制。地方各级审计机关对本级人民政府和上一级审计机关负责并报告工作,审计业务以上级审计机关领导为主。审计机关包括三类:(1)中央审计机关。国务院设立审计署,在国务院总理领导下,主管全国的审计工作。审计长是审计署行政首长。(2)地方审计机关。省、自治区、直辖市、设区的市、自治州、县、自治县、不设区的市、市辖区的人民政府设审计机关,分别在省长、自治区主席、市长、州长、县长、区长和上一级审计机关的领导下,负责本行政区域内的审计工作。(3)审计派出机构。审计机关根据工作需要,经本级人民政府批准,可以在其审计管辖范围内设立派出机构。派出机构根据审计机关的授权,依法进行审计工作。

2. 审计人员

审计长作为中央审计机关的行政首长,是国务院组成人员。审计长由总理提名,全国人民代表大会决定,国家主席任命。省、自治区、直辖市的审计长,由全国人大常委会批准任免,地方各级审计局主要负责人的任免,应事前征得上级审计机关的同意。《审计法》规定,审计机关负责人没有违法失职或者其他不符合任职条件的情况的,不得随意撤换。地方各级审计机关负责人的任免应当事先征求上一级审计机关的意见。

审计人员依法执行职务,受法律保护。任何组织和个人不得拒绝、阻碍审计人员依法执行职务,不得打击报复审计人员。审计人员对其在执行职务中知悉的国家秘密和被审计单位的商业秘密,负有保密的义务。

(二)审计机关的职责和权限

1. 审计机关的职责

审计机关对本级各部门(含直属单位)和下级政府预算的执行情况和决算,以及其他财政收支情况,进行审计监督。其中包括:(1)审计署在国务院总理领导下,对中央预算执行情况和其他财政收支情况进行审计监督,向国务院总理提出审计结果报告。(2)审计署对中央银行的财务收支,进行审计监督;审计机关对国有金融机构的资产、负债、损益,进行审计监督。(3)审计机关对国家的事业组织和使用财政资金的其他事业组织的财务收支,进行审计监督。(4)审计机关对国有企业的资产、负债、损益,进行审计监督;对与国计民生有重大关系的国有企业、接受财政补贴较多或者亏损数额较大的国有企业,以及国务院和本级地方政府指定的其他国有企业,审计机关应当有计划地定期进行审计;对国有资本占控股地位的或者国有资产占主导地位的企业、金融机构的审计监督,由国务院规定。(5)审计机关对政府投资和以政府投资为主的建设项目的预算执行情况和决算,进行审计监督。(6)审计机关对政府部门管理的和社会团体受政府委托管理的社会保障基金、社会捐赠资金以及其他有关基金、资金的财务收支,进行审计监督。(7)审计机关对国际组织和外国政府援助、贷款项目的财务收支,进行审计监督。(8)审计机关按照国家有关规定,对国家机关和依法属于审计机关审计监督对象的其他单位的主要负责人,在任职期间对本地区、本部门或者本单位的财政收支、财务收支以及有关经济活动应负经济责任的履行情况,进行审计监督。

审计机关有权对与国家财政收支有关的特定事项,向有关地方、部门、单位进行专项审计调查,并向本级人民政府和上一级审计机关报告审计调查结果。

2. 审计机关的权限

根据《审计法》规定,审计机关享有下列权限:(1) 审计机关有权要求被审计单位按照审计机关的规定提供预算或者财务收支计划、预算执行情况、决算、财务会计报告,运用电子计算机储存、处理的财政收支、财务收支电子数据和必要的电子计算机技术文档,在金融机构开立账户的情况,社会审计机构出具的审计报告,以及其他与财政收支或者财务收支有关的资料,被审计单位不得拒绝、拖延、谎报。被审计单位负责人对本单位提供的财务会计资料的真实性和完整性负责。

(2)审计机关进行审计时,有权检查被审计单位的会计凭证、会计账簿、财务会计报告和运用电子计算机管理财政收支、财务收支电子数据的系统,以及其他与财政收支、财务收支有关的资料和资产,被审计单位不得拒绝。

(3)审计机关进行审计时,有权就审计事项的有关问题向有关单位和个人进行调查,并取得有关证明材料。有关单位和个人应当支持、协助审计机关工作,如实向审计机关反映情况,提供有关证明材料。审计机关经县级以上人民政府审计机关负责人批准,有权查询被审计单位在金融机构的账户。审计机关有证据证明被审计单位以个人名义存储公款的,经县级以上人民政府审计机关主要负责人批准,有权查询被审计单位以个人名义在金融机构的存款。

(4)审计机关进行审计时,被审计单位不得转移、隐匿、篡改、毁弃会计凭证、会计账簿、财务会计报告以及其他与财政收支或者财务收支有关的资料,不得转移、隐匿所持有的违反国家规定取得的资产。审计机关对被审计单位违反前款规定的行为,有权予以制止;必要时,经县级以上人民政府审计机关负责人批准,有权封存有关资料和违反国家规定取得的资产;对其中在金融机构的有关存款需要予以冻结的,应当向人民法院提出申请。审计机关对被审计单位正在进行的违反国家规定的财政收支、财务收支行为,有权予以制止;制止无效的,经县级以上人民政府审计机关负责人批准,通知财政部门和有关主管部门暂停拨付与违反国家规定的财政收支、财务收支行为直接有关的款项,已经拨付的,暂停使用。采取该项措施不得影响被审计单位合法的业务活动和生产经营活动。

(5)审计机关认为被审计单位所执行的上级主管部门有关财政收支、财务收支的规定与法律、行政法规相抵触的,应当建议有关主管部门纠正;有关主管部门不予纠正的,审计机关应当提请有权处理的机关依法处理。

(6)审计机关可以向政府有关部门通报或者向社会公布审计结果。审计机关通报或者公布审计结果,应当依法保守国家秘密和被审计单位的商业秘密,遵守国务院的有关规定。

(7)审计机关履行审计监督职责,可以提请公安、监察、财政、税务、海关、价格、工商行政管理等机关予以协助。

(三)社会审计和内部审计

1. 社会审计。社会审计是指社会审计组织依法独立承办审计查证和咨询服务等活动,是受国家审计机关或部门、单位的委托所进行的审计工作。

我国从事社会审计工作的机构是审计事务所。审计事务所是依法独立承办审计事务的事业单位,实行有偿服务、自收自支、独立核算、依法纳税。审计事务所的成立应经当地审计机关同意,由省级以上的审计机关审批,并应依法向当地工商机关办理登记,领取营业执照后,才能营业。

社会审计组织的业务范围是:财务收支、经济效益、经济责任的查证事项;经济案件的鉴定事项;注册资本的验证和年检;基建工程预、决算的验证;建账建制、资产评估,清理债权债务;经济管理咨询服务;培训审计、财务、会计和其他经济管理人员;担任审计、会计咨询顾问。国家机关、企业事业单位及其委托人委托审计事务所办理业务,应出具委托书或者订立书面协议,载明授予权限。

社会审计组织应当按照委托方委托要求开展业务。业务办理完毕时,应在双方约定的范围内,向委托方提交审计、查证、鉴定、验资报告,并对报告内容的正确性和合法性负责。社会审计组织承办审计机关委托的审计事项所作出的审计报告,应当报送委托的审计机关审计,由委托的审计机关作出审计结论和决定。社会审计组织应接受审计机关的管理、监督和业务上的指导。

2. 内部审计。国务院各部门和地方人民政府各部门、国有金融机构和企业、事业组织,应当按照国家有关规定建立健全内部审计制度。内部审计的主要任务是依法对本单位及本单位下属单位的财务收支以及其经济效益进行内部审计监督,但必须接受审计机关的业务指导和监督。

三、审计程序

审计机关进行审计监督应当依照法定程序。根据《审计法》的规定,审计工作按下列程序进行:

(一)组成审计组

审计机关根据审计项目计划确定的审计事项组成审计组,并应当在实施审计3日前,向被审计单位送达审计通知书。遇有特殊情况,经本级人民政府批准,审计机关可以直接持审计通知书实施审计。被审计单位应当配合审计机关的工作，并提供必要的工作条件。

(二)实施审计

审计人员通过审查会计凭证、会计账簿、会计报表，查阅与审计事项有关的文件、资料，检查现金、实物、有价证券，以及向有关单位和个人调查等方式进行审计，并取得证明。审计人员向有关单位和个人进行调查时，应当出示审计人员的工作证件和审计通知书副本。

(三)提出审计报告

审计组对审计事项实施审计后，应当向审计机关提出审计组的审计报告。审计组的审计报告报送审计机关前，应当征求被审计对象的意见，被审计对象应当自接到审计报告之日起10日内，将其书面意见送交审计组或者审计机关。审计组应当将被审计对象的书面意见一并报送审计机关。

(四)审定审计报告，作出审计决定

审计机关应按照审计署规定的程序对审计组的审计报告进行审议，并对被审计对象对审计组的审计报告提出的意见一并研究后，提出审计机关的审计报告；对违反国家规定的财政收支、财务收支行为，依法应当给予处理、处罚的，在法定职权范围内作出审计决定或者向有关主管机关提出处理、处罚意见。

(五)送达

审计机关应当将审计机关的审计报告和审计决定送达被审计单位和有关主管机关、单位。审计决定白送达之日起生效。

(六)审计决定的变更或撤销

上级审计机关认为下级审计机关作出的审计决定违反国家有关规定的，可以责成下级审计机关予以变更或者撤销，必要时也可以直接作出变更或者撤销的决定。

四、违反《审计法》的法律责任

被审计单位、有关人员有下列情形之一的，依法承担法律责任：

1. 被审计单位违反《审计法》规定，拒绝或者拖延提供与审计事项有关的资料的，或者提供的资本不真实、不完整的，或者妨碍、阻止检查的，审计机关应责令其改正，可以通报批评，给予警告；拒不改正的，依法追究责任。

2. 审计机关发现被审计单位违反《审计法》规定，转移、隐匿、篡改、毁弃会计凭证、会计账簿、财务会计报告以及其他与财政收支或者财务收支有关的资料的，或者转移、隐匿所持有的违反国家规定取得的资产，审计人员认为对负有直接责任的主管人员和其他直接责任人员应当给予处分的，应当提出给予处分的建议，被审计单位或者其上级机关、监察机关应当依法及时作出决定并将结果书面通知审计机关；构成犯罪的，由司法机关依法追究刑事责任。

3. 对本级各部门(含直属单位)和下级政府违反预算的行为或者其他违反国家规定的财政收支行为,审计机关、人民政府或者有关主管部门在法定职权范围内,依照法律、行政法规的规定,区别情况采取下列处理措施:

(1)责令限期缴纳应当上缴的款项;

(2)责令限期退还被侵占的国有资产;

(3)责令限期退还违法所得;

(4)责令按照国家统一的会计制度的有关规定进行处理;

(5)其他处理措施。

4. 对被审计单位违反国家规定的财务收支行为,审计机关、人民政府或者有关主管部门在法定职权范围内,依照法律、行政法规的规定,区别情况采取前并可依法给予处罚。

5. 审计机关在法定职权范围内作出的审计决定,被审计单位应当执行。审计机关依法责令被审计单位上缴应当上缴的款项,被审计单位拒不执行的,审计机关应当通报有关主管部门,有关主管部门应当依照有关法律、行政法规的规定予以扣缴或者采取其他处理措施,并将结果书面通知审计机关。

6. 被审计单位的财政收支、财务收支违反国家规定,审计机关认为对直接负责的主管人员和其他直接责任人员依法应当给予处分的,应当提出给予处分的建议,被审计单位或者其上级机关、监察机关应当依法及时作出决定,并将结果书面通知审计机关。

7. 被审计单位的财政收支、财务收支违反法律、行政法规的规定,构成犯罪的,依法追究刑事责任。

8. 报复陷害审计人员依法给予处分,构成犯罪的,依法追究刑事责任;不构成犯罪的,给予行政处分。

9. 审计人员滥用职权、徇私舞弊、玩忽职守或者泄露所知悉的国家秘密、商业秘密的,依法给予处分;构成犯罪的,依法追究刑事责任。

自检自测题

一、不定项选择题

1. 我国《会计法》适用于(　　)。

A. 国家机关　　B. 社会团体

C. 企业　　D. 事业单位

2. 会计法的基本原则是(　　)。

A. 合法性原则　　B. 统一性原则

C. 独立性原则　　D. 惩罚性原则

3. 担任单位会计机构负责人(会计主管人员)的,应当具备(　　)以上专业职务资格或者从事会计工作三年以上经历。

A. 注册会计师　　B. 会计师

C. 会计专业大专以上学历　　D. 会计专业本科以上学历

4. 我国的审计机关包括(　　)。

A. 审计长　　B. 地方审计机关

C. 审计特派员　　D. 中央审计机关

5. 我国审计法的基本原则是(　　)。

A. 合法性原则　　B. 独立性原则

C. 客观公正、实事求是原则　　D. 统一性原则

6. 审计机关实行的领导体制是(　　)。

A. 双重领导体制　　B. 审计署领导体制

C. 同级政府领导体制　　D. 审计委员会领导体制

二、名词概念

会计　会计制度　注册会计师　会计师事务所　审计　社会审计　内部审计

三、问答题

1.《会计法》适用于哪些主体?

2. 会计师事务所的概念、组织形式和法律地位各自是什么?

3. 我国审计法的基本原则有哪些?

4. 我国审计机关的职责和权限具体有哪些?

5. 审计管理体制包括哪些内容?

四、思考题

我国内部审计制度在现阶段发挥了什么作用?

参考文献

1. 杨紫烜主编:《经济法》(第四版),北京大学出版社、高等教育出版社2010年版。
2. 李昌麒主编:《经济法学》(修订版),中国政法大学出版社2010年版。
3. 王保树主编:《经济法原理》,社会科学文献出版社2004年版。
4. 漆多俊主编:《经济法学》(修订版),武汉大学出版社2004年版。
5. 潘静成、刘文华主编:《经济法》(第三版),中国人民大学出版社2008年版。
6. 顾功耘主编:《经济法教程》,上海人民出版社2006年版。
7. 陈大刚主编:《经济法学理与案例分析》,上海交通大学出版社2002年版。
8. 陈大刚主编:《新编经济法教程》,上海交通大学出版社2005年版。
9. 侯怀霞主编:《经济法学》,北京大学出版社2003年版。
10. 史际春、邓峰:《经济法总论》(第二版),法律出版社2008年版。
11.《中国经济法诸论》编写组编著:《中国经济法诸论》,法律出版社1987年版。
12. 王全兴:《经济法基础理论专题研究》,中国检察出版社2002年版。
13. 吕忠梅、刘大洪:《经济法的法学与经济学分析》,中国检察出版社1999年版。
14. 李昌麒:《经济法——国家干预经济的基本法律形式》,四川人民出版社1999年版。
15. 漆多俊:《经济法基础理论》,武汉大学出版社2004版。
16. 王晓晔:《欧共体竞争法》,中国法制出版社2001年版。
17. 孔祥俊:《反不正当竞争法的适用与完善》,法律出版社2000年版。
18. 曹士兵:《反垄断法研究》,法律出版社1996年版。
19. 张守文:《税法原理》,北京大学出版社2009年版。
20. 张忠军:《金融监管法论》,法律出版社1998年版。
21. 刘大洪:《法经济学视野中的经济法研究》,中国法制出版社2003年版。
22. 吕忠梅、陈虹等著:《规范政府之法——政府经济行为的法律规制》,法律出版社2001年版。
23. 吴锦良:《政府改革与第三部门发展》,中国社会科学出版社2001年版。
24. 漆多俊主编:《经济法论丛》,中国方正出版社2007年版。
25. 史际春主编:《经济法学评论》,中国法制出版社2006年版。

26. 杨紫烜主编:《经济法研究》,北京大学出版社 2008 版。
27. 徐杰主编:《经济法论丛》,法律出版社 2005 年版。
28. 刘剑文主编:《财税法论丛》,法律出版社 2005 年版。
29.《经济法学 · 劳动法学》人大报刊复印资料,人大书报中心 2007 年版。
30. [日]金泽良雄著:《经济法概论》,满达人译,中国法制出版社 2005 年版。
31. [法]阿莱克西 · 雅克曼、居伊 · 施朗斯著:《经济法》,宇泉译,商务印书馆 1997 年版。

图书在版编目(CIP)数据

经济法律基础 / 陈虎主编. -- 北京:法律出版社,
2011.1(2025.1 重印)
21 世纪法学通用教材
ISBN 978-7-5118-1750-1

Ⅰ.①经… Ⅱ.①陈… Ⅲ.①经济法－中国－高等学校－教材 Ⅳ.①D922.29

中国版本图书馆 CIP 数据核字(2011)第 012063 号

经济法律基础
JINGJI FALÜ JICHU

陈 虎 主编

责任编辑 郑怡萍
装帧设计 李 瞻

出版发行 法律出版社
编辑统筹 法律教育出版分社
责任校对 王晓萍
责任印制 刘晓伟
经　　销 新华书店

开本 720 毫米×960 毫米 1/16
印张 18.5 **字数** 345 千
版本 2011 年 2 月第 1 版
印次 2025 年 1 月第 16 次印刷
印刷 天津嘉恒印务有限公司

地址:北京市丰台区莲花池西里 7 号(100073)
网址:www.lawpress.com.cn
投稿邮箱:info@lawpress.com.cn
举报盗版邮箱:jbwq@lawpress.com.cn
销售电话:010-83938349
客服电话:010-83938350
咨询电话:010-63939796

书号:ISBN 978-7-5118-1750-1
定价:45.00 元
凡购买本社图书,如有印装错误,我社负责退换。电话:010-83938349